FILMBIBLIOTHEK

Das Buch wendet sich an Leser, die eine Idee haben und diese in ein Filmdrehbuch verwandeln wollen. Ein weiteres Buch des »Wie man ein Drehbuch schreibt« also? Ja und nein. Der große Unterschied zu Linda Seger, Robert McKee und Co.: Die Regeln stehen in diesem Buch nicht fest (um mit scheinbar perfekten Hollywood-Drehbüchern illustriert zu werden), sondern werden anhand des konkreten Arbeitsprozesses von dreizehn erfahrenen und erfolgreichen deutschsprachigen Drehbuchautorinnen und -autoren Schritt für Schritt erkundet und in eine leicht zugängliche Systematik überführt.

Dabei steht im Mittelpunkt: Ein Drehbuchautor und seine Krise, aus der er neue Energie und Vertrauen zu seiner Geschichte und seinen Figuren gewinnt. *Stoff* ist auch ein Buch über die Unverwechselbarkeit von persönlichen Filmideen, ein Buch über das »Was«. Denn das zeichnet alle in diesem Band zu Wort kommenden Autoren aus (u.a. Caroline Link, Hans Weingartner, Fred Breinersdorfer, Ruth Toma): Die Geschichten, die sie schreiben, konnten nur sie selber so schreiben.

Ulrich Herrmann, geboren 1959, war einige Jahre am Theater, schrieb Film- und Theaterkritiken für *DIE ZEIT* und die *Frankfurter Rundschau*. Kulturautor fürs Fernsehen, Dokumentarfilmer und TATORT-Produzent. Er ist Autor von Drehbüchern und Serienkonzepten. Seit vielen Jahren ist er Dramaturg und Redakteur für Film und Spielfilm und hat in dieser Zeit mehr als vierzig Fictionfilme entwickelt. Zuletzt war er Gastprofessor an der Hochschule für Gestaltung in Karlsruhe, im Fachbereich Medienkunst/Film.

Ulrich Herrmann

STOFF

Von der Idee zum Drehbuch

Verlag der Autoren

Bibliografische Information Der Deutschen Bibliothek
Die Deutsche Bibliothek verzeichnet diese Publikation in der Deutschen
Nationalbibliografie; detaillierte bibliografische Daten sind im Internet über
http://dnd.ddb.de abrufbar.

© Verlag der Autoren, Frankfurt am Main 2005
Satz: PL Software, Frankfurt am Main
Druck: betz-druck GmbH, Darmstadt
Umschlag: Bayerl + Ost, Frankfurt am Main
Printed in Germany
ISBN 3-88661-277-5

FÜR EURIPIDES, WO IMMER ER JETZT GERADE IST

Inhalt

Warum *STOFF*?

Es gibt einen Traum des jungen, begabten Drehbuchautors, der noch kein Drehbuch geschrieben hat: Er hat eine Idee, und zwei Monate später hält er ein spannendes Drehbuch in seinen Händen. Was aber ist in dieser Zeit geschehen? Vielleicht hat er seine Idee genommen und weitererzählt. Seinen Freunden, seiner Freundin oder einer noch besseren, intimeren Freundin: seiner Mutter. Oder einer zufälligen Begegnung, an einem zufälligen Ort. Er war aufgeregt, als er es tat, hat sich verhaspelt. Und die Idee mit einer anderen vermischt. Ist ins Stocken gekommen und hat ein wenig unsicher gelacht. »Das Ende kenne ich noch nicht«, hat er gesagt. »Aber es wird unfassbar sein!« Er ist sich so sicher in dem Augenblick. Den er offenbar mit niemanden teilen kann, nur mit sich selbst. Denn er weiß: Er ist ein junger, hochbegabter Drehbuchautor, der noch kein Drehbuch geschrieben hat.

Nun hat er das Glück in einer großen Stadt oder immerhin im Internet zu leben. Drehbuchschreiben ist ein Handwerk, sagt er sich, und er weiß, dass er Recht hat. Er besorgt sich ein Handbuch, das seine Probleme lösen wird. Es heißt *Drehbuchschreiben Step By Step* und stammt von einem berühmten Drehbuchguru. Alles ist wunderbar einfach beschrieben, scheint es. Schritt für Schritt darf er in die Geheimnisse einer dramatischen Kunst eintauchen, sie zu seiner eigenen machen. Ein erhabener Moment: Er beginnt zu lesen. Aber nach wenigen Seiten kommt er ins Stocken. Er hat etwas Wichtiges vom Anfang vergessen. Um nichts falsch zu machen, liest er noch einmal von vorne. Und er kommt wieder zu der Stelle mit dem Plotpoint. Was hat er mit dem auslösenden Ereignis zu tun?, fragt er sich. Nervös blättert er zurück, macht eine Entdeckung im Inhaltsverzeichnis: Hinten ist alles erklärt. Dort steht: »Der Plotpoint am Ende des ersten Akts markiert den Beginn des zweiten Akts. Es kann sich um einen Angriff des Gegenspielers auf Ihren Helden, seinen unaufhaltsamen Wunsch nach einer starken Veränderung oder ein überraschendes, machtvolles Ereignis in seinem Leben handeln.« »Jetzt habe ich es, glaube ich, verstanden!«, sagt sich der glückliche Drehbuchautor, als sein Handy piepst.

Seine Mutter ist dran, fragt ihn: »Was macht deine Idee, mein Kleiner?« »Welche Idee, Mama?«, antwortet er und ist völlig ratlos in diesem Moment. »Die, wo das Ende fehlt...« »Nerv mich nicht, ich bin erst am Anfang!«, brüllt er ins Telefon. »Was meint sie nur?«, denkt er sich, als er aufgelegt hat, und wird von einer leisen, panischen Unruhe erfüllt. Er macht sich auf die Suche nach einem verlorenen Schatz: seiner Idee.

Wie konnte das geschehen? Wo ist sie hingeflohen? Ich vermute: Sie steckt irgendwo fest, im Dschungel der Drehbuchparagraphen. Ist nur noch ein Schatten ihrer selbst, ein verunsichertes, zitterndes Etwas, das sich vorm Sonnenlicht versteckt.

Es gibt nicht wirklich etwas Ernsthaftes gegen strukturelle Drehbuchschulen einzuwenden. Nur eines: Sie erklären das fertige, abgeschlossene Drehbuchwerk. Zerlegen es in bewährte Einzelteile, ordnen sie chronologisch, gleichen monströsen, detailgenauen Nacherzählungen. Sie sind, seit Aristoteles, Schulen der Rezeption. Es gibt keinen Grund sich gegen klassische Lehrwerke, von Robert McKee bis Syd Field, Linda Seger bis Christopher Vogler, aufzulehnen, die Existenz der *Akte*, *Plotpoints*, *Sequenzen* und *Beats*, des *Storydesigns* mit *auslösendem Ereignis* und *obligatorischer Szene*, *archetypischen* Helden, von guten *Mentoren* bis bedrohlichen *Schwellenhütern*, anzuzweifeln. Ihre Beweisführung ist lückenlos, beruht in der amerikanischen Drehbuchliteratur auf meisterhaften, fehlerlos scheinenden Filmen, von der REIFEPRÜFUNG, über den EINZIGEN ZEUGEN bis zu AMERICAN BEAUTY. Es mag angemessen sein, sich vor modernen Filmklassikern demutsvoll zu verbeugen, ihre Leistung anzuerkennen. Sie mit klugen Begriffen zu analysieren, ihre Wirkungsweise zu beschreiben. Gegenüber dem jungen, unerfahrenen Drehbuchautor und seiner unfertigen, vielversprechenden Idee haben sie einen uneinholbaren Vorsprung: Ihre Drehbücher sind schon geschrieben worden, niemand wagt es, sie in Frage zu stellen.

Es gibt Regeln für die Bearbeitung von fertigen Drehbüchern, ein Handwerk für ihr Verständnis und zu ihrer Überprüfung. Und es gibt die abwechslungsreiche Genese eines Drehbuchs, den aufregenden Prozess seines Zustandekommens. Regeln, die sich dahinter verbergen, wirken auf den ersten Blick widersprüchlich. Sie orientieren sich an der schöpferischen Leistung der Autoren. Und sind, seit der griechischen Antike, umstritten, trickreich und unverlässlich. Aber: Es gibt sie, sie kehren wieder, man darf sie beschreiben und zusammenfassen.

STOFF ist ein Buch für diejenigen, die eine Idee haben. An ihr mutig festhalten und sie nicht im Dickicht der Rezeption fremder Geschichten und Regelwerke aus den Augen verlieren wollen. Sich auf etwas Seltsames, mitunter Beglückendes einlassen wollen: ein Drehbuch zu schreiben. Drehbuchautoren sind skrupellos: Sie haben einen beachtlichen Freiheitsdrang, sind unbestechlich und besserwisserisch. Bewegen sich lange Zeit, manchmal bis weit über die erste Drehbuchfassung hinaus, in einer plotpoint-freien, unbeschwerten Zone. Wer zu früh an die Struktur seiner Geschichte denkt, Verästelungen und Handlungsstränge konstruiert, sie schützend vor sich hält, ist verloren. Wer seiner Figur vertraut, gewinnt. Dreizehn Drehbuchautoren, die viele preisgekrönte Drehbücher geschrieben haben, äußern sich dazu in Gesprächen. Sie kreisen um ein besonderes Thema: das Geheimnis ihres Schreibens.

STOFF ist ein auch tröstlich gemeintes Buch. Es gesteht Probleme der Autoren offen ein. Denn es gibt keinen Grund, sich davor zu fürchten. Die besten Drehbuchautoren sind versessen auf ihre Krise, genießen das Fieber, wenn ihre Idee sich verwandelt, die Geschichte anhält, in ihrer Mitte. Sie plötzlich ratlos sind. Und ihren Verbündeten entdecken, einen verlässlichen Vertrauten, der ihre Probleme lösen wird. Es war wichtig, in die Krise zu geraten denken sie am Ende, als alles glücklich überstanden ist. Wie einfach war es, aus ihr heraus zu finden: Mit einem unbestechlichen, starken Charakter, unserem Helden, dieser erstaunlichen Figur. Sie hat, als nichts mehr ging, einen kleinen, selbstbewussten, unscheinbaren Schritt zur Seite gemacht. Uns an die Hand genommen und in die Luft geschleudert. Mitten hinein in die Tiefe unserer Geschichte. Unseres Stoffs.

Drehbuchschreiben ist ein munteres Spiel. Bei dem es keine Verletzten, aber die ein oder andere Verzweiflungstat gibt. Den schnellen Aderschnitt, manch feinsinnigen Taschenspielertrick. Was bleibt, ist die Sehnsucht der Autoren. Nach ihrer Geschichte. Denn sie wissen: Ideen haben keinen Kopierschutz. Der Stoff, den sie für sich beanspruchen, schon.

Was wird aus unserem jungen, begabten Drehbuchautor? Immerhin hat er etwas, auf das er sich schon verlassen kann: die Schönheit seiner Idee. Wenn er ein wenig erfahrener wäre, würde er sie einer Figur, die nur ihm gehört, anvertrauen. Seine Figur würde sich leichtsinnigerweise mit ihm verbünden. Mit ihrem Konflikt, ihrem Wunsch, ihrer Not. Ihn durchschütteln, sprachlos machen und in die Verzweiflung treiben. Und, weil es so sein muss und niemals anders war, wird er vielleicht am Ende mit einem Drehbuch belohnt. Wenn er einen guten Grund hat, es zu schreiben. Und sich beim Schreiben von besseren Gründen überraschen lässt.

STOFF – VON DER IDEE ZUM DREHBUCH handelt vom Drehbuchschreiben, der Genese der filmischen Geschichte. Es ist kein Handbuch und schon gar nicht ein in Stein gemeißeltes

Regelwerk. Es verlässt sich stattdessen auf diejenigen, die alle Kataloge geplündert, das Beste für sich ausgesucht und in die eigene Arbeit übersetzt haben. Daraus eine Art Lehre abzuleiten, unterstützt von meiner Erfahrung als Entwicklungsdramaturg und Drehbuchlehrer, ist legitim und beabsichtigt. Inspiriert wurde es von einem Amerikaner, wie könnte es anders sein: Von William Froug und seinem schönen Buch *Zen and the Art of Scriptwriting*, einer Sammlung von Interviews mit Hollywoodautoren und intimen Betrachtungen eines Markts und seiner Lieferanten.

Etwas eint alle hier versammelten Drehbuchautoren: der vitale, erhaltende Zweifel an ihrem kreativen Beruf. Und ihr geheimer, unausgesprochener Traum, irgendwann einmal einen Roman zu schreiben.

Umgang mit *STOFF*

Wenn ein Drehbuchautor eine Idee hat, wird er sie, mit Hilfe von *STOFF,* zu keiner Sekunde der Lektüre vergessen. Wahrscheinlich wird sie kraftvolle Partner finden, eine eindrucksvolle Metamorphose erleben, oder sie wird sich weiter schwer tun. Ein wenig unzufrieden hinter der Tür hervorgucken. Verschwinden wird sie aber nicht.

In Gesprächen und Kommentaren, Gedanken und Schlüssen dieses Buchs spiegelt sich eine Drehbuch-Entwicklungspraxis, die sich – als Alltagsvokabular - auf dem deutschen Film-Markt erfolgreich eingenistet hat. Einer der Auslöser zu *STOFF* war die Auffälligkeit argumentativ verwendeter Lieblingsbegriffe der Autoren. Sie haben ein gemeinsames Zentrum: die Figur. Sie führt einen Dialog mit ihrem Autor und er mit ihr. Ich habe den Dialog zwischen Autor und Figur in einer Übersicht gebündelt, am Ende des Buchs. Ein abschließendes Glossar skizziert seine Instrumente.

Autoren, die viele Drehbücher geschrieben haben, wenden analytische Drehbuch-Standards für gewöhnlich erst beim *Rewrite,* bei der Überarbeitung ihres Drehbuchs, an. Vorher rücken sie sich selbst in die Kritik, halten Zwiesprache mit sich und ihrer Figur, bewegen sich mit ihr behutsam in die Geschichte hinein.

STOFF bietet ein Vokabular an, mit dem dieser Prozess anschaulich wird. Es ist ein unverwechselbarer, persönlicher Prozess, den Drehbuchautoren an ihren Bedürfnissen ausrichten. Wer *STOFF* liest, sollte das gleiche tun: auswählen, umsetzen, sich helfen lassen, wo Hilfe nötig ist, anderes selbstbewusst vernachlässigen. Drehbuchautoren sind eigensinnig: Es geht ihnen darum, eine Figur zu entdecken und ins Zentrum zu rücken. Dazu verwandeln sie sich beim Schreiben in eine dramatische Person, stürzen in eine Krise, mit Wünschen und Nöten, wie ihre Figur! Sich darauf einzulassen, verlangt ihnen ein Portion Leidensfähigkeit ab. Und schenkt ihnen andererseits Glück und Energie, alle Akte ihres Drehbuchs zu überstehen. *STOFF* möchte angehende, aber auch erfahrene Drehbuchautoren ermuntern, ihre Krise auszuhalten. Zu vertrauen und am Ende zu triumphieren. Drehbuchschreiben ist eine Kunst mit überraschenden Wendungen. Bei der ein Künstler falschen Vorbildern misstraut, sich sein Handwerk neu erfindet, im Bewusstsein einer Jahrtausende alten dramatischen Tradition.

Dehbuchautoren erzählen in Interviews von der Entwicklung ihres Stoffs, eines aktuellen oder vergangenen. Wiederkehrende Themen der Stoffgenese habe ich begleitend an den Rand der Interviews gesetzt. Die abgedruckten Fotos stammen von den Autoren: Sie charakterisieren den Ort, die unmittelbare Umgebung ihres Schreibens.

Dies ist ein Lehrbuch. Für Begabte. Deshalb spricht nichts dagegen, es in der Mitte aufzuschlagen und von dort in beide Richtungen zu lesen. Oder sofort ins Auge des Drachens zu blicken, an welchem Ort im Buch auch immer. Man darf *STOFF* aber auch von vorne beginnen. Und bis zum Ende lesen. Überhaupt sollten Leser von Drehbuchschulen kriminelle Energien entwickeln, sich das nehmen, was man braucht, und den Rest getrost vergessen.

Es ist besser, ein paar glänzende Bruchstücke der Drehbuchkunst in Händen zu halten als gar keine. *STOFF* behauptet nicht »Trau dich, du kannst es!«, sondern »Trau dich, was du kannst…«

Begegnung mit Aristoteles

Alle beziehen sich auf ihn. Den ersten Drehbuchlehrer: Aristoteles. Seit dreitausend Jahren ermutigt er Dramaturgen, einseitige Vorschriften zu machen, alles nur wegen einem Satz: Drama ist »Nachahmung von Handlung«. Der Rest ist »Jammer« und »Schauder«, ein ergriffenes Publikum, das sich lauthals Luft verschafft. Die Dominanz der Handlung, des »plot-driven«, wird seit jeher mit ihm verknüpft. Und ein japsender Held, der schüchtern den Finger hebt, im Bannstrahl der Götter, ein Charakter, der sich dem Mythos, der tradierten Handlung, unterzuordnen hat. Traurige Hollywoodstreifen haben wir dem zu verdanken, ein *Sequel*, *Remake* nach dem anderen. Der vierte Aufguss einer Geschichte, bis sie ihren Geschmack verloren hat

Aber Aristoteles war unter Druck, Zuschauer erkannten sich in monströsen, bedrohlichen, ungehorsamen Bühnenhelden wieder, die Kritiker der freizügigen griechischen Aufführungskunst mehrten sich. Platon, einer der Tugendwächter, Feind aller Bühnenstücke, setzte ihm zu, mit Gedanken über die Dominanz des *Staats*. Und Sophokles, ein Erfinder vorbildlicher Dramen, mit Helden, »wie sie sein sollten«. Es war also alles andere als einfach für Aristoteles. Er schrieb seine *Poetik*, machte ein paar beruhigende Zugeständnisse, ordnete die Tragödienhandlung nach »Notwendigkeit« und »Wahrscheinlichkeit«. Und trieb seine Schüler insgeheim an, ihr kreatives Potential zu nutzen.

Aristoteles hat das Drama keineswegs in ein starres Regelwerk gezwungen, sondern im Gegenteil: Er hat das Gefäß gedeutet, zerschlagen und die bunten Scherben seinen Dichtern geschenkt. Seine Poetik ist ein zwielichtiges, inspirierendes Meisterwerk und wird in *STOFF* häufig zitiert. Natürlich habe ich ihn um Erlaubnis gebeten. Ein Vorteil der Unsterblichen ist es, dass man ihnen jederzeit begegnen kann, zum Beispiel auf dem Athener Olymp, unweit des Kassenhäuschens.

HERRMANN   Hallo, Meister…

ARISTOTELES   Was willst du?

Er gähnt. Herrmann entdeckt etwas.

HERRMANN   Was haben sie da am Kopf?

Aristoteles hat keine Lust zu antworten.

HERRMANN *ahnungsvoll*   Von einem ihrer Kritiker…

ARISTOTELES   Quatsch, von Tekmessa.

Herrmann kapiert nicht, Aristoteles betastet die blaue Stelle am Auge.

ARISTOTELES   Mein Schätzchen…

Er grinst ein wenig, scheint es.

HERRMANN   Wie geht's ihren Dichtern?

ARISTOTELES   Eben lief Aristophanes vorbei, hat gegackert wie ein Huhn. Und Sophokles sagt gar nichts mehr, säuft morgens Wein und berauscht sich an seinen Gedanken. Eitler Sack. Für solche Helden hab ich mich stark gemacht.

HERRMANN   Aber es war doch nicht umsonst… und wenn's nur für ihn war, sie wissen schon…

ARISTOTELES   …Euripides, ja, für ihn vielleicht, den ohnmächtigsten von allen… *beginnt zu schwärmen, während sich ein kleiner unbekannter Vogel auf seine Schulter setzt…* Mein Gott, was für ein Typ! Grenzenlos, wütend. Er hat mich mal von hinten angefallen, als er die *Backchen* fertig hatte... *lacht laut...* vor lauter Glück. »Dir hab ich's zu verdanken«, hat er geschrieen. Was fürn Gemetzel. Herrlich! Er hat sich was getraut. Hat's vielleicht ein wenig übertrieben...

HERRMANN   Bestimmt nicht!

ARISTOTELES   Warum werd ich immerzu falsch verstanden?

HERRMANN   Von mir nicht! Ich werd's beweisen...

ARISTOTELES   Mach, was du willst. Aber denk vorher nach! Wichtig ist: Stell ne gute Frage. Eine, die alle Antworten reinlässt. Kennst du eine?

HERRMANN   Klar!

ARISTOTELES   Mein Gott, was für ein Idiot, denk vorher nach, hab ich gesagt...

Er beginnt ein Lied zu summen, es klingt ein wenig wie das Fiepsen des Vögelchens auf seiner Schulter. Herrmann interessiert ihn nicht weiter, scheint es.

STOFF: Finden oder entscheiden?

Ideen für Filmgeschichten sind flüchtig. Der Stoff eines Drehbuchautors ist es nicht. Er ist etwas Verlässliches, zitiert seinen
tiefsten Grund, ein Drehbuchautor zu sein. Daher gibt es bei ihm
wenig zu entscheiden. Es geht darum ihm zu begegnen, ihn aufzuspüren.

David Mamet, amerikanischer Essayist, Bühnen- und Drehbuchautor, fuhr als Kind sonntags mit seinem Vater zur Nachbar-
farm, seinen Onkel besuchen. Auf der Rückfahrt hörten sie
Autoradio. Und Mamet macht eine erstaunliche Entdeckung: Die
ältesten Geschichten, Märchen zum Beispiel, begnügen sich damit, Ausschnitte eines Charakters darzustellen. Heizen die Phantasie mit einem einzigen Brennstoff an. Es genügt, dass jemand ein
Prinz ist, schon ist er auch blond, blass, kränklich und hübsch an-
zusehen. Der Raum, in dem Geschichten wirken, ist mit dem des
kleinen, begabten, stillen Jungen auf der breiten Rückbank eines
50er Jahre Jeeps identisch. Joseph Campbell hat ihn mit der *Kraft
der Mythen* (1988) verglichen.

Es gibt bei jedem Drehbuchautor einen Tag in der Kindheit,
der seinen Stoff öffnet. Was haben die geheimnisvollen Figuren
mit David angerichtet? Es bleibt sein Geheimnis. Fest steht, dass
er als Kind schon die fremde Geschichte verließ und seine eigene
an ihre Stelle rückte. Mit der er spielte, wie mit einem gleichalt-
rigen Freund. Und die vielleicht den Stoff des Autors zart vorweg
nahm: Geschichten, Drehbücher, die um die Wucht der Lüge,
um Verrat und Vertrauen kreisen. Den Nebel eines Stoffs aufzu-
saugen und arglos zu entfalten, in sein Kinderleben zu integrieren, ist etwas Besonderes. Wahrscheinlich erhält er seine scharfe
Kontur erst, wenn der Abschied vom Kinderdasein vollzogen ist.
Aber trotzdem: In jedem Kinderleben taucht er auf, der fordernde

Stoff fürs Leben. David hatte großes Glück: Als sie zu Hause ankamen, war die Sendung noch nicht zu Ende. Er verpasste jedes Mal das Spannendste, den Schluss. Deshalb begann er, auf dem Weg ins Haus, die Geschichte weiterzuerzählen. Mit Figuren, die ihm vertraut waren, die er kannte. Nahen Figuren: dem Onkel, den Freunden aus der Schule, aber noch nicht dem Vater. Oder vielleicht doch schon? Wer weiß.

Es ist eine wichtige Übung für Drehbuchstudenten, einen Tag ihrer Kindheit zu erinnern. Es sind allesamt denkwürdige »Plotpoint«-Erlebnisse, die sie sich in Ich-Form erzählen. Auf den ersten Blick nicht unbedingt bedeutend, auf den zweiten umso mehr. Das starke Ereignis hat einen gemeinsamen Ursprung: Abschied von Unschuld. An dieser Schnittstelle verbirgt sich ein Stoff. Es lohnt sich ihm aufzulauern. Ihn zu finden, heißt für gewöhnlich: ihn erinnern.

Emir Kusturica, jugoslawischer Drehbuchautor und Regisseur, wurde, zu Beginn des Bürgerkriegs, Anfang der neunziger Jahre, nach seiner Vorstellung von Glück gefragt. Er antwortete ohne zu zögern. Und erinnerte das hohe Mietshaus in Sarajewo, in dem er aufwuchs. Wie er aus dem Fenster schaute und unten seine Mutter entdeckte. Sie spannte eine Schnur von einer Teppichstange zu einem Baum. Und hängte Wäsche auf, ihre und seine. Die im Wind hin- und herzappelte.

In diesem Augenblick ist Kusturica seinem Stoff begegnet. Einem Stoff, der über viele Drehbücher hinausragt. Einer seiner frühen Kinofilme handelt von einem dicken Jungen, der seinen Vater vermisst. Er wird denunziert, muss ins Exil, für ein Jahr. Der Junge beginnt schlafzuwandeln. Eines Nachts verfolgt ihn seine Mutter. Er klettert, wach und träumend zugleich, auf die runden Eisenstreben einer Brücke. Seine Mutter schwankt einen Moment, überlegt, ob sie ihn herunterholen soll, schaut ihm fasziniert zu. Ihr Sohn balanciert in Schwindel erregender Höhe auf der Brücke, von einer Seite zur anderen. Tänzelnd, leichtfüßig. Sie entlässt ihn, in seine Geschichte. Mit PAPPA IST AUF DIENSTREISE gewann Kusturica, gerade einmal Mitte zwanzig, die Goldene Palme in Cannes, 1985. Es gibt, neben ein paar guten Entscheidungen, die er am Schreibtisch und am Set getroffen hat, einen einfachen Grund dafür: Er hatte seinen Stoff gefunden. Dazu gehören ein Baum, eine Teppichstange, seine Mutter. Ein verlorenes Paradies und der drohende Krieg. Sein waches Bedürfnis (und sein Selbstbewusstsein), ein Jugoslawe zu sein. Überleben. Und viele schwebende Bilder. Bäume die brennen, ein Wohnwagen, der in die Luft saust.

Ein Stoff ermöglicht es Drehbuchautoren, ihre Geschichte zu erzählen und viele Drehbücher zu schreiben. Er treibt sie an, ist die wichtigste von allen Fragen, die sie sich nicht beantworten können. Eine Frage, die sie an sich selbst richten, an ihr Leben. Deren Spur sie verfolgen, statt von ihr selbst ein Leben lang verfolgt zu werden. Am Ende steht nicht unbedingt lösende Erkenntnis, aber, da Drehbuchschreiben ein munteres Spiel ist, eine nützliche Portion Leichtigkeit im Leben. Der Stoff sorgt für eine besondere, unverwechselbare Qualität, hilft Drehbuchautoren zu überleben, den Gesetzen des Markts zu gehorchen, ohne ihnen zu verfallen.

Aber wie seinem Stoff begegnen?

Es gibt den Tag in der Kindheit, der ihn auslöst. Nicht der wichtigste, schlimmste, glücklichste, sondern ein beliebiger, der zu einem besonderen wurde. Denn als er geschah, hatte er nicht die Absicht, zum »Plotpoint« des Lebens zu werden. Erinnerung ist ein Instrument, ihn aufzuspüren. Aber auch ohne sie taucht der Tag wieder auf, an überraschenden Orten, zu einer anderen Zeit, im Schlaf, vor wenigen Tagen, als die Winterzeit begann, an einem gewöhnlichen Mittwochnachmittag im Jahr, an einem Sommermorgen, am ersten und am letzten Urlaubstag. Wann und wo auch immer.

Ein Stoff lässt sich nicht erzwingen. Er muss nicht erfunden werden, da er schon existiert. Und sich danach sehnt, bewusst gemacht zu werden. Angehende und erprobte Drehbuchautoren schaffen Voraussetzungen dafür, dass er nicht in ihrer Erinnerung verborgen bleibt, sondern in einer ersten Drehbuchfassung, ihrer besonderen Geschichte, auftaucht.

Ihn zu finden, hat mit Vergessen zu tun. Dazu gehört es, Vorbilder zu haben und sich von ihnen zu lösen. Sich gegen sie aufzulehnen. Es ist nicht ratsam, mit dem persönlichen Lieblingsfilm zu konkurrieren. Rezeptionsgewohnheiten zu beachten und aufzugeben, vorgegebenen Mustern nicht zu verfallen, ist eine Forderung, die schon Aristoteles stellte. Bei der dramatischen Dichtung, »sagt« er (seine *Poetik* sind überlieferte Bruchstücke aus seinen Reden), verdient das »Unmögliche, das wahrscheinlich ist«, den »Vorzug vor dem Möglichen, das unglaubwürdig ist«. Das Mögliche, das unglaubwürdig ist, begnügt sich damit, eine starre, vorgefertigte Handlung zu zitieren. Was aber macht Unmögliches wahrscheinlich, schützt und befreit eine dramatische Geschichte: der Stoff. Er erzeugt eine überraschende, fordernde, sogar monströse Handlung. Erweckt den Mythos zum Leben. Lässt Überliefertes wahrscheinlich und unmöglich zugleich erscheinen.

Natürlich gibt es übermächtige Vertraute, prägende Drehbücher und Filme. Aber nicht beim Schreiben. Drehbuchautoren respektieren ihre Vorbilder. Aber wenn sie zu schreiben beginnen, nehmen sie sich in Acht vor ihnen, lassen sich nicht mehr von ihnen über die Schulter gucken. Sie wissen sich vor ihnen mit ihrem Stoff zu schützen. Er gehört nur ihnen, hat ihr persönliches Copyright. Hilft ihnen, über sich selbst hinauszuwachsen.

Wie der Dichter Euripides mit seinen Tragödien. Er ist für Aristoteles der »Ungereimte« gewesen, »der tragischste unter den Dichtern, wenn er auch die anderen Dinge nicht richtig handhabt«. Euripides war ein schärferer Stoffgestalter als alle anderen Bühnenautoren seiner Zeit. Das jammervolle Geschrei bei seinem Publikum muss lustvoll und groß gewesen sein. Der Tragödiendichter hatte seinen Stoff entdeckt. Er handelt von Ohnmacht, Wut und Zerstörung. Herzlosen, seltsam gerechten Göttern, einem Schicksal, das provoziert, und der Frage, ob es zu überwinden ist. Sein Stoff hielt ihn beweglich und half ihm nebenbei stolz und alt zu werden, 75 Jahre immerhin. Er birgt eine radikale Frage, mit der er sich und seine Existenz auf die Probe stellte, in einem von tradierten Mythen bevölkerten Feindes- und Freundesland.

Drehbuchautoren entscheiden sich nicht für einen Stoff, sie finden ihn. Er offenbart, wenn er ermittelt ist, das dramatische Motiv des Autors, seinen Wunsch. Noch sind seine Ermittlungen nicht abgeschlossen. Bevor er kühle Entscheidungen für seine Geschichte trifft, Attribute (»Props«), eine Umgebung (mit zweiten, dritten Figuren) und einen Konflikt bestimmt, sollte er seinem wichtigsten Verbündeten begegnen: einer Figur.

Aber zuerst besuchen wir einen Drehbuchautor, der sich mit sattem Vergnügen an seiner radikalen Frage, seinem Stoff, abarbeitet. Seit Jahren und noch etwas länger: Hartmut Schoen.

Er ist ein Autor, der die Krise pflegt. Und seine Helden zu Wiedergängern seiner persönlichen Lebensgeschichte macht.

Der Stoff für meine Geschichten

Im Gespräch mit…

Hartmut Schoen

Er ist Gefühlsmensch: Streitlustig, pointiert, sensibel. Ein intelligenter, herzloser Träumer. In seinem Kopf sind starke Bilder gespeichert. Ein Autor, der große Bewegungen, weite Räume imaginiert und Billigproduzenten damit in Schrecken versetzt.

Seine Figuren erfinden sich Genres, die ihnen Halt geben. Er ist verspielt und spannungsorientiert zugleich. Verliert sich mitunter in seinen Geschichten. Ohne Sorge, nicht herauszufinden.

Hartmut Schoen war früher ein preisgekrönter Dokumentarfilmregisseur. Er hat Gustav Mesmer (GUSTAV MESMER – DER FLIEGER, 1981/82), einen verrückten schwäbischen Flughelden, beobachtet, und Vietnamveteranen auf ihrem Bußgang in den Dschungel begleitet (JENSEITS DER SCHATTENGRENZE, 1996). Seine Helden changieren zwischen exotischen Einzelgängern und gewaltbereiten Einzeltätern. Er ist ein »Genre-Erzähler«. Ins Zentrum jeder Form rückt er das Drama. Sein persönliches, wie wir erfahren werden: in Konstanz, am Bodensee. Wo Krisen vorgegeben sind.

Als ich ihn das letzte Mal traf, in seinem hohen Glasturm, konnten wir den Bodensee überblicken. Aber zu Füßen des Turms klaffte schon die gigantische Baugrube.

Inzwischen ist das Werk vollendet, und der Autor (und Regisseur) hat etwas, das er mag. Ihn anstachelt. Und inspiriert: einen Streitgrund. Er ist ein Meister im Krisenmanagement.

Ein bedeckter Tag im Juli. Ein kleines Zimmer, mit Schreibtisch, im Glasturm. In der Ferne der See. Ab und zu dringen Baugeräusche hoch. Von einem gigantischen Einkaufzentrum, das zu Füßen des Turms hochgewachsen ist. Und dem Turm die Sicht versperrt. Auf den See, die Welt.

HERRMANN Erinnerst du dich an die erste Geschichte, die du als Kind erzählt bekommen hast?

SCHOEN Ich erinnere mich an einen Film, den ich gesehen habe, mit meiner Mutter, im Winter: SCHNEEWITTCHEN, schwarzweiß, in den *Gloria-Lichtspielen* in Heidenheim. Das Schlussbild war ein Wald... *denkt nach...* mittig... eine Totale... Ich war tief beeindruckt von dem, was ich sah, dem Wald, dieser Atmosphäre... Als ich ins Kino ging, war es hell, als wir herauskamen, dunkel. Es war eine Fortsetzung des Films. Meine Mutter zog mich auf einem Schlitten durch die Stadt. Eine der ersten Geschichten...

HERRMANN Hast du als Kind gerne Lügengeschichten erzählt?

SCHOEN Gelogen hab ich viel, mache ich heute noch! ...*lacht...* Ich habe meinem Sohn Jakob früher Geschichten erzählt, die ich einfach drauflosphantasiert habe. Wenn er eingeschlafen war, habe ich sie unterbrochen und am nächsten Abend fortgesetzt. Zum Beispiel die Geschichte von der alten Lokomotive, die mit dem nagelneuen ICE konkurriert. Die alte Lokomotive ist der Verlierer. Aber die anderen Loks im Lokschuppen helfen der alten Lok noch einmal auf den Weg. Sie gibt sich Mühe, schafft es nicht, braucht Wasser. Aber es gibt keines mehr, weil alles mit Elektrizität funktioniert...

Am Ende geht es gut aus. Die alte Lok bekommt einen Eh-
renpodest im Bahnhof, und die Züge paradieren vorbei.
Aber: Sie darf nicht mehr arbeiten – ein bisschen Realitätsbe-
zug muss sein!

HERRMANN   Was treibt dich zum Geschichtenerzählen:
Glücksverlangen...?

Wunsch des Autors   SCHOEN   ...Krisen! Ich bin im Schwarzwald, auf der Schwäbischen Alb aufgewachsen und gerne in der Landschaft unter-
wegs. Zugleich bringt mich das Kleinstädtische zur Raserei!
Meine Familie lässt es zu, dass ich alle halbe Jahre ausbrechen
darf. Aber wenn ich weg bin, habe ich wieder Sehnsucht. Zugleich spüre ich das Gefängnis: das bürgerliche Leben, das
nicht weitergeht, feste Strukturen, ein Kind, das jeden
Morgen in die Schule muss... das ich liebe. Und prompt
schreibe ich eine Geschichte wie DER GRENZER UND DAS
MÄDCHEN für den WDR: Ein Grenzer, der in einer festen
Ordnung lebt, mit Bügelfalten, Moralvorstellungen, verliebt
sich in eine 16-Jährige, eine Schleuserin, die im Wald lebt,
der ihr »gehört«. Damit tobe ich mich aus, baue meinen
»Frust« ab.

HERRMANN   Wo nimmst du Ideen für Geschichten her?

SCHOEN   Ich habe eine Art Skizzenbuch in meinem Computer, 60 bis 70 Seiten. Wenn da zwei Sachen im Monat hinein-
kommen, ist das viel, ich bin anspruchsvoll! Oberthemen sind
zum Beispiel »alt und jung«, »gute und schlechte Liebe«,
»Sex«, »Krimi und Suspense«, »Tod und Krankheit«, »Armut
und Reichtum«...

HERRMANN   Eine Schatzsammlung.

SCHOEN   In Form von erlebten Bildern, Erlebnissen, vergangenen, aktuellen. Ein Lieblingsbild beschreibt einen Wald.

Die Kamera ist über ihm, unten laufen zwei Menschen. Man sieht, wie sie zusammen gehen, die Kamera begleitet sie von oben. Sie sind Teil der Walds, zwei Verliebte. An einem mysteriösen Ort.

HERRMANN   Der Grenzbeamte und die Schleuserin!

SCHOEN   Vielleicht... In ihrem Wald kennt meine Schleuserin geheime Plätze. Einmal deutet sie hoch in einen Wipfel, dort hängt die Tragfläche von einem deutschen Bomber, aus dem Zweiten Weltkrieg. Oder sie zeigt ihm einen alten Gebetstock. Die Marienfigur ist herausgeklaut worden. Sie hat sich eine Aphrodite aus Plastik, die aus einer Muschel emporsteigt, besorgt. Und stellt sie in den Gebetstock. Verehrt sie als Marienfigur, weil sie nichts anderes hat. Ich habe so etwas in Italien gesehen. Oder sie kommen zu einem Tunnel: Weil er über die Grenze reicht, ist eine Seite zugemauert. Ein Ort, der nur ihr gehört: Es wachsen Bäume darin, Schlingpflanzen kommen von oben herab. In diese Bilder verliebe ich mich. Es sind Atmosphären, die mich anschieben. Für die Produzenten sind sie ein Horror... *lacht*... Sie müssen sie herstellen!

HERRMANN   Liebst du deine Figuren?

SCHOEN   Gerade die Bösen! Du müsstest mich beim Schreiben erleben, ich sage die Texte immer laut vor mich hin und manchmal vergesse ich, dass ich es tue. Dann gehe ich um sieben Uhr hinunter, zum Frühstück, nach den ersten Arbeitsstunden, und habe noch den Ton des Bösewichts drauf!

HERRMANN   Du verwandelst dich in deine Figuren.

SCHOEN   Muss man ja, oder?

Stille.

SCHOEN   Ich habe einen Fundus an Erfahrungen, Gesten und Gesichtern aus meiner Dokumentarfilmzeit. Ich verkrampfe, wenn ich mir Figuren, die ich nicht persönlich erlebt habe, ausdenke, konstruiere. Fürs ZDF habe ich einen Zweiteiler gemacht: GEFÄHRLICHE NÄHE. Es geht um einen Hochsicherheitsbiologen, der Waffen für die NATO entwirft. Ich habe beim Schreiben auf den Fundus zurückgegriffen, den andere auch haben: Fernsehen und Filme. Das war unangenehm, hat mich behindert. Beim Schreiben dachte ich: Es ist nicht meine Figur. Und beim Drehen: Es ist nicht meine Geschichte. Und als ich meinen Film im Fernsehen sah: Es ist nicht mein Film.

HERRMANN   Wie verkaufst du deine Geschichte?

SCHOEN   Meistens gelingt es mir, meine Auftraggeber mit einem Exposé oder einer Ideenskizze zufrieden zu stellen.

HERRMANN   Und dann?

SCHOEN   Treatments abzuarbeiten, frustet mich. Ich setze mich an den Schreibtisch und beginne mit der ersten Szene des Drehbuchs.

HERRMANN   Du beginnst mit Bild 1?

SCHOEN   Sehr behutsam, in Zeitlupe… Sobald ich nicht weiter weiß, höre ich auf zu schreiben. Springe nicht nach vorne. Stattdessen verharre ich so lange an der Problemstelle, bis mir etwas einfällt – und das kann, wie bei DER GRENZER UND DAS MÄDCHEN, dauern! Ich habe daran bestimmt ein Jahr lang geschrieben. Früher hätte ich mich gestresst, heute weiß ich, dass die Lösung von selbst kommt. Ich warte ab und schreibe irgendwann weiter, bis ich ans Ende komme. Es ist ein sinnliches Erlebnis: ein Abenteuer des Schreibens, weil ich nicht genau weiß, wo ich hingehe. Natürlich habe ich schemenhaft einen Plot und ein Ziel…

28

HERRMANN   Wie löst du deine Blockaden? Wenn es nicht weitergeht...

SCHOEN   Ich habe Techniken, die mir helfen. Eine ist: den Knoten anderen erklären. Dadurch strukturiere ich automatisch, komme der Lösung nahe. Und: nicht im Sitzen erzählen, sondern im Gehen! Das hilft. Und wenn gar nichts mehr geht, besuche ich einen Buchladen, lasse mir den Jahreskatalog eines großen Verlags geben. Und lese die Plots: 100 bis 150 Plots, hintereinander weg, in einem Rutsch! Das ist so, als ob man Chlorex in den Abfluss schüttet... *lacht*... Es stimuliert. Was auf keinen Fall hilft, sogar schadet: ins Kino gehen – und noch schlimmer ist Fernsehen.

Taschenspielertricks

HERRMANN   Was war das Problem bei DER GRENZER UND DAS MÄDCHEN?

SCHOEN   Mit allen Lösungen, die mir einfielen, war ich unzufrieden. Es ging um den ersten erotischen Kontakt des Paars: Sie stranden in einem schäbigen Hotel. Es ist ein Höllenritt für ihn, er ist Grenzpolizist, wird seiner Sache untreu. Sie kommen aus dem Regen, in ein Zimmer, das er, wie im Bordell, vorher bezahlen muss, und sie geht schon vor. Ich wollte, dass sie keinen Sex miteinander haben, sich nicht küssen. Die besondere Spannung sollte spürbar und benannt sein: ein unausgesprochenes Thema zwischen den Figuren. Als er ins Zimmer tritt, ist sie nackt, hängt ihre Kleider zum Trocknen auf... – und dann wusste ich nicht weiter: Was mache ich jetzt... *schnell*... Was mache ich nur?

Mitte des Drehbuchs

HERRMANN   *direkt*... Sex wäre doch keine schlechte Lösung?

SCHOEN   Schon, aber subtilen. Sie sagt: »Mensch, warum fasst du mich nicht an? Alle wollen mich anfassen, nur du nicht. Was ist los?« Und er sagt: »Ich darf gar nicht hier sein.« Bis da-

29

hin wusste ich es, aber dann hatte ich keine Ahnung, wie ich wieder herauskomme. Bis ich einen genialen Einfall hatte! Aber den verrate ich nicht.

HERRMANN   Bitte!

SCHOEN   Auf keinen Fall. Da wirst verblüfft sein.

HERRMANN   Wie lange hast du auf die Eingebung gewartet? Ein paar Wochen?

SCHOEN   Monate! Zwei oder drei Monate...

HERRMANN   Du warst wirklich nicht bereit, die Szene zu überspringen?

SCHOEN   Nein, nein, das mache ich nicht.

HERRMANN   Liegt es daran, dass deine Figuren nicht mehr »funktionieren«, wenn du die Szene überspringst?

SCHOEN   Ich hätte das Gefühl, mich selbst an der Nase herumzuführen. Ich darf nicht weiter erzählen, wenn ich nicht weiter weiß.

HERRMANN   Wann ist ein Drehbuch für dich abgeschlossen?

SCHOEN   In der Regel ist es so, dass ich irgendwann keine Lust mehr habe, es vom Tisch haben will. Es gibt einen Stau dahinter, neue Projekte stehen an, Abgabetermine...

HERRMANN   Wie gehst du mit Kritik um?

SCHOEN   Ich schreibe keine zweite Fassung, wenn meine Geschichte in ihrer Substanz in Frage gestellt wird.

HERRMANN   Gibt es erste Fassungen, die genau so gedreht wurden? Von einem »Polishing« *(Säubern, leichte Überarbeitung des Drehbuchs, Anm. Herrmann)* abgesehen?

SCHOEN   Bei mir ist es in der Regel so! Nur einmal habe ich vier Fassungen, die sich aber nicht gravierend unterschieden haben, geschrieben. Mehr noch nicht bisher.

HERRMANN   Gibt es Figuren, die eine Geschichte überdauern, in einer anderen wieder auftauchen?

SCHOEN   Figuren tauchen in verschiedenen Maskierungen, Lebensaltern auf. Im Grunde erzähle ich mit allen Geschichten »meine« Geschichte, davon bin ich überzeugt! Geschichten springen mich über Jahre hinweg nicht an. Und plötzlich stimmt es. Bei DER GRENZER UND DAS MÄDCHEN ist es mein Alltagsfrust, der mich in die Geschichte treibt. Mein Grenzbeamter ist nicht umsonst in meinem Alter, verliebt sich nicht umsonst in eine junge wilde Frau, anarchistisch, grenzenlos. Da hole ich ein Stück meiner verlorenen Träume zurück. Anderen – Redakteuren, Produzentinnen – geht es genauso. Ich skizziere ihnen eine Geschichte, von der ich noch nicht weiß, wie sie ausgeht, wo ich einfach nur ein Spannungsverhältnis herstelle. Und ich sehe ihre Erregung, ihr Leuchten…

HERRMANN   Was ist deine Geschichte?

SCHOEN   Meine Frage nach Leben: Wie lebe ich richtig, gründlich, wenn ich weiß, jeder Tag, der vorbei ist, kommt nicht zurück. Es lässt mich verzweifeln, dass das jetzt mein Leben gewesen sein soll! Ein Tag geht vorüber, wie heute, und es ist nichts passiert. Das schreibe ich in meine Geschichten hinein: auf der einen Seite äußere Struktur, Disziplinierung… Lebensfremdheit. Andererseits: Wildheit, Geilheit, Lust auf diese Welt, Lebenshunger. Zwischen diesen Positionslampen finden meine Geschichten statt.

Wunsch und Not des Autors

HERRMANN   Bedeutet ein *Happy-End* in deinen Geschichten: Rückkehr ins Vertraute, zu einer Familie zum Beispiel?

SCHOEN   Ich schreibe keine *Happy-Ends… lacht…* nur auf ausdrücklichen Wunsch des Dramaturgen.

HERRMANN   Von mir hast du diesen Wunsch noch nicht gehört!

SCHOEN   Ich weiß noch nicht, wie meine Geschichte ausgeht, beim Schreiben, spüre ich nur die Richtung, mehr nicht.

HERRMANN   Sind deine Figuren stärker als du?

Wunsch und Not
der Figur

SCHOEN   Darüber habe ich nicht nachgedacht. Bei DER GRENZER UND DAS MÄDCHEN überlegen die beiden Verliebten, als es ihnen gut geht: Wie wäre es wohl, wenn sie zu ihm nach Deutschland käme? Der Grenzbeamte, den Axel Prahl spielt, schwärmt der Schleuserin komische Sachen vor. Er möchte wieder in seinem Bett schlafen, in seiner Steppdecke, wie ein Stein. Und er möchte mit ihr ins Kino gehen: »In Berlin gibt es riesige Kinos, wir kaufen uns einen Pott Popcorn und greifen beide gleichzeitig hinein.«…*lacht…* und er sagt: »Ich möchte mit dir ins Stadion gehen, Fußball schauen. Und am besten ist es, wenn es regnet, da kriechen wir zusammen.« Sie versteht ihn kaum, aber wie er es erzählt, beeindruckt sie. Doch dann wird er wegen seiner Affäre aus dem Grenzschutz gefeuert und frühpensioniert. Zu Hause wartet die Ehefrau. Sie probieren es noch einmal. Sitzen auf der Veranda des Neubaus, und sie sagt: »Sollen wir Urlaub machen?« Er antwortet: »Ja, könnten wir machen…« Plötzlich schlägt er vor: »Wir könnten doch zum Fußball gehen? Ins Stadion.« Und sie sagt: »Aber nicht bei Regen.« Und er antwortet: »Okay, nicht bei Regen.«… Und dann ist die Geschichte aus. Das ist das Ende, ein Ende seiner Hoffnungen, seiner Lebensgier.

HERRMANN   Wie heißt die Figur im Film?

SCHOEN   Hans-Peter Müller.

HERRMANN   Und die junge Frau?

SCHOEN   Lippa. Das heißt »Baum« und hat etwas mit Erotik zu tun, ihrem Mund. Sie hat einen tollen Mund!

HERRMANN   Wie hast du ihren Namen gefunden?

SCHOEN   Erfunden! Es gibt »Lipa«, mit einem »p«, das heißt »Baum«, aber Lippa gibt es nicht. Sie kommt aus einem Ort, der »Plka« heißt. Klingt doch russisch, oder? Ich habe einfach von »Polka« das »o« weggelassen. Beide Namen vermitteln Energie, Lebenslust: »Lippa aus Plka«.

HERRMANN   Wie würdest du einen Bösewicht nennen?

SCHOEN   Wie Leute, die mich geärgert haben: »Herrmann« zum Beispiel… *beide lachen*… Ich revanchiere mich tatsächlich bei bestimmten Personen, indem ich sie in meinen Geschichten auftauchen lasse.

HERRMANN   Könnte »Hans-Peter Müller« auch »Karl-Heinz Schreiner« heißen?

SCHOEN   Nein, bei »Schreiner« schwingt etwas von Handwerk mit, der Name hat einen zu schönen Klang.

HERRMANN   Und »Christopher Müller«?

SCHOEN   Auch nicht gut: »Christopher« hat etwas von Waldorfschule, oder?

HERRMANN   Übrig bleibt Hans-Peter Müller.

SCHOEN   Der Name drückt für mich den Ausbund des Normalseins aus.

HERRMANN   Hat er keine Chance auf ein tröstliches Ende?

SCHOEN   Im Fall des Grenzers habe ich gedacht: Die traurige Szene mit ihm und seiner Ehefrau ist ein guter Schluss. Aber es fehlt etwas Poetisches. Ich kann ihn nicht alleine auf dem

Sofa sitzen lassen. Unmöglich! Es gibt Stationen seiner Liebe mit Lippa: der Tunnel, eine Waldlichtung, mit leeren Koffern von Flüchtlingen, und Lippas Haus. Es ist von einer konkurrierenden Schleuserbande zerstört worden. Ich werde diese Orte ein halbes Jahr später filmen, im Schnee. Und dann endet die Geschichte. Wunderbar, oder?

HERRMANN   Fällt dir Drehbuchschreiben schwer?

SCHOEN   Nein, leicht! Ich habe vorher nicht gewusst, dass es so einfach ist.

Stoff für
vier Szenen   HERRMANN   Ich möchte dir vier Situationen vorstellen. Und du sagst mir, was dir dazu einfällt.

Das penetrante Geräusch eines Presslufthammers vom Einkaufszentrum. Es hört nicht auf, bis zum Ende des Interviews.

SCHOEN   Soll ich das Fenster zumachen?

Steht auf, schließt das Fenster.

HERRMANN   Eine Großstadt, um vier Uhr morgens, eine breite Kreuzung, kein Mensch ist zu sehen.

SCHOEN   Ich höre Schlafgeräusche aus halb geöffneten Fenstern. Jemand schnarcht. Irgendein Wecker, der Leute weckt. Frieden und Ruhe, das assoziiere ich damit, also eher eine gute Stimmung.

HERRMANN   Hochsommer, Sonntagnachmittag in einem Vergnügungspark. Sonne brennt herunter. Dichtes Gedränge.

SCHOEN   Ein Kind geht verloren, alle sind irre. Ich sehe rote, schwitzende Gesichter, Panik und Überhitzung.

HERRMANN   Ein Werktagnachmittag. Eine Mülldeponie. Ein Laster fährt die Zufahrt hoch.

SCHOEN   Ich mag Müllhalden nicht... obwohl: Der Fahrer
stoppt, sieht etwas. Ein altes Klavier. Er hätte schon immer
gerne ein Klavier gehabt. Es passt aber nicht auf den Laster,
also bindet er es an und zieht es weg. Ein schönes Bild: der
große Laster und hintendran das kleine Klavier, auf seinen
Rollen.

HERRMANN   Ein gekacheltes Badezimmer. Eine Frau steht
vor einem Spiegel, schaut hinein, hat eine Perücke auf.

SCHOEN   Ich würde sie nackt zeigen. Ihr Körper verändert
sich, mit der Perücke. Sie hat beschlossen, die Perücke zu tragen, macht sich Mut. Will eine andere sein.

HARTMUT SCHOEN

Geboren 1951, aufgewachsen im Schwarzwald, Studium und Examen in Politik, Jura, Publizistik.

Erster Film MARKTVERGLEICH VON QUARZUHREN, 45 Sekunden, für ein Feierabendmagazin, danach Dokumentarfilme, Spielfilme, Drehbücher, Produktionsfirma. Zahlreiche Preise, u.a. Bundesfilmpreis, Adolf-Grimme-Preis, Bayerischer Fernsehpreis.

Filmauswahl:

DER GRENZER UND DAS MÄDCHEN (2005)
Drehbuch, Regie

ZUCKERBROT (2002/2003)
Drehbuch, Regie

GEFÄHRLICHE NÄHE – UND DU AHNST NICHTS (2002)
Drehbuch, Regie

WARTEN IST DER TOD (1999)
Drehbuch, Regie

LIEBESFEUER (1996)
Drehbuch, Regie

TATORT: SCHLAFLOSE NÄCHTE (1995)
Drehbuch, Regie

TATORT: DIE ZÄRTLICHKEIT DES MONSTERS (1993)
Drehbuch, Regie

DIE LIEBESREISE DES HERRN MATZKE (1992)
Drehbuch, Regie

DER LETZTE GAST (1989)
Drehbuch, Regie

GUSTAV MESMER - DER FLIEGER (1981/1982)
Drehbuch, Regie, Produktionsleitung, Produzent

Die erste Figur

Helden sind stumm und ohnmächtig. Weigern sich, einen einzigen Schritt zu tun, sind ratlos, stecken voller Selbstzweifel. Wann tauchen sie auf? An einem Sonntagnachmittag meistens (es ist eine gute Übung sich den letzten zu erzählen). Oder mitten in der Nacht, wenn ein Schlaf vorüber ist, der Tag sich versteckt hält. Sie sind in Gedanken versunken, bewegungslos noch, aber schon äußerst hartnäckig und lebensfähig.

Diese Helden sind wir selbst, im Angesicht unseres Stoffs. Wir sind unsere erste Figur. Sie ist uns näher als alle anderen Figuren, die wir mit ihr entdecken werden.

Die französische Schauspielerin Charlotte Gainsbourg, Tochter von Jane Birkin und Alain Gainsbourg, wurde vor einiger Zeit von einer deutschen Wochenzeitung nach ihren Träumen befragt. Sie beschrieb den Zustand, nachts mit offenen Augen wach zu liegen, nicht schlafen zu können. An ihre perfekten, sich liebenden Eltern zu denken, keinen Grund zu haben, ihnen für etwas böse sein, in ihrem Spiegel und der Erinnerung an ihr Glück zu leben. Und sich selbst zu spüren, in Regungslosigkeit.

Manche Eltern streiten ununterbrochen, lieben sich, andere schweigen ihr Leben lang. Die eine Kindheit ist laut und behütet, die andere stumm und traurig. Irgendwann werden Autoren munter. Und bewegen ihre erste Figur aus ihrer Bewegungslosigkeit heraus. Käme Charlotte auf die Idee, aus der schlaflosen jungen Frau eine Drehbuchfigur zu machen, sollte sie den Morgen abwarten. Sie könnte sich selbst einen Brief schreiben. Darin könnte stehen:

»Ich habe einen Stoff. Den möchte ich niemandem anvertrauen, möchte ihn für mich behalten. Und schon gar nicht in ein Genre tunken oder einem Redakteur erzählen. Ich bin die

Autorin: habe noch nie in meinem Leben eine Waffe abgefeuert, kein Verbrechen begangen. Stattdessen habe ich: eine Mutter – einen Vater. Und was machten die früher? Tranken teuren Bordeaux und mochten blutige Steaks. Und schrieben die ganze Zeit Autogramme. Das Liebespaar des Jahrhunderts. Zum Kotzen! Meine Eltern sind berühmt, werden von allen geliebt. Und ich? Wer liebt mich? Sie wollen einfach nicht sterben. Wen soll ich, bitte schön, besiegen? Niemanden – Oder vielleicht doch?«

Charlotte hält einen Moment inne. Ein guter *Stoff*, denkt sie sich. Er kreist um eine Figur mit einem Geheimnis. Sie lebt ein falsches Leben, was sie antreibt, ist Wut, gegen sich und andere. Dann schreibt sie weiter:

»Das Drehbuch meines Lebens geht so: Es besteht aus einem Konflikt, Bildern und Dialogen. Und meiner Figur. Was ist am wichtigsten für meine Geschichte? Meine Figur natürlich: Sie ist über 30, liebt Berge von Schokolade und süße Saucen. Sie ist ein wenig dick, verwöhnt und einsam. Wenn sie nachts aufwacht, hat sie das Gefühl zu platzen. Möchte ihre Eltern abschaffen, umbringen. Liebt sie, verflucht sie. Sie lernt am Wochenende einen dunklen Typen kennen, ein wenig jünger als sie. Einer, der keine Grenzen kennt, schutzlos ist. Ein Krimineller, verwahrlost. Er macht sie zum Zeugen eines Verbrechens. Sie verliebt sich in ihn. Oder auch nicht. In jedem Fall heißt sie Nina, meine Figur. Vielleicht benutzt Nina ihn…«

Wenn Autoren ihre Krise erkennen, sind sie bereits auf dem Weg zu ihrer *ersten Figur*. Sie ist der Schatten, den sie nicht abschütteln. Den sie, im Gegenteil, nähren. Ihre kreative Keimzelle, bereit zur Teilung. Das Instrument dazu ist ein Stoff. Er erfindet sich seine Figur, nicht umgekehrt. Irgendwann, aber noch lange nicht, wird die erste Figur bereit sein, in eine Geschichte aufzubrechen. Sie wird zum Zentrum eines Drehbuchs werden. Sich bewegen und aktiv sein. Aber zuerst leidet sie an Atemstillstand, angesichts der Welt, die sie umgibt, bedrängt.

Der Entdecker des *Character Driven*, der treibenden Figur, ist Lajos Egri. Mit seinem Buch über das DRAMATISCHE SCHREIBEN (1946) hat er den Helden unverrückbar ins Zentrum eines Dramas gerückt: »Es muss etwas geben, das Spannung *erzeugt*. Etwas, das Komplikationen *schafft*, ohne dass der Autor dieses bewusst herbeizuführen versucht. Es muss eine übergreifende Kraft geben, die all diese Aspekte vereint, eine Kraft, aus der heraus sie erwachsen, wie Glieder ganz selbstverständlich aus einem Körper wachsen. Diese Kraft ist der menschliche Charakter mit all seinen unendlichen Variationen und dialektischen Widersprüchen.« Mit seinem Wissen hat Egri bis heute Autoren und Lehrer geprägt. Er rezipierte die berühmtesten Dramen am Broadway, von Shakespeare bis Strindberg und Eugene O'Neill, ordnete sie nach Prämissen, dem Zweck, den Autoren mit ihnen verfolgen; anhand derer sie ihren Charakter in einen Konflikt stürzen, ihm zusetzen und ihn verwandeln. Egri entwickelte sein »Knochengerüst«, prall gefüllte Listen mit Charaktermerkmalen, nach Aussehen, sozialem Status und Psyche, die das Handeln von Figuren bestimmen.

Aber eine komplexe Figur existiert nicht nur in ihrer bewegten Geschichte. Sie hat ihren Ursprung im wachen Bewusstsein des Autors. Spiegelt seine Krise, seine Leidensfähigkeit in dieser Welt. Und stellt ein unkalkuliertes Risiko dar. Er beschäftigt sich mit ihr intensiv, noch bevor er die erste Drehbuchzeile geschrieben hat. Dafür wird sie ihn bis zur letzten Zeile überraschen. Eine Figur ist eine (an)treibende (»Character Driven«), weil ihr Autor getrieben ist: »*Author Driven*« könnte man meinen, wenn es den Ausdruck gäbe.

Die erste Figur ist die verlässlichste des begabten, jungen Drehbuchautors, der noch kein Drehbuch geschrieben hat. Er begegnet ihr in einer schlaflosen Nacht oder an einem Sonntagnachmittag. Sobald er seinen Stoff in Händen hält, hat er exzellente Chancen, mit einer widerstandsfähigen Figur belohnt zu werden. Er wird nicht mehr von ihr in Ruhe gelassen, beginnt seinen Dialog mit ihr. Stoff und Figur schützen den Autor und fordern ihn zugleich. »Schützen« vor Kopisten, »fordern«, weil eine wechselvolle Zeit beginnt. Mit einer Figur, die ihn antreibt: ihr wieder zu begegnen, in einer fremden, auslösenden Figur, eine Vorgeschichte (»Backstory«) zu entdecken, Attribute (»Props«) und einen Konflikt zu ermitteln. Den Wunsch (»Want«) und die Not (»Need«) seiner Figur herauszukristallisieren. Sie mit zweiten, dritten Figuren, die sie begleiten, zusammenzubringen. Die Figur wird Gregor, Katrin, Paul, Rita, Sabine, Benni oder Melanie heißen. Aber noch immer ist sie der ersten Figur verwandt, wenn ein Drehbuchautor an seinem Stoff arbeitet.

Am Anfang kommt der Stillstand der Figur. Schon Egri hat ihn nebenbei bemerkt. Und erzählt die wunderbare Geschichte eines Schriftstellers und glücklichen Familienvaters, der sich, angesichts des nervenden Familienglücks, das ihn umgibt, kurzerhand das Leben nehmen möchte. Und, während er seinen Abschiedsbrief schreibt, plötzlich Bauchschmerzen bekommt. Bei dem Gedanken, Selbstmord mit Bauchschmerzen zu begehen, entdeckt er seine eigene Lächerlichkeit. Und überwindet den Stillstand und sein Leiden daran. Vielleicht hat er in diesem Moment begonnen, sich nach einer Figur zu sehnen. Sie ist eine andere, aber ihm selbst am nächsten. Und sie ist unberechenbar, eine Herausforderung, mitten hinein ins bunte Leben. Wer sie hat, wird sie nicht mehr hergeben.

Wie Maren Ade, eine der begabtesten deutschen Nachwuchsregisseurinnen. Sie hat, mit 27, gerade ihren Stoff gefunden. Und eine Figur, die ihrer ersten Figur gleicht. Ihr Stoff und ihre Figur sind kraftvoller als jede Idee.

Eine Figur fürs Leben

Im Gespräch mit…

Maren Ade

Eine junge Frau zieht von Stuttgart nach Karlsruhe. Sie ist Lehrerin. Und sie ist voller Hoffnung. Bis zum Ende der Geschichte und darüber hinaus. DER WALD VOR LAUTER BÄUMEN (2004) heißt der erste lange Spielfilm von Maren Ade. Es ist ein irritierendes Ereignis, erzählt von Melanies lärmenden Feldzügen gegen die Einsamkeit. Ein Findelkind, das niemand haben möchte. Melanie schmeichelt, klingelt an Türen, fleht ihre Schüler an, alles vergebens. Aber vor allem möchte sie Freundin von Tina, die eine Boutique hat, sein. Ein kleines Glück würde ihr genügen. Dafür streitet sie, vom lauten Anfang bis zum zarten Ende der Geschichte.

Melanie ist eine Provokation. Eine extreme Figur. Sie überschreitet Grenzen, bis kein Weg mehr zurückführt. Immerhin hat sie einen Schutzengel an ihrer Seite: Maren Ade.

Ernsthafter (und schamloser) kann eine Komödie kaum sein. Die Autorin hat sich nicht vom großen Drama verführen lassen. Den Wendepunkten, Katastrophen. Und sich stattdessen mit ihrer kleinen Monster-Heldin verbündet. Sie hat ihre Figur akribisch ermittelt. Ihr wochenlang eine Frage nach der anderen gestellt, sie in einen zähen Dialog verstrickt. Unerbittlich. Bis sie zu agieren begonnen hat.

Eine Autorin, die mit nüchternem Kalkül arbeitet. Ihre ersten Kurzfilme, EBENE 9 (2000) und VEGAS (2001), vollzogen den Wechsel von schnellen, genresicheren Pointen zu Erkundungen von Situationen, wirkten früh gereift und entschlossen, erhielten Prädikate, wurden auf Festivals gezeigt. DER WALD VOR LAUTER

BÄUMEN, ihr erster langer Film, ist ein konzentrierter Aufbruch: In »kleinen Schritten«, wie sie sagt, hin zu einer Figur. Und einer Figur in ihre Geschichte hinein. Es fällt ihr immer noch schwer, sagt sie, sich bei anderen als »Regisseurin« vorzustellen. Sie sage lieber, sie komme »aus Karlsruhe«. Was nicht sehr aufregend klingt. Aber für Ruhm sorgen kann, wenn die Stadt zum Schauplatz für ein Drehbuch wird. Einige Monate nach unserem Gespräch ist der WALD VOR LAUTER BÄUMEN mit dem Sonderpreis der Jury auf dem renommierten amerikanischen *Sundance* Filmfestival ausgezeichnet worden. Außerdem gab es eine Nominierung für den Deutschen Filmpreis 2005, in der Kategorie *Bester Spielfilm*.

Sie kommt aus dem Aufzug und ist nicht älter als die Studenten, denen sie auf den Gängen begegnet. Es ist ein später Frühlingstag. Alles wirkt leicht und entspannt an diesem Morgen. Auch Maren Ade, die während des Gesprächs sehr konzentriert wirkt, sich nicht mit halben Sätzen zufrieden gibt.

HERRMANN   »Melanie Pröschle ist 26 Jahre alt und Lehrerin an der Alfred-Szabo-Realschule in Karlsruhe«: Das ist dein erster Satz, in deinen Aufzeichnungen zu DER WALD VOR LAUTER BÄUMEN.

ADE   Das könnte er wirklich gewesen sein. Denn die Grund-   *Vorgeschichte* idee war, eine Geschichte über eine Lehrerin zu machen. Meine Eltern sind Lehrer, alle vier sogar! Sie sind getrennt, leben mit neuen Partnern, die auch Lehrer sind, wie sie. Es gab zwei Beweggründe: Zum einen hat mich Schule als Umgebung interessiert, zum anderen wollte ich etwas in Karlsruhe drehen, wo die Leute meinen Dialekt sprechen.

HERRMANN   Wolltest du deinen Eltern eins auswischen?

ADE   Nein, meine Eltern spiegeln sich nicht unbedingt in der Hauptfigur. Die Geschichte war ursprünglich humorvoller angelegt. Die Figuren der ersten Drehbuchfassung waren meinen Eltern ähnlicher. Da gab es zum Beispiel einen Lehrer, einen Sprücheklopfer. Aber diese Szenen sind nach und nach weggefallen.

HERRMANN   Was war die Geburtssekunde von Melanie Pröschle, deiner Hauptfigur?

ADE   Es fing nicht so an, dass ich dachte: »Ich möchte jetzt über Einsamkeit erzählen«. Mein erstes Interesse ist oft eine oberflächliche Neugierde: »Wer sind diese Frauen mit Karottenhosen, den kleinen Rucksäcken... Hauswirtschaftslehrerinnen, die aus Stuttgart kommen und deren Eltern einen Fliesenhandel haben?« Also etwas, das aus einer eher äußerlichen Beobachtung resultiert.

HERRMANN   Deine Figur war dir fremd...

Erste Figur   ADE   Sie hat mich gefesselt. Ich habe begonnen, sie von innen auszustopfen und auszustaffieren. So kam etwas von mir selbst hinein, wie ich nach und nach feststellte. Aber die Hülle war mir fremd.

HERRMANN   Immerhin seid ihr gleich alt. Was ist dir vertraut an euch beiden?

ADE   Vieles, obwohl ich selbstbewusster als Melanie bin: Jemand möchte befreundet sein, wünscht es sich mehr als der andere. Überschreitet Grenzen. Zu Hause herumsitzen, schlechte Phasen haben, ohne Kontakte. Oder auf einer Party herumstehen, es kommt jemand auf dich zu, er ist peinlich. Oder du bist es selbst... das sind die Situationen. Die Fremdheit meiner Figur ist eine von mir selbst gewählte. Aber ab einem bestimmten Punkt versuche ich, Fremdheit zu überwinden.

HERRMANN   Hast du deine Figur im klassischen Sinne recherchiert?

ADE   Nicht wirklich...

HERRMANN   Warst du in Schulen?

ADE   Meine Eltern haben die Schulszenen kontrolliert, und ich habe ihnen vertraut. Ein paar Male war ich in der Schule, zusammen mit meiner Mutter oder mit der Freundin meines Vaters. Um zu sehen, wie Kinder in verschiedenen Altern sind. Man verliert schnell den Überblick, wie weit sie sind, was sie reden?

HERRMANN   Melanie ist eine brüskierende Figur. Sie liefert
sich aus. Empfindest du Zuneigung für sie?

ADE   Sehr.

HERRMANN   Ist sie naiv?

ADE   Ja, doch, finde ich schon…

HERRMANN   Unschuldig?

ADE   *überlegt kurz*… Unschuldig eher nicht. Ich finde, sie ist ein
wenig naiv, kindlich. Aber zugleich ist sie jemand, der im Leben steht, und damit gar nicht unschuldig.

HERRMANN   Gerade im Fahrstuhl hast du mir einen Traum
erzählt: Du solltest dich um den Hund deiner Mutter kümmern. Hast ihm aber nur Wasser hingestellt, bist gegangen
und hast die Türe offen stehen lassen. Könnte das ein Traum
von Melanie sein?

ADE   *Schnell*… Glaube nicht. Obwohl… *denkt nach*… Ein
Traum von ihr könnte es vermutlich doch sein. In Realität
würde sie sich aufopferungsvoll um den Hund kümmern, gerade deshalb könnte sie es träumen.

HERRMANN   Was ist aus Melanies Tagträumen geworden,
die du in früheren Fassungen eingeplant hattest?

ADE   Ich bin selbst überrascht, was ich alles wollte, und was
davon im Drehbuch übrig geblieben ist. Träume sind heikel,
besonders im Film. Für mich sind sie so ein »Studentenfilm-
ding«.

HERRMANN   Nur am Ende gibt es noch eine Traumsequenz:
Melanie, nachdem sie bei allen abgeblitzt ist, sitzt alleine
im Auto, fährt auf einer Landstraße, klettert vom Steuer auf
den Rücksitz, schaut aus dem Seitenfenster, losgelöst von
allem…

ADE   Die Schlussszene ist für mich kein Traum. Unrealistisch zwar, aber dennoch faktisch: Etwas, das ihr passiert.

Stille, Vogelzwitschern.

HERRMANN   In deinen Aufzeichnungen zur Figur schreibst du: »Ich muss herausfinden, wie man die Situation erzählt, dass jemand im Zimmer sitzt und sich quält?«

ADE   Man macht es sich im Treatment einfach, schreibt: »Sie sitzt zu Hause und ist verzweifelt.« Ich möchte etwas an die Stelle setzen. Bei einem Film, der von solchen Szenen lebt und auf eine vordergründige Handlung verzichtet, möchte ich für die Figur das richtige »Quälen« finden.

HERRMANN   Du hast beachtliches Material zum Hintergrund deiner Figuren gesammelt, auf vielen Seiten. Über Freundschaft, was sie bedeutet, was ihre Gefährdungen, welche Sehnsüchte mit ihr verknüpft sind?

ADE   Ich bin selbst erstaunt darüber, wenn ich es heute lese. Das war mein Kampf gegen das »Wilde« in meinem Kopf. Es hat mir genützt, um Szenen zu finden: »Wie ist der andere in der Freundschaft und ist er anders, wenn er alleine ist?« Eine solche Frage schreibe ich mir auf, sie kann zu Szenen führen. Ich psychologisiere…

Klimax,
Not der Figur

HERRMANN   Lernt Melanie aus ihren Niederlagen?

ADE   Ich bin mir sicher, dass sie etwas dazulernt, aber da hört die Geschichte fast schon auf. Ob sie bei der nächsten Freundschaft ein größeres Feingefühl hätte? Sie hat vielleicht eine Erfahrung gemacht, aber dramatisch verändert wird sie dadurch sicher nicht.

HERRMANN   Wie bist du weiter vorgegangen?

ADE   Ich habe ein Drehbuch von sechzig Seiten geschrieben. Es
war irre schlecht, peinlich! Eine Liebesgeschichte mit Thors-
ten, ihrem Kollegen... *lacht*... Er wollte Konrektor werden,
ein ehrgeiziger Typ, der sie in der Schule nicht mehr wieder
erkennt. Ich habe begriffen, dass ich zuerst ein Exposé schreiben muss. Zwei, drei Seiten. Und unzählige Treatment-Fas-
sungen. Interessant war, dass ich später nur drei Drehbuchfassungen geschrieben habe. Dialoge schreiben fällt mir nicht
schwer. Da ich mich vorher durchgekämpft hatte, waren sie
eine Art Belohnung. Ich habe ein, zwei Wochen geschrieben,
ohne Unterbrechung, es Freunden zu lesen gegeben, Kom-
mentare verarbeitet. Mein Problem war, dass meine Kraft
am Ende der Geschichte versiegte, ich nachlässiger wurde.
Vorne war ich genauer. Deshalb habe ich eine der Fassungen
in der Mitte angefangen um genug Kraft für den Schluss zu
haben.

HERRMANN   Hast du eine Lieblingsszene?

ADE   Ich mag die Szene in Tinas Boutique sehr. Melanie probiert einen Pullover an, Tina schwärmt ihr vor, wie gut er ihr
steht: »Nimm den doch!« Und Melanie glaubt, sie bekommt
ihn geschenkt. Aber Tina will ihn ihr nicht schenken. Ein
Missverständnis, mit Subtext. Ich war mir nicht sicher, ob
man es umsetzen kann. Und froh darüber, dass es sich im Film
vermittelt.

HERRMANN   Deine Geschichte hat, während du an ihr gearbeitet hast, ihren Akzent verlagert. Weg von einer Liebes-
und Freundschaftsgeschichte, hin zu einer einzigen Figur:
Melanie Pröschle.

ADE   Irgendwann musste ich mich für meine Hauptfigur entscheiden. Obwohl beide Figuren, Tina und Melanie, erzählt
werden. Tina, die Boutiquebesitzerin, mit der Melanie sich

Zweite,
dritte Figur

anfreunden möchte, ist eine dienende Figur. Am Anfang hatte ich Angst vor ihr, wusste nicht, ob sie funktionieren wird. Man erfährt so wenig Eigenes über sie oder ihren Freund. Eine Zeitlang habe ich gedacht, dass ich ihr einen Hintergrund geben muss. Solche Szenen, ohne Melanie, habe ich später gestrichen.

HERRMANN   Szenen mit Melanie, deiner Hauptfigur, hast du dagegen ausgebaut und intensiviert?

Emanzipierte Figur

ADE   Melanies Schlüsselszenen waren von Anfang an da. Nur Szenen, die ihre Einsamkeit zu offensichtlich machten, sind gestrichen worden. Bei denen man sich zu früh hätte zurücklehnen und sagen können: »Die Frau hat ein Psycho-Problem, das ist mir jetzt schon klar.«

HERRMANN   Welche Szenen sind das?

ADE   Zum Beispiel nach der Party, als sie vor Tinas Boutique herumlungert und zum wiederholten Mal mit ihr reden will. Szenen, in denen man die Figur verlässt, nicht mehr weiter mit ihr mitgeht. Ich wusste nicht, wie spannend das andere ist…

HERRMANN   Das andere?

ADE   Nicht große, sondern kleine Schritte meiner Figur. Ob sie reichen? Ich brauche keinen Kran, muss keine sechs Stunden mehr beleuchten… Es hält mich nur auf, lenkt mich ab.

Stille.

HERRMANN   Betrachtest du es rückblickend als Fehler, viele Szenen für den Papierkorb geschrieben zu haben?

ADE   Nein. Bei der ersten Geschichte sollte man sich alles trauen, sich nicht zensieren. Kitsch und dramatische Dialoge einfach heraushauen! Und offen bleiben. Man muss es ja niemandem geben!

HERRMANN   Dir ist lange Zeit kein Schluss für deine Geschichte eingefallen.

ADE   Bei meinem ersten Kurzfilm, sieht man, was herauskommt, wenn einem nichts einfällt. Die Geschichte hört auf mit: »Ich liebe dich« …*lacht*… Bei dem WALD VOR LAUTER BÄUMEN habe ich wegen dem Ende Panikattacken bekommen! Melanies Leben hätte endlos so weitergehen können… Wie komme ich da heraus?

HERRMANN   Du hättest deiner Figur noch lange »zuschauen« können…

Wunsch der Autorin

ADE   Manchmal stelle ich mir vor, was sie jetzt so treibt? Ich habe sie erfunden, beim Schreiben läuft sie neben mir her, ist meine Phantasiefreundin. Und noch immer möchte ich gerne wissen, was sie jetzt macht? Meine Schauspielerin Eva Löbau und ich haben schon überlegt, eine Fortsetzung zu drehen. Sie fängt damit an, dass das Auto irgendwo hält und sie hinten aussteigt…

HERRMANN   Was könnte deine nächste Geschichte sein, nach DER WALD VOR LAUTER BÄUMEN?

ADE   Ich überlege noch. Denke übers Gewesene nach. Gerade bin ich nach Berlin umgezogen. Filmschule fertig, Abschlussfilm erledigt. Ich habe den Computer angemacht, Kaffee hingestellt und mir gedacht: »Jetzt schreibe ich mal was. Jetzt ist Schluss mit lustig, drei oder vier Exposés müssen her!« Ich habe alte *Spiegel*-Magazine durchgeblättert. Weil dort bestimmt eine Geschichte drinsteht: »Die Rettung Europas« oder so etwas Ähnliches… *lacht*… Aber mir fallen eher Figuren ein. Ganz kleine Sachen!

HERRMANN   Wie gehst du mit ihnen um?

ADE   Ich schreibe sie auf! Zum Beispiel war ich mit meinem Vater im Media Markt. Wenn er einen Fernseher kauft, und Deutschland die EM gewinnt, bekommt er sein Geld zurück. Solche Sachen... wenn ich es nicht aufschreibe, vergesse ich es wieder. Bei der Schlussszene von DER WALD VOR LAUTER BÄUMEN habe ich beim »Dreh« gedacht, sie sei eine spontane Eingebung von mir gewesen. Später habe ich festgestellt, sie stammt aus einer Idee für einen Musikclip: Jemand sitzt in einem Auto, lässt das Lenkrad los, und das Auto fährt von selbst durch die Stadt. Aufzeichnungen sind Bumerangs, die zurückkehren.

HERRMANN   Wo willst du in zehn Jahren sein, hast du eine Vorstellung davon?

ADE   Ich finde es großartig, wenn Leute es schaffen, mit der Zeit zu gehen. Wie Dominik Graf zum Beispiel. Eine Kostümfrau hat mir erzählt, er sei immer bemüht, würde fragen, was aktuell ist, ob man etwas Bestimmtes so trägt? Ich habe sein Bedürfnis herausgelesen, bei der Zeit zu bleiben. Und das wäre etwas, das ich mir wünsche, beibehalten zu können. In zehn Jahren, mit 37, beginne ich dann auf reife Alterswerke zu hoffen!

Stoff für vier Szenen   HERRMANN   Ich möchte dir zum Schluss vier Situationen beschreiben. Und du antwortest mit szenischen Ideen darauf, Maren.

ADE   Mal sehen. Vielleicht kommt ein Hit heraus!

Stille.

ADE   Du machst es spannend!

HERRMANN   Eine Straßenkreuzung in einer Großstadt, früh
morgens, vier Uhr. Kein Mensch ist zu sehen.

ADE   Es fällt etwas von oben herunter. Ein Klavier... Die Szene
gab es bestimmt schon.

HERRMANN   Eine Mülldeponie, Mittwochnachmittag, ein
Müllauto fährt die Zufahrt zur Deponie hoch.

ADE   Sie wollen den Müll abladen, aber die Klappe klemmt.
Zerren daran herum. Ein paar Schlaumeier kommen dazu.
Vier Männer, die alle Recht haben wollen. Wissen, wie es
geht, wie man das Ding zum Laufen bringt. Und die Klappe
geht auf, wenn sie nicht aufgehen soll...

HERRMANN   Eine Frau, die in ihrem Badezimmer vor einem
Spiegel steht und eine Perücke aufhat...

ADE   »Frauen mit Perücken vor Spiegeln«? Das ist für mich ein
»No-No«.

HERRMANN   Ein Vergnügungspark an einem Feiertag.
Hochbetrieb. Tausende von Menschen, es ist Hochsommer.

ADE   Ich stelle mir ein Gespräch zwischen einem Pärchen vor.
Es geht um eines dieser *Freefall*-Fahrgeschäfte. Sie trauen sich
nicht, haben Angst und keiner gibt es zu. Machen es trotzdem
irgendwann. Hinterher sitzen sie schweigend auf einer
Bank... Sitzen da, schweigend.

MAREN ADE

Geboren 1976 in Karlsruhe, lebt in Berlin. Auszeichnungen u.a. Starter Preis der Stadt München, Spotlight Publikumspreis, Special Jury Award Sundance 2005 und Nominierung für den Deutschen Filmpreis (Bester Spielfilm) 2005, für DER WALD VOR LAUTER BÄUMEN.

Filmauswahl:

DER WALD VOR LAUTER BÄUMEN (2004)
Drehbuch, Regie

EL CONDOR NO PASA (Social Spot) (2002)
Drehbuch, Regie

VEGAS (Kurzfilm) (2001)
Drehbuch, Regie

EBENE 9 (Kurzfilm) (2000)
Drehbuch, Regie

Vorgeschichte (Backstory)

Drehbuchautoren beginnen einen Dialog mit fremden Figuren, die sie neugierig machen und herausfordern. Fremde Figuren können gewöhnlich (was am besten ist) oder exotisch (was sie auch sind), sympathisch (was sie immer sind, unabhängig davon, ob sie den Finger am Abzug haben) oder monströs (als was sie sich fast alle entpuppen) sein. Dahinter verbergen sich eine wütende Mutter, mit zwei heimlichen Geliebten, ein Fahrschullehrer, der Angst vorm Autofahren hat, oder eine Chefärztin, die sich in den schwarzen Angestellten der Reinigungsfirma verliebt. Anfangs hält die fremde Figur respektvoll Distanz zum Autor.

Sie fordert ihn heraus: Er beginnt einen Dialog mit ihr, führt zum Beispiel ein gemeinsames Tagebuch, in dem er alles notiert, was sie bewegt, euphorisch stimmt oder in Verzweiflung treibt. Das Tagebuch ist sein eigenes und zugleich auch das seiner Figur. Er stellt ihr Fragen, möchte zum Beispiel wissen, wie es ist, alleine in einem Zimmer zu sitzen und sich zu quälen? Mit diesen Fragen knüpft ein Autor einen Teppich, auf dem beide Platz finden: Seine Figur und er selbst. Der Teppich hat einen Namen: *Vorgeschichte* (»Backstory«). Das Fremde lässt sich nicht erzählen. Das Fremde, das dem eigenen gleicht, schon. Also muss es adoptiert werden.

In der Drehbuchliteratur wird ein *auslösendes Ereignis* als Grund für die Bewegung einer Figur reklamiert. Wer aber bewegt den Autor aus seiner Krise heraus, versetzt ihn in Spannung? Die Figur, nicht ein Ereignis. Sein wichtigstes Ereignis beim Drehbuchschreiben ist eine *auslösende (fremde) Figur*. Sie fordert ihn heraus, er gibt sie nicht mehr her. Mit ihr entdeckt er eine neue Geschichte, die er mit einer alten, vertrauten vergleicht: seinem Stoff. Mit der Vorgeschichte stellt er Schnittmengen her, zwischen seinen Erfahrungen, Empfindungen und der Lebenswelt seiner Figur.

Linda Seger beschreibt in *Von der Figur zum Charakter* (1999) anschaulich die Reichweite der *Backstory* einer Figur. Für gewöhnlich werden Drehbuchautoren aufgefordert, Fleißkärtchen zu sammeln, ihre Figur in biographische Einzelteile zu zerlegen, einen minutiösen Lageplan ihres Alltags zu entwerfen. Mit dem Nachteil, dass ihre zarte, noch wenig widerstandsfähige Figur sofort die Lust verliert und sich vom Autor entfernt, aus seinem Blickfeld gerät. Seger hält dagegen: »Die Backstory zu finden ist ein Prozess der Aufdeckung. Man beginnt, indem man Fragen zur Figur stellt. Dann geht man zurück, um herauszufinden, ob etwas in der Vergangenheit passierte, was vielleicht die Entscheidungen und Handlungen der Gegenwart beeinflusst.« Seger empfiehlt »Warum«- und »Was«-Fragen zu stellen. Aus denen für eine Handlung, die *Frontstory*, entsprechend ausgewählt wird: um zu verhindern, dass eine »Figur unerwartete Reaktionen auf Ereignisse und Menschen zeigt.«

Mit der *Backstory* wird eine Figur an einer schlüssigen Handlung ausgerichtet. Das widerspricht der Praxis: Mit einer Vorgeschichte richten Drehbuchautoren ihre Figur nicht an einer Handlung, sondern an sich selbst aus. Sie machen einen DNA-Test, vergleichen die fremde, auslösende, mit der ersten, vertrauten Figur, darauf bauend, dass sie später im Drehbuch überraschend und dennoch glaubwürdig agiert. Es gelingt ihr dank der vertrauensbildenden Maßnahme des Autors: Er prüft die Verwandtschaftsverhältnisse, lotet das Geheimnis seiner Figur aus, erkennt vertraute Schwächen, lässt ihre Unfertigkeit zu. Sie rückt ihm nahe.

Zwei Lebenswelten berühren sich. Anfangs wirkt der Dialog einseitig, wird vom Autor in Richtung der auslösenden Figur geführt. Er stellt ihr private Fragen, die ihm etwas bedeuten, ihn unruhig stimmen. Um von ihr virtuose, überraschende Antworten zu erhalten, Szenen, Dialogfetzen, in denen sie auftaucht. Wenn die »Handlungen der Gegenwart« beim Drehbuchschreiben ihren Lauf nehmen, wird seine Figur, in Einverständnis mit ihm, selbstbewusst agieren, den vorbereitenden Dialog auf eigensinnige Weise fortsetzen, ihren Autor von hinten umarmen und wie ein sanfter Schatten verfolgen. Manche Drehbuchautoren nehmen sie morgens mit an den Frühstückstisch, erschrecken ihre Familie mit verstellter Stimme, der Stimme einer vertrauten, fremden Figur. Sie leben mit ihr, sind nicht bei der Vorgeschichte stehen geblieben, haben sie zum Leben erweckt und in ihren kreativen Alltag integriert.

Drehbuchautoren entwickeln vitale Strategien, die Vorgeschichte ihrer Figur zu ermitteln. Sie führen ein gemeinsames Tagebuch, schreiben ihnen Droh- und Liebesbriefe. Leihen sich Teile der Vorgeschichte von Eltern, Freunden, Kollegen, Vorgesetzten und anderen Widersachern, suchen das lebendige Beispiel, verleiben es sich ein. Tun alles Erdenkliche, um sich in ihre Helden zu verwandeln und den Alltag mit seinen Augen zu erleben. Für die *Frontstory*, die äußere Handlung, gilt: Figuren agieren selbstbewusst, weil sie ihrem Autor vertrauen. Und er ihnen. Die *Vorgeschichte* sorgt dafür, dass Drehbuchschreiben zu einem Geschäft auf Gegenseitigkeit wird. Denn sie spiegelt, was nicht vergessen werden darf, den Wunsch des Autors, seine Geschichte zu erzählen. Stellt eine Verbindung seiner auslösenden Figur zu einer krisenhaften Zeit in seinem Leben her. Der Tag ist noch nicht vorüber, scheint es.

Susanne Schneider ist eine Autorin mit einer prägenden Vorgeschichte: Der Ort, an dem sie schreibt, ist derselbe, an dem sie ihre Kindheit verbracht hat. Ihr Stoff handelt von Verlust und Tod, meint sie, vielleicht aber auch, in Kenntnis ihrer Geschichten: der Unmöglichkeit geliebt zu werden, der Notwendigkeit zu lieben. Ihre Figuren sind authentisch: weil sie ihre Geschichten mit ihrer Autorin teilen.

Die Figur sitzt auf einem Baum und wartet

Im Gespräch mit…

Susanne Schneider

Irgendwann wird der Stoff spürbar. Beginnt zu atmen, wächst, wird monströs. Fordert die Autorin auf zu vertrauen. Und sie tut es. Denn sie hat Figuren, deren Schicksal sie kennt. Und die dennoch ihr Geheimnis vor ihr behalten.

Autoren balancieren mitunter beim Schreiben an einem Abgrund entlang, haben nur ein einziges Halteseil: eine unschuldige Figur. Susanne Schneider ist ein furchtlose Autorin. Die Nächte über der Schwäbischen Alb, wo sie lebt, sind keineswegs friedlich. Dort hat sie ihren Stoff, den sie über ihren Geschichten auffaltet, gefunden.

Sie bewegt sich als schreibende Regisseurin (IN EINER NACHT WIE DIESER, 2003, ZAZA, 2005), Theaterdramatikerin (DIE NÄCHTE DER SCHWESTERN BRONTË, 1992), Drehbuchautorin für Kino (SOLO FÜR KLARINETTE, 1998) und TATORT (DUNKLE WEGE, 2005).

Schreiben findet in einem geheimen Raum statt. Autoren schotten sich ab, verstecken sich vor der Welt. Sie beschützen ihre Figuren, erlauben ihnen riskante Ausflüge, tollkühne Eskapaden. Weil sie überzeugt sind: Ein Drama ist authentisch, wenn es überraschend und unbestechlich, ihm alles zuzutrauen ist. Intime Vertrautheit mit einer Figur ist die Voraussetzung dafür.

HAUS MIT GARTEN, SCHWÄBISCHE ALB INNEN/NACHT

Ein Wohnzimmer in einem 50er Jahre-Wohnhaus. Die Autorin hat Maultaschen für später vorbereitet, Tee gekocht, Äpfel aus dem Garten auf den Tisch gelegt. Draußen ist Dezember, es ist dunkel, kalt und still. Ein intimer, abgeschiedener Ort. Ohne Störung. Behaglich? Vielleicht. Aber auch ein Ort mit ein paar dunklen Geheimnissen.

HERRMANN   Bist du musikalisch?

SCHNEIDER   Ich bin in einer Zeit, den 60er, 70er Jahren, wo jeder Musik gemacht hat, großgeworden. Ich war in einer der ersten Girl Groups, habe gesungen. Meine Mutter hatte eine Liebe zur Operette. Grauenhaft! Und ein Akkordeon, auf dem hat sie gespielt.

HERRMANN   Hast du als Kind Geschichten erzählt bekommen?   *VORGESCHICHTE*

SCHNEIDER   Überhaupt nicht. Meine Großmütter lasen Ganghofer und Groschenromane, und meine Mutter schaute sich Marika Rökk-Filme an. Sie waren alle berufstätig: Meine Mutter hatte hier, in diesem Haus, ein Café mit meinen beiden Omas, das war sehr illuster…

HERRMANN   Hier war ein Café?

SCHNEIDER   Wo wir jetzt sitzen, war eine Bar, mit zwei Café-Räumen. Ich wuchs mit drei berufstätigen Frauen, von denen keine Zeit für mich hatte, auf. Für mich als Kind, auf dem Land, war es das Beste, was mir passieren konnte. Ich bin hinter dem Haus in die Wiesen gelaufen und habe mir selbst Geschichten erzählt, ich glaube, so fing es an. Ich war sechs oder sieben damals. Die Gäste saßen hier bis tief in die Nacht hinein. Meine Mutter war eine attraktive Blondine, ohne Mann, du kannst dir vorstellen, es war einiges los… *lacht…*

Eine illustre ...*denkt kurz nach...* aber nicht nur lustige Kindheit.

HERRMANN   »Nicht nur lustig?«

SCHNEIDER   Meine Mutter hat dreimal geheiratet, die Scheidung von meinem Vater, mein Stiefvater... das war schon traumatisch...

HERRMANN   Du hast dir selbst Geschichten erzählt: War das eine Art Flucht?

SCHNEIDER   Ja, auf einen Baum! Er war schräg, auf ihm saß ich stundenlang. Und natürlich gab es Nachbarskinder... wir wuchsen relativ wild auf.

HERRMANN   Habt ihr euch gegenseitig etwas erzählt?

SCHNEIDER   Nein, ich war alleine auf dem Baum. Wobei ich heute nicht mehr weiß... *überlegt...* Ich glaube nicht, dass ich es laut getan habe...

HERRMANN   Gibt es etwas, was du beim Geschichtenerzählen besonders gut kannst?

SCHNEIDER   Vielleicht meine Fähigkeit, tief in Figuren zu schauen. Hat vermutlich mit Kindheitserfahrungen zu tun: all die Leute, die kamen und gingen.

HERRMANN   Tagebuch?

SCHNEIDER   Natürlich! Es hieß »Kitty«, genau wie das Tagebuch von Anne Frank. In Kitty jagt ein Unglück das andere! Wenn es mir gut ging, habe ich nicht geschrieben.

Telefonklingeln, Schneider spricht in beeindruckendem Amerikanisch mit einer Freundin. Als das Gespräch beendet ist...

HERRMANN   Wo schreibst du?

SCHNEIDER   Oben, unterm Dach. Ich kann ins Freie schau-
en, über die Schwäbische Alb. Ich arbeite ja hauptsächlich
nachts. Ab ein, zwei Uhr und dann bis morgens sechs oder
sieben. Wenn andere schlafen, fängt meine Hauptschicht an.
Ab und zu gehe ich auf den Balkon, schaue die Sterne an,
atme durch.

HERRMANN   Eine ungewöhnliche Arbeitszeit!

SCHNEIDER   Es ist die Ruhe und das Gefühl: Niemand außer
mir tut es jetzt gerade.

HERRMANN   Ist es ein Hochgefühl, nachts nach oben zu gehen, an deinen Schreibtisch?

SCHNEIDER   Sehr unterschiedlich, wie du dir vorstellen
kannst. Wenn mir Leute erzählen: »Ich muss schreiben!« –
muss ich das überhaupt nicht! Ich könnte mich in Faulheit er-
gehen und empfinde es schon immer als mühselig und hart
mich hinzusetzen. Auch bei ZAZA ist es schwierig. Ich versuche alles, um nicht daranzugehen. Die Hochgefühle kommen
beim Schreiben, aber nie vorher.

HERRMANN   ZAZA ist der Titel deines aktuellen Drehbuchs:
Die Geschichte einer Mutter und ihrer Tochter, von Nora
und Zaza.

SCHNEIDER   Sie ist elf, die beiden müssen mit dem traumatischen Verlust des Vaters fertig werden. In einer Zeit, wo sie
sich am meisten bräuchten, verlieren sie sich. Und über dramatische, auch traumhafte Umstände kommen sie ausgerech-
net in einem Altersheim, wo sie von Tod umgeben sind,
wieder zusammen, finden ins Leben zurück.

HERRMANN   Nora, die Mutter, arbeitet als Köchin. Sie fühlen sich beide schuldig am Tod des Vaters. Er ist in einer Ba-
dewanne ertrunken. Sie waren im Schlafzimmer, lagen

friedlich auf dem Bett währenddessen, und er hat gerufen nach ihnen. Der Vater war ein Zauberer, oder?

SCHNEIDER   Ein Hobbyzauberer, ja…

HERRMANN   …und wurde von Zaza geliebt und verehrt. Zaza flieht vor ihrer Mutter, liest in einem Buch über den Entfesselungskünstler Houdini. Sie entdeckt einen mysteriösen Toten. Einer der Alten ist von einer Klippe am Meer gestürzt. Die Geschichte kreist um das Thema Tod, oder?

SCHNEIDER   Verlust und Umgang damit.

HERRMANN   Wie hat es angefangen?

SCHNEIDER   Ein Produzent der UFA wollte einen Krimi haben. In einem Altersheim. Mehr nicht. Aber es hat sich anders entwickelt.

HERRMANN   Wie beginnst du mit der Arbeit am Stoff?

SCHNEIDER   *schnell…* Ich bin sehr streng mit mir, finde heraus, was ich erzählen will. Worum geht es mir? Bevor ich es nicht weiß, setze ich mich nicht hin. Das heißt nicht, dass ich meine Prämisse im Verlauf der Arbeit nicht ändere. Bei ZAZA hat mich der Kontrast interessiert: Zaza, die ihr Leben vor sich hat, Nora, die mittendrin steckt, all die anderen, die Insassen vom Altersheim, die es fast hinter sich haben – wie gehen sie jeweils mit Verlust um?

Wunsch und Not der Figur

HERRMANN   Houdini, der Entfesselungskünstler, befreit sich aus allen Gefängnissen, zum Beispiel aus einem Käfig unter Wasser. Zaza ist fasziniert von seinen Geschichten. Ihr Vater hat ihr ein Buch über ihn geschenkt, vor seinem Tod. Ist Zaza eine Entfesselungsgeschichte?

SCHNEIDER   Man will etwas festhalten, und man muss lernen, dass man es nur festhalten kann, wenn man es loslässt. Das ist im Grunde das, was passiert.

HERRMANN   Ist deine Erkenntnis biographisch?

SCHNEIDER   Nicht bewusst. Ich frage mich bei einer Geschichte: Was ist ihr zentrales Bild? Bei ZAZA ist es das kleine
Mädchen, das nachts alleine in den Wald geht. Etwas Ähnliches ist mir in meiner Kindheit passiert: Nach einem Streit
wurde ich, auf der Fahrt nach Stuttgart, einmal nachts auf einer Wiese ausgesetzt, als kleine Fünfjährige! Und da stand ich
mutterseelenallein mitten in der Nacht auf dieser Wiese. Wie
Zaza, als sie alleine in den Wald geht: ein verwandtes Bild. So
etwas entdecke ich erst, wenn es da steht. Das ist das Eigenartige beim Schreiben: Man entdeckt die eigenen Geheimnisse, wenn man sie ausgeplaudert hat.

Stille.

HERRMANN   Beginnst du eine Geschichte mit einem besonderen Vorsatz, und es wird eine ganz andere, bessere daraus?

SCHNEIDER   Wenn es um komplexe Stoffe geht, aber nicht   *Wunsch und Not*
beim Tagesgeschäft. Wenn ich einen TATORT schreibe, dann   *der Autorin*
mache ich mir darüber keine Gedanken. Bei ZAZA und ande-
ren Geschichten ist es so. Im Laufe der Jahre habe ich festgestellt: Sie kreisen um Kernthemen, die mich interessieren, in
verschiedenen Varianten. Verlassenwerden zum Beispiel, auf
allen Ebenen, Frau-Mann, Kind-Eltern…

HERRMANN   Wie hast du dein Thema bei ZAZA, deinem aktuellen Drehbuch, ausgestaltet?

SCHNEIDER   Am Anfang gab es das Altersheim: Es hat mit   *Emanzipierte Figur*
Tod zu tun. Was bedeutet Tod, Sterben für die Insassen? Über
sie bin ich zu einem Kind gekommen. Wie ist es für ein Kind,
mit ihnen zusammengesperrt zu sein? Einer Ansammlung
von alten Körpern, die ihm Furcht einflößen. Und so ging es

65

weiter... Ich habe mich mit Elf-, Zwölfjährigen unterhalten. Sie sind in einem Alter, in dem sie Unschuld verlieren, in die Welt der Erwachsenen eintreten. Diese Unschuld wollte ich erhalten. Ich wollte meinen Stoff aufmachen, aus dem Realismus, der Psychologie lösen. Freiräume für Phantasie schaffen. Über reines Plot-Erzählen, das Einweben der Figuren in einen fertigen Plot, hinauskommen.

HERRMANN   Einen magischen Raum öffnen...

SCHNEIDER   Einen assoziativen Raum, den ich nicht erklären muss.

HERRMANN   Mit der Erfindung des Kindes hast du den Stoff befreit.

SCHNEIDER   Ich habe die Fesseln der Logik abgestreift, konnte anders denken, zu Bildern kommen.

HERRMANN   Das Seniorenstift ist sehr idyllisch am Meer gelegen. Es gibt in deiner Geschichte einen toten alten Mann, der übel zugerichtet, und, wie sich herausstellt, von einer Klippe gestürzt ist. Zaza sieht ihn daliegen, ohne etwas zu sagen. Es beginnen Ermittlungen eines Kommissars, der Silver heißt: Der Alte wird vermisst. Das sind fast Krimielemente. Das Kind entdeckt den Toten. Erstaunlicherweise entschließt es sich, niemandem etwas zu sagen. Entgegen der Erwartung, die man als Zuschauer an ein Kind hat... Ist das ein befreiender Moment für dich als Autorin? Deine Figur trifft eine eigene, ungewöhnliche Entscheidung, geht ihren Weg?

SCHNEIDER   Genau...

HERRMANN   ... Ein Kind entdeckt Ungeheuerliches und schweigt.

SCHNEIDER   Mir leuchtet es ein! Die Fronten mit der Mutter sind verhärtet. Zaza will etwas für sich haben. Wird mit ihren simpelsten Fragen nicht verstanden. Kinder haben mehr Geheimnisse, als man denkt. Sie strotzen vor Geheimnissen! Kinder, die mit ihren Eltern alles teilen, sind mir rätselhaft. Sie erzählen ihnen alles! Ich habe meinen Eltern nichts erzählt! Null! Aber diese Frage kommt tatsächlich: Warum erzählt sie nichts?

HERRMANN   Musst du dich als Autorin gegen Widerstände und Kritik von außen behaupten? Wurdest du daran gehindert, deinem unverwechselbaren Gefühl für Stimmigkeit, deiner Musikalität, zu trauen?

SCHNEIDER   Es gibt Wichtiges – weniger als ich mir wünsche! – von dem weiß ich, es ist essentiell. Daran scheiden sich Biographien, Weltbetrachtungen und Geschmäcker. Ansonsten lohnt es sich, genau hinzuhören. Ich nehme Kritik an, bin nicht verbohrt, zum Beispiel, wenn gesagt wird, meine Geschichte mäandert, ich solle am Kern bleiben. Dennoch: Das Schwebende möchte ich behalten. Ich kämpfe sehr darum, nicht in eine kompakte Erzählweise zu verfallen.

HERRMANN   Bist du beim Schreiben in eine Krise geraten?

SCHNEIDER   Das kann ich dir sagen! Die erste Fassung war chronologisch erzählt. Bei der zweiten Fassung bin ich mit Absicht kreuz und quer durch den Gemüsegarten gestolpert. Und dann hatte ich Panik im Genick! Mit allem, was ich bisher wusste, worauf sich mein Handwerk bezog, konnte ich nichts mehr anfangen! Nichts! All diese »Nummern« mit Wendepunkt und so – forget it! Es half nichts! Ich habe mir gedacht: »Oh Gott, das wird nie klappen! Um Himmels Willen!« Du hast richtigerweise das mit der »Musikalität« gesagt. Ich konnte nur noch nach meiner inneren Melodie arbeiten.

HERRMANN   Hast du großes Vertrauen in deine Figuren, Nora und Zaza?

SCHNEIDER   Ja!

HERRMANN   Gibt es eine von beiden, die dir näher ist?

SCHNEIDER   Anfangs war es Zaza, mittlerweile sind beide gleich wichtig.

Taschenspielertricks

HERRMANN   Wendest du Tricks beim Schreiben an?

SCHNEIDER   *schnell* ...Einen Trick?... *denkt nach*... Wenn ich nicht weiter weiß, lasse ich meine Figuren Tagebuch oder sich gegenseitig Briefe schreiben. Oder ich schreibe ihnen. Als ich länger pausierte, wegen dem TATORT, habe ich Zaza etwas geschrieben. Mich bei ihr entschuldigt, dass ich sie so lange vernachlässigt habe. So komme ich ihr wieder nahe.

HERRMANN   Wie hast du deine Krise gemeistert?

SCHNEIDER   Ich war auf Madeira, bin fast durchgedreht, habe jeden Tag neu angefangen, ich hatte mein Handwerk, mein Wissen verloren, es gab keinen Haltegriff mehr. Wusste nicht, wie ich den Zuschauer an die Hand nehmen soll, da ich keine hundertprozentige Identifikation mit meiner Figur leiste, den Zuschauer mit neuen Ebenen konfrontiere. Ich dachte: »Es wird nichts. Der Stoff ist zäher als ich, dieses Mal schafft er mich.«

HERRMANN   Das Geheimnis der dritten Fassung...

SCHNEIDER   Nach der ersten Fassung begriff ich: Der Antrieb der Geschichte ist der Tod des Vaters. Ich las ein Interview mit Atom Egoyan. Er spricht über Zeit im Film. Wie mutig man sein darf, wenn man fürs Kino erzählt, fast wie im Roman! Mit der zweiten Fassung bin ich völlig über die Stränge geschlagen, hatte so etwas noch nie gemacht. Danach saß ich auf meiner Insel und wusste, der Zuschauer darf nicht wie in einer Achterbahn hin- und hergeschaukelt werden.

Aber zugleich sollte die Geschichte nicht auf dem Boden landen, sie sollte schweben... *lacht*... kompliziert, oder?

HERRMANN   Du musstest einen Ton treffen?

SCHNEIDER   Das ist das Geheimnis! Und mir hat Musik geholfen, ihn zu finden. In diesem Fall war es PELLÉAS UND MÉLISSANDE, die Oper von Debussy. Ich habe hundertachtzig Mal die Ouvertüre, das Vorspiel, angehört. Bis ich spürte: Das ist es...

HERRMANN   Hast du geschrieben und Debussy gehört?

SCHNEIDER   ...und ich wusste ab da: »So kann ich weitermachen!« Kennst du DAS LEBEN UND DAS SCHREIBEN von Stephen King? Ein wunderbares Buch! Er sagt: »Meine Jungs im Keller sind auf Urlaub gegangen, sie arbeiten nicht!« Und er hadert mit ihnen. Ich kann es nachvollziehen!

HERRMANN   Sie sind ein Synonym für...

SCHNEIDER   ...sein Unterbewusstes. Er schreit sie an, bezirzt sie. Und so mache ich es auch.

HERRMANN   Haben uns die Amerikaner etwas voraus?

SCHNEIDER   Ironie, Präzision. Pragmatismus, Leichtigkeit. Für mich sind sie wie Kinder. Mit allen schrecklichen Konsequenzen.

HERRMANN   Und was bleibt für uns?

SCHNEIDER   Wir sind profunder, großzügiger, schauen auf die dunklen Seiten.

HERRMANN   Lässt sich die Qualität unserer Geschichten noch verkaufen?

SCHNEIDER   Es ist für alle Kollegen schwieriger geworden. Die Gründe sind: Ein Hang zur Vereinfachung. Ein Wort wie »Komplexität« wird zum Schimpfwort, wenn es um Geschichten geht. Eine »Formatisierungswut«, die nichts zulässt, was außerhalb der Formate läuft. Damit einhergehend eine gewisse Debilisierung der Programms. Und unsere Bereitschaft, uns zu unterwerfen.

HERRMANN   Wie schlägt sich das in Stoffen nieder?

SCHNEIDER   Wirklichkeitsferne und eine Inflation des Privaten. Völlige Aussparung gesellschaftlich relevanter oder kontroverser Themen. Niemand will sich in irgendwelche Nesseln setzen, die Angst ist allgegenwärtig.

HERRMANN   Schreibst du Ideen auf?

SCHNEIDER   Wenn sie gut sind, bleiben sie im Gedächtnis haften. Bei mir sind es wenige, die meinen »Jungs im Keller« gefallen. Sie sind anspruchsvoll!

HERRMANN   Haben sie etwas Frisches in ihrem Keller gelagert?

SCHNEIDER   Neulich hat mir jemand etwas über Schlafwandeln erzählt. Parallel dazu habe ich von einem Anwalt erfahren, dass ein Kunsthändler hingerichtet wurde. Kunst ist ein illegales Bezahlungsmittel in der Drogenmafia geworden. Und meine Idee ist: Der Kunsthändler lebt alleine mit seinem Sohn. Das Kind wacht am nächsten Morgen auf. Es hat Blut von seinem Vater an den Füßen. Die Polizei stellt fest, dass es in der Nacht schlafgewandelt ist. Die Täter kriegen es mit, es gibt ein Leck bei der Polizei. Sie machen sich auf die Suche nach dem Jungen, weil sie Angst haben, dass er reden wird.

HERRMANN   Eine Idee für einen TATORT...

SCHNEIDER   ... mit Eva Mattes. Meine Idee ist gerade drei Tage alt... Der Junge könnte bei der Kommissarin unterkommen. Sie muss ihn beschützen, er rennt weg... und dann wird alles fürchterlich...

HERRMANN   Klingt schön…

SCHNEIDER   Mit einem Jungen, der bedroht ist, einer Kommissarin, die für ihn verantwortlich ist und ihn nicht beschützen kann.

HERRMANN   Der Junge sollte Kontakt zu den Tätern halten. Vielleicht begegnet er Menschen, die er kennt, denen er vertraut. Sie haben mit dem Mord zu tun, was er nicht weiß. Erinnerungsstücke der Nacht tauchen auf…

SCHNEIDER   …Jemand, der dem Vater sehr nahe ist. Er rennt zu ihm, dabei wissen wir: »O mein Gott, das ist genau der falsche!«

HERRMANN   …Sein Onkel, der im Präsidium arbeitet.

Beide lachen.

HERRMANN   Zum Abschluss möchte ich dir vier Situationen vorstellen, und du sagst mir, was sie szenisch bei dir auslösen. Okay? Die erste Situation: Eine Vergnügungspark, es ist Sonntagmittag und Hochsommer. Sehr viele Menschen sind da.

Stoff für vier Szenen

SCHNEIDER   Eine verkleidete Mickey Mouse, die im Park mitarbeitet. Sie hat das Kopfteil auf den Schultern baumeln, ist verheult. Läuft durch den Park.

HERRMANN   Eine Großstadtkreuzung, vier Uhr morgens, kein Mensch ist zu sehen.

SCHNEIDER   Eine weiße Katze läuft über die Straße. Ein Auto will ausweichen, baut einen Crash.

HERRMANN   Mittwochnachmittag auf einer Mülldeponie. Ein Müllauto fährt die Auffahrt hoch, man sieht Vögel kreisen…

SCHNEIDER *überlegt...* Im Müll liegt ein Amulett, mit dem Bild einer wunderschönen Frau. Eine Elster schnappt es, fliegt davon – und landet auf dem Fensterbrett eines Autor oder Redakteurs. Der seinen Beruf aufgibt und beschließt, die Frau zu suchen.

HERRMANN Ein gekacheltes Badezimmer, man sieht einen Spiegel. Eine Frau steht davor, hat eine Perücke auf...

SCHNEIDER ... Ich glaube, sie bricht zusammen und ist tot. Ja, doch, so ist die Szene... Und jetzt mache ich uns Maultaschen.

SUSANNE SCHNEIDER

Geboren in Stuttgart. Studium an der Kunstakademie Stuttgart und der Akademie der Bildenden Künste in Düsseldorf.
Regie und Dramaturgieassistentin u.a. am Düsseldorfer Schauspielhaus, anschließend freie Regisseurin. Stipendium der Drehbuchwerkstatt an der HFF München.
Lebt als freie Autorin und Regisseurin in Nehren bei Tübingen.
Gastdozentin für Drehbuch an der Filmakademie Ludwigsburg.
Mehrere Auszeichnungen, u.a. Grimme-Preis.

Filmauswahl:

ZAZA
Buch in Entwicklung

IN EINER NACHT WIE DIESER (2003)
Drehbuch, Regie

FEUERREITER (1997/1998)
Drehbuch

SOLO FÜR KLARINETTE (1997/1998)
Drehbuch

TATORT: DIE SCHWARZEN BILDER (1994)
Drehbuch

FREMDE, LIEBE FREMDE (1992)
Drehbuch

THEA UND NAT (1992)
Drehbuch

Attribute (Props)

Auf dem Weg von einer Idee zum Drehbuch investieren Autoren in eine Figur. Sie halten sie zurück, schützen sie vorm Licht der Welt und ersten Drehbuchseiten. Nähern sich ihr, indem sie sie mit sich vergleichen, ihre *Vorgeschichte* klären. Die Figur ist auf Brautschau, wirbt um das Vertrauen des Autors. Aber damit begnügt sie sich nicht. Sie beschließt, ihm ein erstes verlockendes Angebot zu machen, bietet ihm *Attribute* an, mit denen sie sich ausstattet, schmückt. Attribute sagen etwas Besonderes über eine Figur aus. Erzählen etwas über sie und ihre Umgebung. Ihre Definition ist einfach. Man kann sie sinnlich wahrnehmen: beobachten, riechen, anfassen.

Im Amerikanischen wird ein Attribut »Prop« genannt, was von »property« abgeleitet ist und »Eigentum, Besitz« bedeutet. Attribute sind markant, weil sie einer Figur gehören. Das wohl beliebteste Attribut der Filmgeschichte ist die Pistole. Sie hat ihren Siegeszug durch alle Drehbuchschulen gehalten: Ein unwiderstehliches Instrument, um ernste Verletzungen zuzufügen. Und gängiges Spannungsmittel: Eine Pistole einzuführen, bedeutet sie zu *setzen* (»Planting«). Für Generationen von gestressten Drehbuchautoren hat das Setzen der Pistole eine steinerne Pflicht zur Folge: Sie soll, einmal eingeführt, später im Drehbuch abgefeuert, das Attribut *aufgelöst* werden (»Pay-Off«).

Aristoteles warnt vor dem Gebrauch der Attribute (den »Zeichen«), ohne sie zu verbieten. In seiner *Poetik* dienen sie der »Wiedererkennung« und werden auf die Figur bezogen, den tragischen Helden. Sie haben »am wenigsten etwas mit der Dichtkunst zu tun, und man verwendet sie aus Verlegenheit am häufigsten«, sagt er. Damit hat er bis heute Recht behalten. Pistolen und andere Waffen sind nicht in der Lage, das Drama einer Figur zu ersetzen. Sie drohen zu Genrezitaten zu erstarren, lähmen eine Figur, statt sie anzutreiben.

Wer einen Krimi schreibt, mag nicht ohne entsprechende Attribute auskommen. Nur: Wer hat schon einmal eine scharfe Pistole abgefeuert, noch dazu mit einem lebenden Ziel vor Augen? Vor einigen Jahren wurde ich, als Redakteur eines Fernsehkrimis, mit einem Drehbuch in den Hochsicherheitstrakt eines Gefängnisses eingeladen. Die Geschichte stieß auf authentisches Interesse. Kritik gab es für den Einsatz der Täterwaffe. Sie wurde als falsches Requisit abqualifiziert. Nichts stimmte daran, alles schien ausgedacht. Anschaulich wurde beschrieben, was eine Waffe bei ihrem Benutzer auslöst. Wie und in welcher Zeit sie geladen wird, wie auffällig der Feuerstrahl aus der Mündung ist, welchen Schlag sie dem, der sie abdrückt, versetzt. Einen Schlag, von dem sich einige lebenslänglich nicht erholen. Es war eine gespenstische Szene. Von realen Figuren aufgeführt, die im Umgang mit Attributen der Gewalt vertraut sind, sie besser kennen als Autoren, Redakteure und Dramaturgen.

Den Umgang mit Attributen zu lernen ist unerlässlich, aber ohne dafür im Gefängnis zu landen. Dabei hilft die Vorstellung, dass ein Attribut vor allem eines ist: Kostbar. Drehbuchautoren lassen Attribute nie für sich stehen. Sie beleben sie, integrieren sie in den Dialog mit ihrer Figur. Keine Pistole gleicht der anderen, jede versetzt eine Figur auf ihre Weise. Eine Waffe in der Hand des glücklichen Versicherungsvertreters stimmt ihn besonders glücklich, die Kommissarin im Schießstand empfindet sie vielleicht als lästige Pflicht. Drehbuchautoren verdichten mit Attributen das Drama ihrer Figur. Dabei geschieht etwas Sonderbares: Wenn sie ihrer Figur ein besonderes Attribut schenken, es setzen, wird sie später selbständig entscheiden, was sie damit anstellt. Ohne ihren Autor um Rat zu fragen, erstaunlicherweise.

In einer Drehbuchgeschichte von André Téchiné, dem französischen Regisseur, geht es um einen kleinen Jungen, dessen Vater erschossen wird. Er findet anfangs die Waffe (gesetztes Attribut), versteckt sie. Aber er wird sie, entgegen der Erwartung des Zuschauers, nicht abfeuern. Bis zum Ende des Films nicht. Der Onkel des Vaters kümmert sich um ihn. Eines Tages besuchen sie eine Kirmes. Der Junge steht vor einer Schießbude, zielt mit dem Luftgewehr. Und dreht sich plötzlich zu seinem Onkel um, richtet das Gewehr auf ihn. Es ist ein großer Kinomoment. Der unmittelbar auf Téchinés Stoff verweist: Gewalt, Schuld und die Frage, ob ihr Kreislauf zu durchbrechen ist oder nicht? Der kleine Junge schert sich nicht um vorgefertigte Lösungen. Er entscheidet selbst darüber, wie er das Attribut, dessen Erbe auf ihm lastet, bewältigt.

Attribute verweisen auf das Drama der Figur, den Stoff des Autors. Ein Stoff bewährt sich in markanten Attributen. Von der Figur werden sie eigensinnig und überraschend gedeutet. In ihre Lebenswelt aufgesogen und verwandelt.

Sebastian Schipper, der junge Regisseur, hat ein friedliches, sinnliches Lieblingsattribut. Er teilt es mit seiner Fangemeinde. Und den melancholischen Helden in seinen Geschichten. Es ist aus Blech, hat vier Räder, stinkt nach Benzin und rollt.

Das Leben ist ein Ozean

Im Gespräch mit…

Sebastian Schipper

»Letztendlich ist die letzte Antwort auf alles Komödie… das ist das Allergrößte: Eine tolle Komödie, ohne Wenn und Aber.«

Was ist ein Kultfilm? Etwas, von dem man selbst überrascht ist, wenn man das Drehbuch dazu geschrieben hat. Schneller, haftender Ruhm, bei einem verschworenen Publikum, wird auf schlanken Säulen errichtet: Dazu gehören unverschlüsselte, gleichwohl rätselhafte Figuren. Drei Freunde und ein Mädchen in Absolute Giganten, die eine endlose Hamburger Nacht miteinander teilen. Angstfreie Dialoge, die Sehnsüchte widerspiegeln, und ein Leben, das sich wie eine »Lieblingsplatte mit einem Kratzer an der schönsten Stelle« anfühlt.

Schippers kleine Giganten sind in ihrem Glück gefangen. Am nächsten Morgen wird Floyd (Frank Giering) ein Schiff im Hamburger Hafen besteigen. Man glaubt es keine Sekunde: denn eine Geschichte braucht zum Überleben, auf dem Weg zur Unsterblichkeit, nicht mehr als einen alten, rot gespritzten Ford Granada. Und keine Ozeanriesen.

Sebastian Schipper ist der ungebrochene Held seiner eigenen Geschichte. Noch immer vertraut er dem Geruch von Asphalt und breiten Straßenzügen. Man spürt eine tiefe Zuneigung zu seinen Figuren, ihren heldenhaften, waghalsigen Fluchten. Der Autor hat den Traum vom *Storytelling*. Er inszeniert ihn im Gespräch, mit unaufdringlicher Begeisterung. Man spürt seine (ausgebildete) Schauspielkunst. Leises Pathos, gepaart mit stiller Skepsis.

Sechs Jahre nach ABSOLUTE GIGANTEN sitzt er in einer frisch getünchten Altbau-Wohnung in Düsseldorf in der Prinz Georg-Straße. Es sind nur drei Tage vor Drehbeginn von EIN FREUND VON MIR, seinem zweiten Langfilm. Es ist viel Lebenszeit verstrichen, er ist sich seiner Geschichte sicher, von Karl (Daniel Brühl) und Hans (Jürgen Vogel), Versicherungsagent der eine, Lebenskünstler und Gelegenheits-Jobber der andere. Die Geschichte einer Freundschaft. Und einer Angst. Die sich auf Autobahnen und in hohen Parkhäusern verliert. Sebastian plant mit EIN FREUND VON MIR einen Aufbruch: Die große Geschichte eben, nach der kleinen.

Aber zuerst holt er sich ein Bier und bietet mir auch eines an. Es gibt schlimmere Anfänge als diesen.

ALTBAUWOHNUNG, DÜSSELDORF   INNEN/NACHT

Früher Abend, im November. Eine hohe Dachwohnung, alles ist weiß. Wände, Türen. Sogar das Treppenhaus. Alles. Das Licht verliert sich darin, schattenlos. Von draußen dringen dumpf Geräusche der Straße herein. Feierabendverkehr. Sebastian stellt Gläser auf den Tisch. Wir schenken uns ein.

BEIDE   *gleichzeitig* Prost!...

SCHIPPER   *Ein Handy klingelt* ... Oh, das mach ich gleich aus. Nur eine kurze, letzte Sache...Vega, hallo, ich hab nur eine Bitte, weil wir hier gerade die letzten beiden kalten Biere trinken... bringst du noch welche mit? Ach so, du bleibst in Köln, verstehe. Na gut... *legt auf...*

HERRMANN   Du hast eben im Treppenhaus von *Storytelling* gesprochen. Und dass du da hin möchtest...

SCHIPPER   Ja. Bei Absolute Giganten, meinem Debütfilm, habe ich mir gesagt: Ich mach das besser als all die Langweiler! Und mit dieser Kraft bin ich durchs Drehbuchschreiben und Drehen gesegelt. Die Geschichte konjugiert durch, was drei Freunde erleben, bei Tag und Nacht, auf dem Fußballplatz, in der Disko, traurig, laut und leise. Am Anfang sagt einer, dass er weg geht. Aber das spielt keine Rolle für die Handlung. Sie entzieht sich dem *Storytelling*. Manchmal habe ich das Gefühl, dass Absolute Giganten noch nicht viel wusste von den tiefen Strukturen und Mechanismen, die innerhalb einer Geschichte wirken. Wie etwas gebaut ist, montiert, Elemente in Position gebracht werden, um sich gegenseitig zu stärken... davon wusste ich wenig...

HERRMANN   Was würdest du heute anders machen?

SCHIPPER   Ich weiß nicht, ob ich es besser machen würde, aber auf jeden Fall würde ich es sehr anders machen. Die Geschichte spielt ja im Prinzip in den 50er Jahren. Es gibt darin einen Entwurf von Freundschaft, Romantik, ein ungebrochenes Verhältnis zu einer scheinbar gebrochenen Welt… der Hafen und die Siedlung… Das ist alles wahnsinnig geborgen letztendlich, auch die Freundschaft der Drei. Heute kümmere ich mich darum, dass es im Jetzt spielt und ein spezifischer Entwurf der Zeit ist.

HERRMANN   Immerhin ist es dir bei den ABSOLUTEN GIGAN-TEN gelungen, einen eigentümlichen Sog zu entfalten. Jenseits der Gesetze von *Storytelling.* Weil sich die Geschichte nicht in Frage stellt?

SCHIPPER   Sie ist ein offenes Gefäß, man kann sie mit einem eigenen Vokabular von Erinnerungen füllen…

HERRMANN   Das macht sie wahrhaftig.

SCHIPPER   Wahrhaftig, weil meine Haltung so war, weil ich es nicht besser wusste und alles gegeben habe. Ich glaube, die Geschichte hat ein paar Wendungen einfach nicht – und das ist vielleicht besser, als wenn man Wendungen falsch macht. Warum will Floyd überhaupt aus Hamburg weg? Das ist etwas, woran man sich ein Jahr lang abarbeiten kann. Was ist die Motivation meiner Figur? Viele Autoren kümmern sich nicht darum. Stattdessen behaupten sie: »Der hat noch drei Monate zu leben«. Es gibt ganz viele von diesen flachen Motivationen. ABSOLUTE GIGANTEN verzichtet darauf. Das macht die Geschichte glaubwürdig. Sie bietet nichts Falsches an… *denkt nach…* aber gleichzeitig würde ich sagen, dass sie zu wenig anbietet.

HERRMANN   Ihre Ziellosigkeit trifft ein Lebensgefühl…

SCHIPPER   Das stimmt…

HERRMANN   … wirkt authentisch.

SCHIPPER   *trinkt* … Ja, aber das genügt nicht, das Allergrößte ist doch: Ziellosigkeit präzise erzählen. Das »Nichts« spannend machen. Dramaturgie ist die Lehre von Wirkungen. Wir müssen das, was wir erzählen, zum Wirken bringen. Wenn sich Jean-Paul Belmondo in AUSSER ATEM im lässigen Nichts des Paris der 50er Jahre bewegt… so bringt er doch gleich am Anfang jemanden um und wird am Ende getötet. Und ohne diese beiden Pfeiler wäre die Geschichte nicht, was sie wäre. Bei den GIGANTEN fehlen sie.

HERRMANN   Ist Godard ein Vorbild für dich, als Geschichtenerzähler? Seine einfachen, starken Behauptungen?

SCHIPPER   Absolut. Godard wusste genau, was er vorhat, und konnte deswegen so einfach sein. Ein Autor wünscht sich, einfach zu sein, weil er gehört hat, dass es besser ist. Aber es ist unendlich schwer, einfach zu sein! Das auszudrücken war einer der Gründe, warum ich, als wir telefoniert haben, sofort gesagt habe: »Ich bin dabei.«

HERRMANN   Was ist die »einfache« Geschichte von EIN FREUND VON MIR?

SCHIPPER   Ich möchte die Geschichte von jemandem, der einsam ist, erzählen. Und seine Einsamkeit überwindet… *lacht, trinkt*… Aber ich gebe zu, dass ich vier Jahre an dem Buch geschrieben habe. Um das herauszufinden… Dass es eben nicht nur um Freundschaft geht, Sehnsucht… das alles.

HERRMANN   Was ist die Handlung?

Zweite, dritte Figur   SCHIPPER   Karl, Mitte zwanzig, macht eine *High Potential*-Ausbildung. Die großen Konzerne, die *Global Players*, werben Leute mit »Potential« an. Sie sagen: Was wir brauchen, ist Intelligenz, Kommunikationsfähigkeit, Organisationstalent. Arbeiten, nicht müde werden, zwölf Stunden am Stück. So einer ist Karl. Er ist bei einem Versicherungskonzern angestellt. Sein Chef beabsichtigt ein Subunternehmen am Flughafen zu versichern. Im Mietwagengeschäft. Das Subunternehmen kümmert sich um das *turn-over*: Autos reinigen, volltanken, überführen. Karls Chef sagt: »Ich will die versichern. Karl, überführen Sie doch mal einen Tag lang Autos. Damit wir kapieren, was die machen.« Und Karl macht das einen Tag, lernt den chaotischsten Typen, den man sich vorstellen kann, kennen. Er ist Mitte 30, lebt, als wäre er 18, verdient kaum Geld: Hans. Hat nur darüber nachgedacht, wie man aus jedem einzelnen Moment des Lebens Spaß herausholt, Kraft und Anarchie… Ein klassischer Entwurf also: Kontrollfreak trifft auf entfesselten Chaoten. Die beiden werden Freunde. Und Karl hängt noch einen Tag dran, noch einen. Er verlässt sein Gleis, fragt sich, wer er eigentlich ist? Sie lernen eine Frau kennen…

HERRMANN   Sie heißt Stelle…

SCHIPPER   Lange Zeit waren es zwei Frauenfiguren. Irgendwann, noch gar nicht lange her, habe ich beide Figuren einfach zusammengelegt. Die eine war romantisch, ein latentes Versprechen, die andere erotisch, sinnlich, aber auch nicht mehr als das. Ich habe daraus eine einzige, komplexe Figur gemacht. Damit ist die Geschichte im Heute angekommen… Das habe ich gelernt: Früher habe ich meine Hauptfiguren beschützt, verehrt und mich selbst verschämt zurückgehalten. Aber auf diese Weise umschiffe ich Untiefen…In ABSOLUTE GIGANTEN habe ich Floyd, meine Hauptfigur, von Frank Giering gespielt, einfach in Ruhe gelassen. Er tut nichts, sagt nichts. Damals fand ich es wunderbar so… *trinkt*… bis ich feststellte: Rico, die Figur, die ich schnell aus der Hüfte ge-

Taschenspielertricks

85

schrieben habe, ist mit ihrem Wund-Sein, Ausgeliefert-Sein viel interessanter als Floyd.

HERRMANN   Was war der Auslöser bei EIN FREUND VON MIR?

Konflikt

SCHIPPER   Ich wollte sehr früh schon eine Geschichte von zwei Freunden erzählen, noch vor ABSOLUTE GIGANTEN. Von denen einer von einem Tag auf den anderen Angst bekommt, sich nicht mehr heraustraut. Und der andere macht ihm Mut. Erzählt ihm Unsinniges, dass er jetzt nach Göttingen fahren müsse, ob er mitkommen wolle… Jemand, der von einem Tag auf den anderen erschüttert wird, nicht mehr so weiterleben kann wie bisher. Daraus entwickelte sich ein Road Movie. Sie sind nach Göttingen gefahren und von dort nach Köln, nach Paris, Richtung Cote d'Azur und nach Spanien, immer mit dem Versuch, ihm seine Angst zu nehmen. Auf der Reise stellte sich heraus, dass derjenige, der Angst hat, eigentlich viel feiner auf seine Welt schaut als der Volle-Pulle-Typ. Und plötzlich haben alle gesagt: Oh, ein Road Movie…

HERRMANN   Was du nicht wolltest…

SCHIPPER   …Obwohl ich wusste, dass sie recht hatten. Road Movie bedeutet: Komm, wir fahren weit weg, und dann bleiben wir da. Wir fahren so lange, bis es besser wird. Aber dieser Entwurf erzählt einfach nichts mehr über unsere Zeit, der ist nicht mehr legitim. Wo will man denn hinfahren? Nach Algerien, in die Wüste, wo man entführt wird? Oder dorthin, wo man *SARS* bekommt, vor Autobomben Angst hat? Heute ist es komplizierter als: Lass uns dahin fahren, wo die Sonne scheint…

HERRMANN   Fahren in Verbindung mit Fernweh funktioniert nicht mehr…

SCHIPPER   Nein.

HERRMANN   Aber Fahren als sinnloses Unternehmen, in
   Verbindung mit Autoüberführungen…

SCHIPPER   Genau! Die beiden fahren Autos, von A nach B
   nach C und dann nach A zurück, im Mietwagen, was ja ein
   Un-Ort ist. 7er BMW's, 3er, C-Klasse… Ich habe das Gefühl,
   wenn ich in einem Mietwagen bin, bin ich vollkommen im
   Jetzt. In einem Jetzt-Entwurf von Sehnsucht. Nicht in einem
   »Ich fahre jetzt so lange, bis das Leben besser wird«-Entwurf,
   sondern in einem »Ich entkomme gerade irgendwie«-Ent-
   wurf. So geht es mir, wenn ich am Flughafen ankomme, mir
   einen Leihwagen nehme. Ich weiß nicht, warum: Ich finde es
   wunderbar… habe das Gefühl, entkommen zu sein. Sie abge-
   schüttelt zu haben.

Vorgeschichte,
Attribute

HERRMANN   Das ist etwas Universelles. Man findet eine
   Zeitschrift auf dem Sitz, die man nicht liest…

SCHIPPER   …Genau. Das hat mich angesprungen. Ich hatte
   mit Angst-Ärzten gesprochen, sie haben mir gesagt, was ich
   da vorhätte, wäre eher etwas, was Teenagern widerfährt, nicht
   jemandem, der schon älter ist. Was aber ist dann der Grund
   für seine Angst? So ist aus Karl einer geworden, der mit 25 alles hat. Der Gedanke hat mir gefallen und mit meiner Generation zu tun: Früh alles zu haben…

HERRMANN   …und das macht Angst.

SCHIPPER   Es macht Angst. Angst vor dem Nichts, alles andere ist nach Kierkegaard Furcht. Angst hingegen ist der Gedanke: Was soll jetzt kommen? Ich bin ein Top-Typ, ein *high*
   potential, gewinne in der Versicherung einen Preis, verdiene
   irres Geld, habe eine große Wohnung und wenn ich eine
   Frau abschleppen will, dann gelingt mir das. Und das ist
   es, was ihm Angst macht. Und Hans, sein Freund, ist ein
   Heiler.

87

HERRMANN   Was fährst du für ein Auto?

SCHIPPER   *lacht...* Einen 83er-VW-Bus, für den Urlaub, und einen Maserati...Aber das ist genauso eine Schrottkiste. Ein Maserati B-Turbo, sieht eher aus wie ein Mitsubishi oder Audi. Eine abgefahrene italienische Kombination aus Hysterie und Unterstatement.

HERRMANN   Autos sind deine wichtigsten Attribute, scheint es. Sind Mietwagen, verglichen mit einem B-Maserati, einem 83-VW Bus, seelenlos?

SCHIPPER   Im Gegenteil! EIN FREUND VON MIR spielt in Mietwagen, aber auch in Versicherungsgebäuden, Flughäfen, Parkhäusern, Tiefgaragen, Autobahnen, Autobahnraststätten... Das sind alles Transit-Räume. Die Geschichte ist die ganze Zeit in Bewegung. Selbst die Wohnung von Stelle wird gerade von ihr geräumt. Sie will nach Madrid ziehen. Es gibt keinen Raum, in dem man zur Ruhe kommt. Und ich glaube, dass das unsere Welt ausmacht. Was ich an Mietwagen großartig finde, ist die Verkörperung von Reinheit, ohne irgendeinen Geruch. Wenn ich mich in einen 30.000 Euro-Mietwagen setze, kopple ich mich von allem los: Es ist leise, der Sitz wird warm, man kann die Klimazonen genau einstellen, die Musik. Und dann ist es in unserem merkwürdigen Land auch noch legal, mit 250 Stundenkilometern die Welt vorbeifliegen zu lassen. Was für eine Erfahrung!

HERRMANN   Wenn es eine Geschwindigkeitsbegrenzung, zum Beispiel auf 130 km/h, geben würde... könntest du keine Geschichten mehr erzählen?

Dramatische Person   SCHIPPER   *lacht...* Vermutlich nicht. Das Mythologische der deutschen Autobahn hat mich sehr gereizt. Das können wir! Es geht ja bei EIN FREUND VON MIR um Kontrollverlust. In einem nagelneuen Porsche finde ich wieder, was mich provoziert. Dieses scheinbar schwäbische Auto, mit seinen perfekten Bremsen, der Straßenlage, alles total sicher... und gleichzeitig schreit es einem ins andere Ohr... *laut*..: »Drück einfach drauf, du Sau!« Und das ist das Scheinbare: Dass der Porsche die besten Bremsen in einem Sportwagen überhaupt hat und sie dir nur einflüstern: Jetzt kannst du alles machen, was du willst. Eine scheinbare Kontrolle, die in sich Sehnsucht nach Kontrollverlust birgt... Das hat für mich viel mit uns zu tun...

HERRMANN ...und deinen Figuren...

SCHIPPER Absolut. Aber es hat auch damit zu tun, was ich als »Deutsch« empfinde, als romantisch, mich an Kleist erinnert, den *Prinz von Homburg*. Einen Himmel stürmen und in Flammen setzen – aber zugleich preußisch sein und sich beherrschen. Das spüre ich auch in mir...

HERRMANN Hast du etwas hinzugelernt beim Schreiben?

SCHIPPER ...dass ich kein Drehbuchautor bin vielleicht... Aber immerhin habe ich Lesen gelernt. Ich habe mich auf Romane gestürzt. Die einen ansaugen, in einer anderen, fernen Zeit entstanden sind. Es ist unglaublich, wie Autoren früher eine Geschichte voran getrieben, gewendet und gedreht haben, vollkommen losgelöst waren von allem. Nicht korrumpierbar eben.

HERRMANN Du meinst... Drehbücher sind betrügerische Werke?

SCHIPPER Weil sie mehrere Millionen Euro kosten, und immer der Gedanke da ist, in 1 ½ Stunden etwas zu bieten. Und weil sie finanziert werden müssen.

HERRMANN Haben dich Romane, philosophische Literatur, vor Kompromissen geschützt?

SCHIPPER   Es gibt einen Gedanken von Kierkegaard, den ich bei EIN FREUND VON MIR aufgegriffen habe: Der Grund aller Angst ist Unschuld. Ein großer Gedanke für mich und meine Hauptfigur. Karls großes Problem ist, dass er unschuldig ist. Und dass er nicht schuldig werden will. Dass er lieber in Einsamkeit lebt und sagt: Ich werde nicht schuldig meinem Partner oder Freund gegenüber. Denn wenn ich jemandem zu nahe komme, werde ich gekränkt und betrogen und hintergangen, in welcher Form auch immer… Und ich werde ihm das gleiche antun. So habe ich, nach vielen Jahren Schreiben zum ersten Mal überhaupt zugelassen, dass mein Held unsympathisch sein darf. Karl lädt Schuld auf sich. Das ist seine eigentliche Befreiung. Er tut, wovor er Angst hat: Er verletzt… Und schließlich habe ich noch mit drei Dramaturgen zusammengearbeitet, habe mir ihre »Prinzipien« angehört… *mit hoher Stimme*: »Am Ende des zweiten Aktes muss das Problem kommen«. So ist mein Schuldig-Werden am Ende des zweiten Akts gelandet… fand ich im Übrigen richtig so.

HERRMANN   Wie viele Fassungen hast du von EIN FREUND VON MIR geschrieben?

SCHIPPER   Ich habe aufgehört zu zählen.

HERRMANN   Was war deine erste dramatische Form, ein Exposé, ein Treatment?

SCHIPPER   Ein Einhundert-Seiten-Drehbuch.

HERRMANN   Wie war der Morgen, als du zu schreiben begonnen hast?

SCHIPPER   Ich habe mich hingesetzt und geschrieben.

HERRMANN   Beachtest du Plot Points?

SCHIPPER   Was ist ein Plot Point, da bin ich nicht besonders firm... *lacht...* Wahrscheinlich, wenn der Chef von Karl sagt: »Überführ mal Autos.«... Oder?

HERRMANN   Das hat nicht sehr viel mit Kierkegaard zu tun...

SCHIPPER   Die Reise des Helden, der ins Chaos geht... Das kannte ich irgendwoher. Dramaturgen haben mir das erzählt. Ich kann das nicht lesen. Mich macht es wahnsinnig, so etwas zu lesen... Denn es suggeriert mir: »So geht's!« Und so geht's halt nicht. Es geht nicht, dass man das einfach einhält und das Drehbuch gut wird.

HERRMANN   Weißt du noch, was der Moment der größten Verzweiflung war beim Schreiben?

SCHIPPER   Der größte Moment der Verzweiflung war, als ich nicht wusste, warum es Karl, meinem Helden, schlecht geht. Es nicht benennen zu können. Und ich eben nicht wollte, dass er die Diagnose erhalten hat, noch drei Monate zu leben. Aber ich wusste genau, dass ich die Frage beantworten musste. Und das ist es, woran ich mich vier Jahre lang abgearbeitet habe: Sie dennoch zu verteidigen, seine Angst, seine Einsamkeit... Es waren meine dunkelsten Momente.

Erste Figur

HERRMANN   Dein Eröffnungsbild zeigt Karl hinter einem dunklen Hochhausfenster: »Schon wenige Zentimeter vor ihm geht es steil hinunter« schreibst du, »wie an einer Klippe«...

SCHIPPER   Ein Bild für seine Depression. Dunkel, leer... Ein vorgezogenes Bild, das die Szene ankündigt, als er Stelle stehen lässt, seinen Freund demütigt, mit sich alleine ist... *Langes Schweigen...* Mir fällt gerade ein: Es ist natürlich ein bisschen »smart« so zu tun, als hätte ich mir mein wichtigstes Schreibprinzip bei Kierkegaard geholt. Ich habe mich schon sehr genau an Drehbuchregeln abgearbeitet...

HERRMANN   Welche denn?

SCHIPPER   Zum Beispiel… *überlegt…* dass es am Ende des zweiten Akts ums Thema geht. Einer meiner Dramaturgen hat es erzählt, und ich fand's gut! Ich arbeite immer noch daran. Die Szene dort passt nicht. Karl sagt in der jetzigen Fassung: »Ich kann nicht, ich kann nicht, ich kann nicht.« Und letztendlich müsste da wahrscheinlich noch etwas passieren.

Not des Autors   HERRMANN   …Bei Karls Spaziergang mit Stelle. Wo sie wieder zusammenkommen. Und er sich plötzlich abwendet, sagt: »Ich kann nicht.« Das hat mich eher überrascht.

SCHIPPER   Dass er das tut?

HERRMANN   Ich dachte: Er hat sie gerade geküsst… Warum entzieht er sich dann mit den Worten: »Ich kann nicht…« Er kann ja!

SCHIPPER   Der Satz müsste wahrscheinlich heißen: »Ich will nicht.«…

HERRMANN   Das ist vielleicht besser…

SCHIPPER   …Ja. Sonst hält er etwas fest, das er schon besser weiß.

Jemand betritt die Wohnung, Jeff, ein Teammitglied offenbar. Er wird von Schipper begrüßt.

HERRMANN   Träumst du manchmal von deiner Geschichte?

SCHIPPER   Nein. Das ist vielleicht etwas Wichtiges, wichtiger als alle Drehbuchregeln: Das Prinzip des Loslassens. Ich habe damit begonnen, über eine neue Geschichte nachzudenken, nach EIN FREUND VON MIR.

HERRMANN   Was für eine Geschichte ist das?

SCHIPPER   Eine Geschichte, so riesig und merkwürdig... ich möchte sie erst mal für mich behalten.

HERRMANN   Ich möchte Dir zum Schluss noch vier Situationen vorgeben und von dir wissen, was du mit ihnen verbindest. Das erste ist eine Großstadtkreuzung um vier Uhr früh, kein Mensch ist zu sehen.

Stoff für vier Szenen

SCHIPPER   *Überlegt...* Erwachen. Eine Welt wie ein aufgeräumtes Kinderzimmer. Noch keine tausend Fragen, für die man vielleicht keine Antworten hat. Stattdessen hat man nur die Stadt, alle schlafen, es wird hell... und es ist gut. Es geht weiter.

HERRMANN   Die zweite Situation: Ein großer Vergnügungspark, am Sonntagmittag. Menschenmassen. Ein Sommertag, die Sonne brennt auf die Menschen herunter.

SCHIPPER   Horror! Das perfekte Setup für jemanden, der einsamer nicht sein könnte...während es allen gut geht. Ich würde jemanden zeigen, der einen guten Rat bekommen hat: »Geh doch mal raus! Wenn du hier dauernd in der Bude sitzt, kein Wunder!«

HERRMANN   Die dritte Situation: Eine Frau steht in einem gekachelten Badezimmer, blickt in einen Spiegel. Sie ist allein, hat eine Perücke auf.

SCHIPPER   Ich würde die Frau etwas tun lassen, um der Situation zu entkommen. Ich würde sie kein einziges Mal in den Spiegel schauen lassen. Es gibt eine Kulturtasche, da passt nicht alles hinein, was sie mitnehmen möchte. Daran verzweifelt und scheitert sie. Das ist ihr Drama. Das andere Drama mit der Perücke, dem Spiegel und der Einsamkeit im Badezimmer, das ist zu groß, man kann es nicht direkt ansteuern.

HERRMANN   Die letzte Situation: Ein Lastwagen fährt die Auffahrt zu einer Mülldeponie hoch, Vögel kreisen, Mittwochnachmittag.

SCHIPPER   Da fällt mir etwas Lustiges ein. Zwei Typen, die endlich einen Job gefunden haben. Sie wollen es besonders toll machen, diskutieren, wie man am besten die Müllhalde hoch fährt. Und es endet damit... *beide lachen* ... dass nicht nur einer in den Müll fällt, sondern beide. Und dann sehen sie, wie der Wagen hineinrutscht.

SEBASTIAN SCHIPPER

Geboren 1968 in Hannover, lebt in Düsseldorf. 1992-95 Schauspiel an der Münchner Falkenbergschule. Schauspieler an den Münchner Kammerspielen.
Viel beachtetes Regiedebüt mit ABSOLUTE GIGANTEN (1999), Auszeichnungen u.a. Deutscher Filmpreis in Silber.

Filmauswahl:

Ein FREUND VON MIR (2005)
Drehbuch, Regie

DIE NACHT SINGT IHRE LIEDER (2002/2003)
Darsteller

ELEFANTENHERZ (2001/2002)
Darsteller

ENGLAND! (1999/2000)
Darsteller

DER KRIEGER UND DIE KAISERIN (1999/2000)
Darsteller

ABSOLUTE GIGANTEN (1999)
Drehbuch, Regie

FREMDE FREUNDIN (1998/1999)
Darsteller

LOLA RENNT (1997/1998)
Darsteller

WINTERSCHLÄFER (1996/1997)
Darsteller

Konflikt der Figur

Ihren Stoff zu finden bedeutet für Drehbuchautoren, ihrer Krise ins Auge zu blicken. Dort finden sie ihre erste Figur: sich selbst. Und den Antrieb zu erzählen. Sie begegnen einer fremden, auslösenden Figur. Beschreiben sie mit (sinnlichen) Attributen, entdecken eine (gemeinsame) Vorgeschichte. Sie tauchen in Facetten des Charakters ein, adoptieren ihn für das spätere Drehbuch. Aber noch fehlt etwas, dem Entwicklungsstrategen hinterherjagen: der Konflikt. Mit ihm bewegt sich eine Figur in ihre Geschichte.

In der Drehbuchliteratur wird er mit einer zweiten Figur verknüpft. Eine Figur hat einen Konflikt, wenn sie streitet, ihren Gegenspieler überwindet. Die Jünger der Heldenreise (Christopher Vogler zum Beispiel) beschreiben den Charakter archetypisch. Er wird schützenden »Mentoren«, lustvollen »Trickstern«, unberechenbaren »Gestaltwandlern« und einigen anderen mythischen Erscheinungen ausgesetzt. Es handelt sich um dominante Eigenschaften von zweiten, dritten Figuren, die ihnen ein besonderes Gesicht verleihen. Und subtil in der Figur des Helden auftauchen: Denn auch er selbst ist auf seiner Reise zu Späßen aufgelegt, entwickelt einen Beschützerinstinkt, entdeckt seine dunklen Energien. Der äußere Konflikt einer Figur, ihre Begegnung mit Widersachern, ist ein Spiegel innerer Konflikte, Energien, die sie erfüllen und antreiben.

Die Beschäftigung mit der Kraft der Mythen (Joseph Campbell) knackt für Vogler den »Geheimcode des Geschichtenerzählens«. Für mich war die Bekanntschaft mit den Stationen der Heldenreise eine schöne, anschauliche Lehre der Motivationen von Figuren. Sie bewegen sich in sehr alten, erprobten, wiederkehrenden Mustern durch eine Geschichte. Sind Erben ferner Sinnzusammenhänge, die immer noch wirksam sind und sie zum

Handeln anstiften, mit dem »Ruf des Abenteuers« beginnen und der »Rückkehr mit dem Elixier«, das sie für ihr »Land« und sich gewonnen haben, enden. Die Heldenreise ist die vielleicht geistvollste Schule der Rezeption einer Geschichte und ihrer Figur. Mit jahrtausendealten Beweisstücken. Sie prägt viele Autoren in diesem Buch. Aber dennoch wirkt die Reise, bei allen Freiheiten, aus dem Streckennetz auszuwählen, seltsam stereotyp. Es fehlt ihr etwas: die Sehnsucht der Figur nach ihrer unverwechselbaren Geschichte, heftig unterstützt von ihrem launischen, sympathischen Autor. Sie kennt die Fäden, an denen sie und ihre Artgenossen gehalten werden. Und zögert keine Sekunde, sie durchzuschneiden, sobald sie eine Chance hat, sich von dem Puppenspiel zu befreien.

Vogler verknüpft in seinem Schlusskapitel die Reise des Helden mit der des Autors, seiner »Odyssee«. Die *Odyssee des Drehbuchschreibers* (*The Writer's Journey*, 1998) heißt sein Standardwerk. Der Titel ist ein feiner Etikettenschwindel. Er löst nicht ein, was er verspricht. Vogler begnügt sich damit, die Stationen der Heldenreise auf die Lebenswelt des Autors zu übertragen. »Schwellenhüter«, denen arme Autoren begegnen, werden mit Dramaturgen, die sie vom Schreiben abhalten wollen, verglichen. Vogler übersieht die kreative Leistung des Autors: seinen wechselvollen Dialog mit seiner Figur. Sie erhält von ihm die Lizenz, aktiv zu werden, wird von ihm so lange gestärkt, bis sie einen ersten schüchternen Schritt unternimmt: in *ihre* Richtung, abseits verlässlicher Mythenpfade.

Seit der aufregenden griechischen Tragödienzeit ist die Figur versessen darauf, eigene überraschende Wege zu gehen. Aristoteles begegnet der fordernden, selbständig agierenden Figur am Ende der POETIK (der Textbruchstücke, die von ihr erhalten sind): »Wenn ein Dichter Unmögliches darstellt, liegt ein Fehler vor. Doch hat es gleichwohl hiermit seine Richtigkeit, wenn die Dichtung auf diese Weise den ihr eigentümlichen Zweck erreicht.« Vor 2400 Jahren ist der Satz gefallen. Es war der Augenblick, als Euripides vor Glück in die Luft gesprungen ist und alles weitere seiner unzähmbaren Figur überlassen hat. Sie wehrt sich tapfer gegen Gebrauchsanweisungen. Will sich keinen Göttern ergeben, geschweige denn in ein ohnmächtiges Schicksal fügen, misstraut den beispielhaften Helden der Vergangenheit. Unterwegs, auf ihrer Reise, bricht sie munter aus, mault ihren Autor an und treibt ihn zur Verzweiflung. Denn sie hat etwas, das Drehbuchautoren an den Anfang der Reise setzen, einen munteren Unruhefaktor, mit dem sie den Stillstand ihrer Figur überwinden: einen Konflikt.

Er wird vom Autor benannt. Aber zuerst macht seine Figur ihm ein Angebot, sobald sie reif dafür ist, authentisch, dank ihrer Vorgeschichte, charaktervoll, dank ihrer Attribute, und schon erstaunlich widerstandsfähig. Für den Reifegrad einer Figur und ihres Konflikts haben Drehbuchautoren ein einfaches Testgerät erfunden: Die Unterscheidung von Wunsch und Not (»Want« und »Need«) einer Figur. Sie ist ein Schlüsselstück der Stoff-Entwicklung und hat ein eigenes Kapitel verdient.

Mit ihrem Konflikt findet eine Figur zur Leichtigkeit: Die verliebte Chefärztin kündigt und heiratet den alkoholisierten Chefarzt, statt den studierten schwarzen Mitarbeiter der Reinigungsfirma. Und eine wütende Mutter verschenkt in der Schluss-Szene ihre Kinder, statt ihren Macho-Mann zu verlassen. Figuren sind unbestechlich, wenn sie Konflikte lösen, zwingen Drehbuchautoren, ihre Pläne zu ändern. In ihrem tiefsten Innern wünschen sie sich die ungehorsame Figur, denn sie erinnern sich noch sehr genau an ihren Sonntagnachmittag, ihre schlaflose Nacht und ihre Sehnsucht nach Veränderung, hinaus aus der Krise, hinein in den Konflikt ihrer Figur.

Die Auffassung einer selbstbewusst agierenden, konfliktstarken Figur ist beunruhigend. Für jene, die den Gang der Handlung, den Plot, beobachten, sich darauf konzentrieren und eine Figur mehr oder weniger als blassen Erfüllungsgehilfen betrachten. Robert McKee (*Story – Die Prinzipien des Drehbuchschreibens*, 2000) ist der Lehrmeister der Drehbuchstruktur. Er nennt sie *Storydesign*: »Nimmt man die vordergründigen Charakterisierungen und den Handlungsort weg, offenbart die Story-Struktur die persönliche Kosmologie des Erzählers, seine Einsicht in die tiefsten Muster und Motivationen für das Wie und Warum von Geschehnissen in dieser Welt – seine Landkarte der verborgenen Ordnung des Lebens«. Ehrgeizige Dramaturgen lieben es offenbar sehr, die Kosmologie des Erzählers rückblickend zu dechiffrieren. Erfreuen sich an einem perfekten Beispiel. Wenn sie sich gut ausdrücken können, schreiben sie ein schlaues Buch darüber.

Eine Berufsgruppe ist von dem Genuss ausgeschlossen, scheint es: Drehbuchautoren, wenn sie ihr Drehbuch schreiben. Ihren Stoff in der Tiefe einer unfertigen, fehlerhaften, authentischen Figur entdecken. Und ihr einen Tritt in den Hintern verpassen. Indem sie eine Entscheidung treffen, ohne die kein Drehbuch auskommt: für den *Konflikt* ihrer Figur. Er ist die Gewittermeldung, versetzt ihre Geschichte in ernste, nicht vorhersehbare Turbulenzen und lässt die wohl geordnete »Landkarte der verborgenen Ordnung des Lebens« als Terra Incognita erscheinen.

Solange der *Konflikt* einer einzigen Figur gehört, und nicht mit einer zweiten, dritten Figur in Kontakt gerät, zu einem äußeren Konflikt wird, ist er stumm. Die Figur trägt ihren inneren Konflikt lange Zeit bei sich, als unsichtbares Handgepäck. Zu einem früheren Zeitpunkt in seinem Leben hatte der Autor das Gepäck auf den eigenen Schultern und schien davon erdrückt zu werden. Damals hieß es Krise. Den Konflikt zu *setzen*, vorm Schreiben der ersten Drehbuchseite, ist ein Akt der Befreiung für Drehbuchautoren, unabhängig davon, wie viele Drehbücher sie bereits geschrieben haben.

Ein Konflikt hat einen starken Partner, wenn es darum geht, ihn ans Tageslicht zu befördern. Es ist der *falsche Ort*: »Ich versetze Figuren (manchmal zwei, vielleicht auch nur eine) in eine missliche Lage und sehe dann zu, wie sie versuchen, sich daraus zu befreien. Meine Aufgabe ist es nicht, ihnen den Weg freizuschaufeln oder Sicherheit zu verschaffen – dazu benötigt man einen lärmigen Presslufthammer oder eine Handlung – sondern das Geschehen zu beobachten und es schriftlich festzuhalten«, schreibt Stephen King in seinen Aufzeichnungen über DAS LEBEN UND DAS SCHREIBEN. Bei King besteht die »missliche Lage« aus dicken Wänden, Mauern und ist fest verschlossen. Er drängt seine Figuren in sinnliche Festungen, aus denen sie nicht entrinnen können, einsame Landhäuser, Kellerverliese. Zugleich aber macht er deutlich: Sich zu befreien, ist nur die nichts sagende Oberfläche ihres Konflikts. Die Angst sitzt in den Köpfen seiner Helden, ihr Konflikt ist in ihrem Innern verborgen, der falsche Ort ein Instrument, sie in die Tiefe zu locken, in noch bedrohlichere Abgründe. Geleitet von seinem Vertrauen, seiner Liebe zu seinen Figuren, wird der Horrorgeschichtenerzähler zum verführten Augenzeugen. Er ist bereit, den Untergang seiner Helden zu akzeptieren, an einem düsteren, klaustrophobischen Ort. Sie dorthin zu versetzen ist ein nüchterner Akt. Den Rest erledigen sie von sich aus, ohne sich um weitere Lösungsvorschläge ihres Autors zu kümmern: Sie tragen seinen Stoff bei sich.

Mit Studenten mache ich eine einfache Übung, dazu dienend, den falschen Ort kennen zu lernen: Wir fahren Aufzug, in einem Bürohochhaus zum Beispiel, oder in einem Einkaufszentrum. Wir steigen ein, ohne Ziel, lassen Figuren zusteigen, aussteigen, endlose Minuten, beobachten sie, stehen still, eingeschlossen im Aufzug, bis die Türen sich wieder öffnen, weitere Figuren uns ihren Besuch abstatten, eine Station drücken, die Fahrt fortsetzen. Irgendwann entscheiden wir uns, aktiv zu werden und eine Figur zu begleiten, verlassen den Aufzug (den falschen Ort), gelangen in eine fremde, vertraute Geschichte, die wir uns später erzählen (erfinden, übertreiben). Der falsche Ort versetzt eine Figur in feine Schwingungen. Er treibt sie an, ist ein Attribut, das sie provoziert und zu einer Reaktion auffordert, auf das sie dennoch angewiesen ist.

Bei EIN FREUND VON MIR von Sebastian Schipper steht Karl am Anfang vor einem dunklen Hochhausfenster, unter ihm der Abgrund. Er ist ein *High Potential*. Ein Typ mit Zukunft, scheint es, der in Wahrheit kurz vorm Springen ist. In die Tiefe, ins Bodenlose, ratlos und gelähmt. Karl ist tatsächlich eine Figur mit Potential: Das Hochhaus ist sein Attribut, seine Vorgeschichte verweist auf den Autor (und seine Generation), der sich entschlossen hat, seiner ersten, krisenhaften Figur, die ihn an einen fernen Sonntagnachmittag erinnert, einen neuen Namen zu geben. Und sie in eine fremde, befreiende Geschichte, die nicht mehr seine eigene ist, zu entlassen. Dazu hat er einen Konflikt bestimmt: Die Sackgasse, in die Karl geraten ist, heißt Angst im Kopf und Einsamkeit. Was soll er tun? Die Figur beginnt sich zu bewegen, verlässt ihren falschen Ort, ahnungslos, aber gewappnet, in ihre Geschichte hinein. Sie entfernt sich vom Autor und rückt ihm näher, so widersprüchlich es klingen mag.

Karl ist im Hochhaus eingesperrt, er muss etwas unternehmen. Aber was? Nicht springen, wäre ein guter Rat, es sei denn, er landet in der wackligen Gondel einer gestressten Fensterputzerin.

Für Lajos Egri, den Entdecker des »Character Driven«, sind Handlung und Ursache nicht zu verwechseln: »Handlung entsteht nicht aus sich selbst heraus.« Für den Ursprung der Handlung macht er besondere Faktoren verantwortlich: Konflikte. Statische, sprunghafte, langsam anwachsende und drohende Konflikte. Er beschreibt auf anschauliche Weise ihre Musikalität, entdeckt Missklänge (wenn ein Konflikt in die Höhe springt), erteilt weisen Rat (ihn behutsam ansteigen zu lassen). Konflikte lösen für ihn eigenwillige dramatische Handlungen aus. In seinem Kapitel über die *Willenskraft eines Charakters* gönnt Egri der Figur einen Spielraum, den kaum einer seiner Nachfahren mehr bereit ist ihr zuzugestehen: »Man kann keinen Charakter zwingen, eine Entscheidung zu treffen, bevor er nicht dazu bereit ist. Wenn Sie etwas Derartiges versuchen, werden Sie feststellen, dass die Handlung oberflächlich und nichts sagend wird«. Der Gedanke schließt mit einem Psalm, den alle Autoren, die in diesem Buch befragt werden, gemeinsam anstimmen könnten: »Sie sehen also, dass es eigentlich keine schwachen Charaktere gibt. Die Frage ist: Haben Sie den Charakter in dem Augenblick, in dem er dem Konflikt gegenübertreten kann, eingefangen?« Die Vorstellung, dass eine Figur sich in einem Drehbuch nicht weiter bewegt, ein schwacher Charakter bleibt, müde mit den Flügeln schlägt, erfüllt den begabten Drehbuchautor mit leiser Panik. Deshalb widmet er seiner Figur Wochen, Monate, mitunter Jahre. Manch einer hat bereits in der Kindheit damit begonnen. Ist es gelungen, sie einzufangen, dreht eine Figur den Schlüssel im Zündschloss um. Das sanfte Blubbern im Motorraum stimmt sie zufrieden. Sie weiß, sie besitzt etwas, auf das sie sich verlassen kann. Ihren Autor… und einen Konflikt, der sie rasend macht und zu sofortigem Kontrollverlust führt.

Hans Weingartner ist darin geübt, den Stillstand seiner Figur auszuhalten, die eigenen Zweifel an ihr zu überwinden. Indem er ihr einen starken, übermächtigen Konflikt auf die Schultern lädt. Er wird darin von Katharina Held, seiner Koautorin, unterstützt. Die beiden sind unbestechlich und bewahren ein tiefes, unerschüttertes Vertrauen in ihre Helden. Wissend, dass sie sie am richtigen Punkt eingefangen haben, nicht während, sondern bereits vorm Schreiben. Wer dort alles richtig macht, darf die Krise auskosten: »Tüchtig« sein und »Fehler« machen, um mit Aristoteles zu sprechen. Und landet in Cannes, auf dem roten Teppich: versprochen.

Die Einsamkeit meiner Figur

Im Gespräch mit…

Hans Weingartner

An einem warmen Abend im Mai 2004 stehen sie vor dem Grand Théatre Lumière in Cannes. Der Regisseur und seine Schauspieler: Hans Weingartner mit Julia Jentsch, Stipe Erceg und Daniel Brühl. Die Bilder, die live auf die Leinwand des Kinos projiziert werden, zeigen die Vier bei einem kleinen Freudentänzchen auf dem roten Teppich, kurz vor der Premiere von DIE FETTEN JAHRE SIND VORBEI. Eigentlich hatten sie im blauen Siebziger-Jahre-Spielbus direkt vors Kino fahren wollen, durften es aber nicht. Also stellen sie ihn kurzerhand ab und laufen zu Fuß über den roten Teppich. Nehmen sich bei der Hand, lassen sich nicht mehr los. Und hüpfen ein wenig herum, lachen. Ihr Auftritt hat etwas Ausgelassenes. Ein Spur von Aufruhr und erträumter Revolte. Ein wenig von »Passt nur auf!« und »Wir tun euch schon nichts«.

Zwei Ideen, Projekte konkurrieren für Hans Weingartner bei unserem Gespräch miteinander: CODE 82, die Geschichte eines suizid-gefährdeten Jungen, der in eine Gruppe von Aufrührern gerät, eine magisch-gefährliche Reise antritt, in eine unbekannte Welt… Und PACO: Die Komödie eines Jungen ohne Ehrgeiz, der in Feldkirch/Vorarlberg wohnt, einfach nur glücklich ist mit sich und seiner Welt. Und den die anderen deshalb mögen und hassen, beides zugleich.

Zwei Geschichten, die eine Seite des Autors widerspiegeln: seinen Stoff. Er kreist um abseitige Helden, die vor oder nach ihrer Zeit leben. Sich nicht einfügen, wahrhaftig sind und bedroht. Die Helden von PACO und CODE 82 könnten auch in einer einzigen Geschichte auftauchen: eine Figur am Abgrund, die ihre Energie gegen sich selbst richtet. Um zu spüren, dass sie auch bei anderen da ist, man sie teilen kann, nicht daran verzweifeln muss. Und eine andere Figur, die mit sich im Reinen ist, ein Rebell des Friedens, ein Provokateur wunschlosen Glücks: »Tausend Geschichten« können zu einer werden, sagt Hans Weingartner. Insofern hat seine Entscheidungskrise System und wirkt sogar ein wenig zelebriert, ist vielleicht einer der Eckpfeiler der Performance mit Namen »Hans«.

Seine Wut, von der er im Interview spricht, ist inwendig. Hüllt sich in ernste, tiefe Gedankennebel. Hans Weingartner spricht langsam, lässt sich nur ungern unterbrechen, sucht seine Worte. Er gähnt, raucht, kratzt sich am Kopf. Nimmt den anderen mit verborgenen Blicken wahr, ohne sich besonders um ihn zu kümmern. Ein waches Selbstgespräch, das das Medium des stummen Zuhörers nutzt, ab und zu auf vereinzelte, aufmunternd gemeinte Stichworte reagiert. Er wirkt stets ein wenig unzufrieden mit sich. Seine Ruhe hat etwas Lauerndes, Unstetes. Aber dann lächelt er plötzlich. Ein flüchtiges Blitzen, das dem anderen gilt, ihn verschwörerisch in seine Gedankenwelt aufnimmt.

Das Gespräch mit ihm fand einige Wochen nach Cannes statt, in seiner Berliner Wohnung. Oder besser: Wohngemeinschaft. Wahrscheinlich haben die Mitbewohner vor ihm die Flucht ergriffen, so still ist es. Er ist allein an diesem Morgen.

Juli in Berlin. Es ist spät am Morgen. Eine Küche. Mit einem Polit-Plakat an der Wand und Klebezetteln am Kühlschrank. Telefonklingeln. Hans geht ran, würgt den Anrufer mit ein paar schnellen Worten ab. Er setzt den Espressokocher auf die Herdplatte. Zucker? Nein, nur Milch.

WEINGARTNER   Also, was war die Frage?

HERRMANN   Ich überlege gerade. Lass uns über DIE FETTEN JAHRE SIND VORBEI sprechen. Wie bist du deiner Geschichte begegnet?

WEINGARTNER   Eine Geschichte muss etwas Tiefes in mir berühren. Hier war es so: Ich hatte schon immer Lust auf politisches Engagement, war Hausbesetzer in Berlin, bis wir brutal geräumt wurden. Es klingt wie keine große Sache, aber für uns war es eine traumatische Erfahrung damals. Wir lebten außerhalb des Systems…

HERRMANN   In Berlin?

WEINGARTNER   Ja. Von dieser Erfahrung habe ich meine Energie bezogen, die Geschichte zu erzählen. Wenn ich mir den Film allerdings jetzt anschaue, würde ich vielleicht gar nicht mehr sagen, dass es ein politischer Film ist.

Wunsch des Autors   HERRMANN   War die erste Leidenschaft, war das, was dich antreibt, den Stoff zu machen, war das Wut?

WEINGARTNER   Ja, genau: Wut…

HERRMANN   Wie war die weitere Genese?

WEINGARTNER   Zuerst gab es eine ältere Geschichte: drei junge Leute, die nicht in diesem System leben wollen. Einer von ihnen kommt auf Heroin, stirbt an einer Überdosis, die anderen ziehen sich ins bürgerliche Leben zurück. Diese Geschichte habe ich kombiniert mit der Geschichte einer Taubstummen: Sie fährt in einem Bus, nimmt einen Typen mit, der Autostopp im Regen macht. Eine Liebesgeschichte. Sie ist Mitglied in einer RAF-ähnlichen Terrorgruppe. Das passiert bei mir immer so, dass ich Geschichten zusammenführe! Tausend Geschichten, die ich kombiniere… Ich hatte ein Treatment geschrieben, X-Filme, die Produktionsfirma, wollte es nicht machen. Das war frustrierend für mich, aber… *zögert…* Ich war auch selbst nicht zufrieden damit. Wenn dann einer sagt: »Das ist doch alles hanebüchen«… gebe ich auf. So läuft das Geschäft eben: Produktionsfirmen haben immer mehrere Projekte in der Pipeline, und wenn du dann nicht schreist: »Mann! Das ist doch geil!«… rutschst du ans Ende der Röhre zurück. Also habe ich beschlossen selbst zu produzieren. Natürlich eine neue Geschichte, denn die Rechte lagen ja bei der Produktionsfirma. Wir, Katharina Held, meine Koautorin, und ich, sind zuerst zur Liebesgeschichte zurückgegangen. Wir dachten: Eine Dreiecksbeziehung ist interessanter als eine Zweierbeziehung… *lacht kurz…* Aber sie reichte nicht, die Dreiecksbeziehung. So haben wir die politischen Aktionen der Spaßguerilla eingebaut. Haben unsere Figuren entwickelt, mit den Figuren angefangen, sie definiert: Ich wusste beim Schreiben, was meine Figuren als nächstes tun.

HERRMANN   Wie findest du eine Figur?

WEINGARTNER   Ich erinnere Figuren, bastele sie aus Menschen, denen ich begegnet bin. Ich hatte ein abwechslungsreiches Leben bisher: komme vom Land, habe in Wien studiert, war in der Berliner Hausbesetzerszene aktiv, in Köln an der Filmhochschule, bin gereist, war lange Zeit in Kanada und Amerika, habe viele Jobs gemacht… *atmet schwer…* und so bastele ich mir die Figuren zusammen.

HERRMANN   Ist dir Vertrautheit bei deinen Figuren wichtig?

WEINGARTNER   *zögert…* Schon… *denkt lange nach…* Was
heißt Vertrautheit… Ich muss mir eine Figur vorstellen können. Nicht rational… Ich spüre es, wenn sie zum Leben er-
wacht, ob sie Sinn macht… *langsam…* Es muss alles zusammenpassen, in harter, monatelanger Arbeit, nicht von heute
auf morgen. Meine Figuren in meinen Geschichten müssen
einen inneren Konflikt besitzen: Das »Wunsch versus Not-
Prinzip«…

Konflikt, Wunsch
und Not der Figur

WEINGARTNER   In den FETTEN JAHREN hieß das am Beispiel
Jule: Ihre Not, also wo die Figur hin muss, ist es, frei sein zu
dürfen. Ihr Wunsch, was sie dagegen tatsächlich macht, anfangs: Sie lässt sich von Peter, ihrer Beziehung, dominieren.
Und ist von Hardenberg, dem reichen »Sack«, abhängig, zahlt
ihre Schulden bei ihm ab. So ist es bei Jule… Jede Figur muss
ein »fettes« Problem haben, um zu einer lebendigen Figur zu
werden. Und Jan, das kommt im Film nicht mehr so heraus,
sucht Liebe oder eine Familie. Er ist im Heim aufgewachsen,
hat eine unglaubliche Aggression gegen die Gesellschaft, fühlt
sich von ihr betrogen. Unsere Idee war, dass Jan und Jule sich
gegenseitig etwas geben. Sie gibt ihm ein wenig Sanftmut,
dämpft seine Aggressionen. Er gibt ihr Mut, hilft ihr, ihre
Angst zu überwinden…

HERRMANN   Eine Liebesgeschichte…

WEINGARTNER   …mit zwei Außenseitern, die sich
begegnen… *redet schnell, ein kleiner Rausch…* Die Idee dahinter war, dass der Mensch sein Leben lang gegen Einsamkeit
kämpft. Und wenn sich zwei verlieben, können sie, wenn sie
es richtig machen, Einsamkeit überwinden. Und wenn zwei
Außenseiter sich begegnen, können sie sich zusammen ein
neues Universum bilden, mit der Liebe in der Mitte dieses

Universums. Sie können glücklich sein, sind keine Außenseiter mehr, in ihrer eigenen Welt… Das ist die Idee zwischen Jan und Jule… Das ist es, was sie verbindet. Und was Peter und Jule nicht haben, weil sie zu verschieden sind…

HERRMANN   Warst du als Kind…

WEINGARTNER   Eine Sache wollte ich noch erzählen: Auch bei den FETTEN JAHREN hatte ich diese Zweifel. Aber es gibt immer irgendwann einen Durchbruch. Katharina Held und ich haben im September mit Schreiben begonnen, und ich war bis Dezember nicht wirklich zufrieden damit. Die Idee, dass Jan, Jule und Peter bei einem Einbruch überrascht werden, den Villenbesitzer entführen… war schon länger da. Ich erinnere mich noch genau an den Nachmittag, als Katharina, meine Koautorin, eine schlagende Idee hatte: Es ist Hardenberg, den sie entführen! Der Mann, bei dem Jule astronomische Schulden hat. Ich war tagelang euphorisch. Jetzt wusste ich, dass ich eine Geschichte habe. Beim Schreiben ist es so, dass ich wochen- und monatelang schreibe, nicht vorwärts komme. Doch dann kommen Tage mit lichten Momenten. Innerhalb von zwei, drei Stunden öffnet sich meine Geschichte. Die Idee mit den »Erziehungsberechtigten«, dem Möbelverrücken kam innerhalb eines Nachmittags. Auslöser war vielleicht der Spruch: »Einen treffen – hundert erziehen!« …aus den Siebzigern, von den *Roten Brigaden*. Ich lehne Methoden des Terrorismus ab, aber die Idee der »Erziehung« hat schon etwas. Sie ist ironisch gebrochen, alleine der Name »Die Erziehungsberechtigten« ist ein Witz! Er persifliert das Konzept. Das Schöne daran: Er funktioniert als Ironie und in der Ernsthaftigkeit.

Mitte des Drehbuchs

HERRMANN   Hattest du auch einen Wunsch und eine Not beim Schreiben?

Wunsch und Not des Autors

WEINGARTNER   Auf jeden Fall… *denkt lange nach*… In Bezug auf das Geschichtenerzählen bin ich in dem Dilemma, sehr viel Zeit zu brauchen, bis ich meine Not herausfinde. Ich habe monatelang Geschichten erfunden… zum Beispiel die Liebesgeschichte. Ich wusste, dass sie nicht ausreicht. Meine Not war es, die Wut, meine persönlichen Erlebnisse zu verarbeiten. Wut auf die Gesellschaft, das System. Sie in einer Liebesgeschichte zu kanalisieren.

HERRMANN   Wie ging eure Arbeit am Drehbuch weiter?

WEINGARTNER   Ursprünglich war geplant, ein Treatment zu schreiben, auf seiner Grundlage zu drehen, Dialoge, Szenen zu improvisieren. Im Stil von DAS WEISSE RAUSCHEN Bei den FETTEN JAHREN haben Katharina und ich auf diese Weise ein knappes Jahr am Treatment geschrieben. Als die Geschichte zu komplex wurde, bin ich von meinem Inszenierungskonzept abgewichen. Ich habe kurz vor Drehbeginn begonnen, Dialoge zu schreiben. Unter enormem Zeitdruck… *stöhnt leise*… Selbst nachts, bis weit in die Dreharbeiten hinein.

HERRMANN   Da musst du mit deiner Geschichte sehr vertraut gewesen sein…

WEINGARTNER   Dialoge schreiben fällt mir leicht, ich mache es gerne. Sie sind meistens zu lang, dann kürze ich sie. Ich behaupte, es gibt einen »Kreativmuskel«: Beim Drehen war ich konzentriert und fokussiert, ich konnte mit großer Leichtigkeit schreiben.

HERRMANN   Hat sich deine Geschichte während des Drehens verändert?

WEINGARTNER   Die Figur Jan hat sich verändert, ursprünglich, im Drehbuch, war er ein Kopfmensch und noch verstörter, ein Eigenbrötler. Daniel Brühl hat dieser Figur gegenüber eine Macht ausgestrahlt, einen praktischen Durchsetzungswillen. Und eine Konkretheit, die die geschriebene Figur nicht hatte. Ich habe es übernommen.

HERRMANN   Gibt es für dich etwas, was deine Geschichten verbindet?

WEINGARTNER   *überlegt...* Bei den meisten meiner Ge-   *Stoff*
schichten geht es vielleicht um Überwindung von Einsamkeit... um Isolation in der modernen Gesellschaft. Beim WEISSEN RAUSCHEN ist das Hauptproblem meines Helden nicht seine Schizophrenie. Sie wird dadurch ausgelöst, dass er niemanden hat... Seine Krankheit treibt ihn noch tiefer in seine Einsamkeit. Selbst die Hippies am Ende verstehen ihn nicht. Schließlich findet er zu sich selbst, bemerkt, dass er sein inneres Zentrum entdecken muss, seine innere Einsamkeit überwinden... weil er... na ja... Das ist zu kompliziert... *bricht ab.* Ich war immer schon fasziniert von Menschen, die psychotische Phasen haben. Wenn ich mit ihnen sprach, haben sie bemerkt, dass da jemand ist, der sie nicht als Kranke sieht, sondern als Propheten, als hochbegabte Menschen... Bei den FETTEN JAHREN ist die Gruppe der drei jungen Leute meine Antwort auf das Problem der Isolation. Mir war wichtig, dass sie trotz allem zusammenbleiben. Nachdem Hardenberg von ihnen freigelassen wird, verrät er sie. Es gab harte Einwände von allen Seiten, Redakteuren, Schauspielern... Ich konnte mich durchsetzen, empfinde es als Stärke im Film: Hardenbergs kleinbürgerliche Moral siegt nicht, wird als Scheinmoral entlarvt.

HERRMANN   Weißt du während des Schreibens, wie eine Geschichte endet?

WEINGARTNER   Am Anfang nicht. Ich fange sie an, weiß nicht, wie sie weitergeht, lasse mich überraschen. Gerade schreibe ich an einem Thriller, CODE 82, da kenne ich das Ende bereits. Bei dem Ende einer Geschichte wird erwartet, eine Antwort auf alle Fragen zu erhalten. Das ist ein Problem: Denn oft gibt es keine Antworten.

HERRMANN   Worum geht es in CODE 82?

WEINGARTNER   Um einen einsamen jungen Mann. Er lebt alleine mit seinem Vater. Er findet Anschluss bei einer Gruppe von Rebellen, trifft also auf eine Art Familie, überwindet seine Angst, erkennt, dass es das System ist, das ihn fertig macht. Und er ihm nicht hilflos ausgeliefert ist. Eigentlich fast genau dieselbe Geschichte wie die FETTEN JAHRE... *lacht*... Aber auf einer sehr viel magischeren Ebene, nicht so gegenwartsbezogen. Weg vom Hier und Heute...

HERRMANN   Gibt es eine alternative Geschichte dazu?

WEINGARTNER   Ich möchte unbedingt eine Komödie mit Daniel Brühl machen, weil wir beim Drehen immer einen wahnsinnigen Spaß zusammen haben, und ich noch nie eine Komödie gemacht habe. Aber es fehlt mir noch der *Hook* (*»Aufhänger«, Anm. Herrmann*), dieses Element, das das Feuer entfacht, mir die Kraft dazu gibt. Es gibt die Idee für mehrere Figuren und für eine Konstellation, aber noch keine Idee für die Geschichte.

HERRMANN   Was ist es für eine Figur?

WEINGARTNER   Eine witzige, die auf einem meiner Freunde basiert. Er hat keinerlei Ambitionen, in seinem Leben etwas zu erreichen, genießt einfach nur die schönen Dinge. Freundschaft, gutes Essen... Aber gerade dadurch, dass er keine Ambitionen hat, ist er so offen... ein Menschenfreund. Mir gefällt sein Charme: eine Art Anti-Spießer. Er heißt Paco. Seine Freundlichkeit, dieses freundliche Wesen interessieren mich... Seine mediterrane Leichtigkeit. Wir leben in einer Welt, wo jeder etwas erreichen will, unsterblich werden oder reich sein, berühmt und einzigartig... Aber letztlich stressen wir uns nur damit, ein Leben lang.

HERRMANN   Gibt es schon eine zweite Figur?

WEINGARTNER   Er hat einen Kumpel, einen *Sidekick*: Ronnie. Der erreicht auch nichts in seinem Leben, ist einfach ein Verlierer. Ronnie ist Pacos bester Freund. Und es gibt die Frau, die Paco liebt, er aber nicht kriegen kann. Und seine dominante Mutter: Sie ist übrigens auch am realen Vorbild orientiert. Pacos Vater ist vor zehn Jahren gestorben, seine Mutter möchte, dass er sein Zimmer aufräumt. Eine Ausbildung macht, Teil des großen Rennens wird, mitmacht. Gesellschaftliche Normen akzeptiert, es zu etwas bringt. Aber der Typ will es zu nichts bringen: Er will nur glücklich sein...

HERRMANN   Wie ist der Arbeitstitel?

WEINGARTNER   Paco. Seine Mutter ist Spanierin. Die Menschen im Viertel mögen ihn. Einerseits lehnen sie ihn ab. Andererseits repräsentiert er eine Sehnsucht von ihnen, einen Traum...

HERRMANN   Vielleicht macht er ein Fest am Ende...

WEINGARTNER   Ein Fest? Ich weiß nicht... Sein Wunsch ist: Dass er immer noch versucht, es seiner Mutter Recht zu machen, es zu etwas zu bringen. Seine Not ist: sich von den Vorstellungen seiner Mutter zu lösen, herauszufinden, dass er vollkommen Recht hat, mit dem, was er macht...

HERRMANN   Du bist mit sieben Geschwistern aufgewachsen.

Erste Figur

WEINGARTNER   Ich sehe meine Kindheit eigentlich immer sehr düster und dunkel. Wenn ich an Kindheit denke, denke

115

ich an Gewalt und Hass und Auseinandersetzung... Angst...
Irgendwann möchte ich darüber eine Geschichte erzählen,
aber ich glaube, ich bin viel zu nah dran... *nachdenklich...* Ich
kann nur sagen, dass ich es emotional nicht schaffe, darüber
zu schreiben. Ich habe schon hin und wieder einmal angefangen. Es ist wie eine Bombe, die man sich nicht zu entschärfen
traut... Aber es könnte schon witzig sein, weil es doch unge-
wöhnlich ist, mit acht Kindern aufzuwachsen... im Zeitalter
der Kleinfamilie.

HERRMANN   Was waren deine ersten Geschichten und Filme?

WEINGARTNER   Mein erster richtiger Kurzfilm war DER
DREIFACHSTECKER. Da ging es um sinnlose Gewalt, ein ver-
filmter Alptraum. Es gab einen fetten Mann mit zu kleinem
Kopf, der seine Frau bewusstlos prügelt. Am Schluss bekommt er Alpträume, hängt sich auf. Und sie triumphiert...
lacht... Die erste Geschichte für einen Langfilm hieß SPLIT
BRAIN. Es ging um einen Epileptiker, der einen Grande Male
hat, einen epileptischen Anfall, der einfach nicht mehr aufhört. In einer Notoperation werden ihm die Gehirnhälften
voneinander getrennt. Sie entwickeln ein Eigenleben, kämp-
fen gegeneinander... *beide lachen...* Die rechte Gehirnhälfte ist
animalisch und instinktiv, eine Art Urmensch. Und die linke
ist die zivilisierte, rationale, vernünftige... Eine Parabel über
den Kampf zwischen dem Urmenschen und dem zivilisierten
Menschen. Den Film wollte ich unbedingt machen, habe jah-
relang am Drehbuch geschrieben. Schließlich habe ich den
Stoff liegen gelassen. Und seitdem interessiert er mich nicht
mehr! ... *gähnt...* Der Film wird nicht entstehen.

HERRMANN   Könntest du einen fremden, unvertrauten Stoff
machen? Zum Beispiel eine Geschichte von zwei alten Men-

schen, die bald sterben werden? Eine Geschichte, die von deiner Lebenswelt entfernt ist?

WEINGARTNER Nein, bestimmt nicht. Beim Schreiben muss es zuerst heißen: Packt mich meine Geschichte? Löst sie etwas in mir aus, tief drinnen, berührt sie in mir etwas? Das ist so ein Gefühl, eine Art Energie... die einen durchströmt... *schnell...* wenn ich bemerke: »Es hat etwas mit mir zu tun, ich will und muss es erzählen.« Ich weiß gar nicht, wie ich es mit Worten beschreiben soll, es gibt einem einfach Kraft. Eine glimmende Feuersbrunst, ein kleines Atomkraftwerk tief in mir – sonst würde ich alles, was später kommt, nicht durchstehen.

HERRMANN Ich würde dir gerne vier Situationen vorgeben und dich fragen, was du damit assoziierst? Die erste Situation ist ein Vergnügungspark, es ist rappelvoll, dichte Menschentrauben, die Sonne brennt, ein Feiertag.

Stoff für vier Szenen

WEINGARTNER Was für ein Vergnügungspark? So wie der Prater? Damit assoziiere ich Unangenehmes. Gesichter, die Angst haben, Angst erdrückt zu werden. Aufdringliche Musik. Das Gegenteil von Vergnügung. Mir wird ein bisschen schlecht, weil ich gerade an Bratwürste und Zuckerwatte denke. Ich habe Vergnügungsparks immer gehasst.

HERRMANN Die zweite Situation: Eine Großstadtkreuzung am Morgen, vier Uhr. Es ist kein Mensch zu sehen.

WEINGARTNER Angenehme Ruhe fällt mir ein. Jemand geht von der Kneipe nach Hause, alleine. Es ist schon hell. Und es riecht nach frischem Brot von einer Bäckerei. Es ist zu früh, die Läden sind noch nicht offen. Aber er erfreut sich trotzdem an dem Geruch, an der Stille der Stadt. Und er hat sie für sich in dem Moment, er ist allein mit ihr, er begreift sie als Person, als Freund.

HERRMANN   Eine Mülldeponie, ein Werktag, die Vögel kreisen und ein Laster fährt die Auffahrt zur Deponie hoch.

WEINGARTNER   Da fällt mir sofort eine Szene aus einem Buch ein, das ich gerade gelesen habe. Es geht um eine Mülldeponie in Mexiko City. Die Kinder warten mit Plastiksäcken, und sobald der Laster abgeladen hat, rennen sie los und klauben auf, was verwertbar ist. Diese Absurdität, dass es Menschen gibt, die vom Müll anderer leben.

HERRMANN   Ein gekacheltes Badezimmer. Eine Frau steht vor einem Spiegel und hat eine Perücke auf.

WEINGARTNER   Da denke ich an eine Frau, die alleine in ihrer Wohnung lebt. Eine junge Frau, die keine Haare auf dem Kopf hat, nach einer Chemotherapie… Leukämie hat. Sie ist ganz alleine in der Wohnung, hat die Perücke auf, schaut in den Spiegel. Um herauszufinden, wer sie ist. Und in diesem Moment sieht sie eine fremde Frau. Sie ist gleichzeitig abgestoßen und fasziniert von ihr…

HERRMANN   …Sie entdeckt ihr Gesicht…

WEINGARTNER   …Sie entdeckt eine andere Person, zieht die Perücke auf und ab, wäre gerne die Frau mit der Perücke. Fühlt sich kurz getröstet: Was wäre, wenn sie die fremde Frau wäre und nicht Leukämie hätte. Das beruhigt sie ein bisschen, und sie kann endlich schlafen.

HANS WEINGARTNER

Geboren 1970 in Feldkirch/Österreich, lebt in Berlin.
1990-97 Studium der Physik, der Gehirnforschung und der Neurochirurgie in Wien und Berlin. 1993/94 Ausbildung zum Kameraassistenten in Wien. 1997-2001 Studium an der Kölner Kunsthochschule für Medien.
Auszeichnung mit dem Max-Ophüls-Preis, dem Preis der deutschen Filmkritik als Bestes Spielfilmdebüt und dem First Steps Award 2001. DIE FETTEN JAHRE SIND VORBEI wurde im Wettbewerb 2004 in Cannes gezeigt und erhielt den Deutschen Filmpreis in Silber 2005 in der Kategorie Bester Spielfilm.

Filmauswahl:

DIE FETTEN JAHRE SIND VORBEI (2003/2004)
Produzent, Regie, Drehbuch

DAS WEISSE RAUSCHEN (1999-2001)
Darsteller, Drehbuch, Kamera, Schnitt, Regie

FRANK (1999)
Regie

Wunsch und Not der Figur

Wenn Produzenten, Redakteure und Script-Doktoren über ein Drehbuch diskutieren, bündeln sie ihre Kritik in beliebten, verschwörerischen Redewendungen: Die Figur hat kein Geheimnis! Oder schon etwas genauer: Sie ist ohne Subtext... Oder, wenn es besonders schlimm kommt: Hilfe, sie entwickelt sich nicht! Damit wird von der Figur gefordert, dass sie sich bewegt, damit ihre Geschichte andere bewegt, ein Drehbuch seine Leser, der Film seine Zuschauer.

Die Bewegung einer Figur ist eine versteckte und eine sichtbare, ausgehend von ihrem inneren und äußeren Konflikt. Subtext deutet auf eine unbewegte, zur Bewegung bereite Figur. Sie besitzt einen inneren, in ihr lauernden Konflikt, bevor sie Drehbuchseiten füllt. Das Drehbuch macht ihn sichtbar, als Drama einer Figur. Ohne Subtext bewegt sie sich nicht, wird es ihr nicht gelingen, Konflikte mit anderen auszutragen. Es klingt ein wenig hintersinnig, man muss aber keine Spur Angst vor dem Gedanken haben. Er lässt sich einfach und spielerisch ausdrücken: Eine Figur handelt, weil sie einen Grund dazu hat!

Drehbuchautoren benutzen ein zweisaitiges Instrument, mit dem sie ihre Figur samt Konflikt auf Tauglichkeit prüfen: Sie unterstellen ihr einen falschen *Wunsch* und zwingen sie auf diese Weise, ihre *Not* zu entdecken. Bevor sie ihren Laptop aufklappen, ist ihre Figur ein stummes, angespanntes Wesen: Sie ist unglücklich oder euphorisch, pedantisch oder verschwenderisch, versteckt sich vor der Welt oder trägt sie vor sich her, prahlt mit ihr... In jedem Fall bekommt sie ernste Probleme, wenn es so weiter geht: Sie sitzt, sich brüstend mit ihrem Wunsch, auf einer gebogenen Feder, die sie zielsicher ins Drehbuch katapultiert. Dort strandet sie mit ihren heftigen Wünschen, wird gezwungen etwas anderes für sich zu entdecken: ihre Not. Noch ist sie ihr Geheimnis. Aber nicht mehr lange. Bis sie ihre Not begriffen hat, noch maßloser oder bescheidener ist, oder (was am besten ist) etwas völlig Neues für sich findet, sitzt ihr Autor auf einer Insel und schaut ihrem aufgeregten Treiben zu. Er entwickelt, bevor er zu schreiben beginnt, eine Vorstellung von *Wunsch* und *Not* seiner Figur. Um festzustellen, dass sie zu überraschenden Lösungen kommen möchte. Eben noch hat er seiner Krankenhausärztin den sympathischen schwarzen Mitarbeiter einer Reinigungsfirma ans Herz gelegt. Was will sie plötzlich von dem alkoholisierten Chefarzt?

Figuren sind nicht davon abzubringen, ihre Not zu erkennen und durchzusetzen. Wer das Glück hat, die DVD von Shakespeare in Love in Händen zu halten, sollte sich die Drehbuchvariante der Schlussszene anschauen. »Will« (William) Shakespeare, eben noch verliebt in Lady Viola, wird von seinem Theaterdirektor mit einer trockenen Nachricht über den Verlust seiner vornehmen Geliebten informiert. Die Königin erteilt ihrem Dichter, zum Trost, einen neuen Stückauftrag. Wills Wunsch war es, ein großer Dramatiker zu sein: Sein Wunsch wird ihm erfüllt! Mehr aber auch nicht. Wäre das Wunsch-Ende das gültige, hätten sich einige Zuschauer schlecht gelaunt auf dem Boden ihres leeren Popcornbechers wiedergefunden, und einige der sieben Oscars wären wohl an die Konkurrenz gegangen. Denn es fehlt ihm etwas: Die selbstbewusste Lösung von Figuren, die ihre Not begreifen: Eine Liebe, die stärker als Abschied und trockene Stückaufträge wiegt. Sie findet sich in einem anderen Ende. Es ist das Ende, das wir kennen: Will steht mit seiner Angebeteten (nicht dem Theaterdirektor) im Globe Theater. Sie wird ihn verlassen, mit ihrem Edelmann per Schiff zu einem fernen Kontinent aufbrechen. Gleichzeitig geschieht etwas Hilflos-Magisches, sie flüstert ihm seine Not ein: bei ihr zu bleiben, obwohl sie voneinander getrennt werden. Sie erfindet die Geschichte einer jungen Schönen (sie selbst), die Schiffbruch erleidet, auf eine Insel gespült wird und ihren Geliebten (Will) trifft. »Wie geht's weiter?« fragt Will unruhig. »Ich weiß es nicht«, sagt Viola. Nur eines wissen beide: Sie sind gemeint, in ihrer Not, mit einer Liebe, die sie alle fremden Wünsche überleben lassen wird. Will wird Viola in WAS IHR WOLLT zur Heldin machen, dem Theaterstück, das sie ihm, als eine Vision, zum Abschied schenkt. Sie handelt von Wills Not, dem Glück der Dichtung, das sich im Leben behauptet, in ihm spiegelt. Und es überflügelt. Gerade noch rechtzeitig hat er sie seinen Autoren, Marc Norman und Tom Stoppard, mitgeteilt (die wahrscheinlich ziemlich erleichtert darüber waren).

Begabte Drehbuchautoren, mit einem etwas blässlichen, schüchternen Drehbuch in Händen, sollten hellhörig sein, wenn andere ihre Figur befummeln, anpusten und für untauglich erklären, ihr eine Gewinnwarnung aussprechen. Aber noch mehr, wenn sie ihnen den Rat verweigern, ihre Figur nach ihrer Not zu fragen. Und ihnen stattdessen ein paar scheinbar verlässliche Instrumente empfehlen, sie zum Toben zu bringen.

In seinem STORY-Kapitel über *Funktion von Struktur und Figur* bewegt sich Robert McKee mit mathematischer Genauigkeit ins Abseits einer guten, wechselvollen Drehbuchgeschichte: »Die Funktion der Figur besteht darin, die Charakterisierungseigenschaften in die Story zu bringen, die für überzeugendes Handeln infolge von Entscheidungen notwendig sind.« Das Faszinierende an dem Satz ist, dass er an eine starre mathematische Formel erinnert und bei Drehbuchautoren zu spontanem Atemstillstand führt. Eine Figur muss »glaubwürdig sein: jung genug oder alt genug, stark oder schwach, weltgewandt oder naiv, gebildet oder unwissend, großzügig oder selbstsüchtig, geistreich oder schwerfällig, und zwar im richtigen Verhältnis.« McKee fordert die komplexe, ausgewogene Figur und übersieht, dass sie im wirklichen

Leben so selten ist wie der Bundespräsident oder die Königin von England, wobei die beiden sicher beweglicher sind als jede Figur, die sich der amerikanische Strukturpapst ausdenkt. Sein Kapitel schließt mit der seltsamen Gewissheit, dass eine Figur »in ihrer Tiefe nur durch Storydesign Ausdruck« findet. »Angemessenheit« ist der Schlüssel: »Die relative Komplexität von Figuren muss dem Genre angepasst sein.«: Action = Einfache Figur, Erziehungsplot = Komplexe Figur. McKee organisiert sein Story-Design in dialektischem Fieber, und vergisst zwei wichtige Charaktere, die sie stärker als jeder schlaue Dramaturg prägen: den Autor und seine Figur.

Linda Seger (DAS GEHEIMNIS GUTER DREHBÜCHER) gönnt der Figur immerhin ein wenig mehr Atemluft, verbannt ihr privates Drama aber in die Nebenhandlung, da sie in der Haupthandlung vor allem mit einem beschäftigt ist: zu handeln. In der Nebenhandlung hat die Figur Gelegenheit, »den Duft der Blumen zu riechen, sich zu verlieben, sich an einem Hobby zu erfreuen, etwas Neues zu lernen«. Die Nebenhandlung gibt dem »Drehbuch mehr Tiefe«, zugleich gehen, warnt sie, »viele Drehbuchprobleme auf das Konto von Nebenhandlungen«. Nebenhandlungen dienen der Figur und erscheinen als lästige Pflicht des Autors. In VON DER FIGUR ZUM CHARAKTER erkennt Seger weder Wunsch noch Not einer Figur. Konflikt ist gleichbedeutend mit oberflächlicher Handlung. Er wird nicht verinnerlicht, wird nicht einer Figur, sondern von vorneherein mehreren Figuren zugeordnet: »Konflikte entstehen aus den Kontrasten zwischen den Figuren.« Anziehung zwischen zwei Figuren (wenn die Liebe lockt) erkennt sie gar in einem konkurrierenden Verhältnis dazu. Konflikt ist, wenn zwei miteinander streiten: ein ziemlich naives Verständnis der Triebfeder einer Geschichte!

Beide, Robert McKee und Linda Seger (und mit ihnen viele andere Drehbuch-Analytiker), übersehen den geheimen Grund der dramatischen Bewegung: Die Krise des Autors und das Drama seiner Figur, ihren inneren und äußeren Konflikt, ihren Wunsch und ihre Not. Für die Genese des Stoffs, von der Idee zum Drehbuch, ist die »Nebenhandlung« das Kerngeschäft. Eine Figur hält ihren Konflikt lange Zeit zurück, belässt ihn bei sich und ihrem Autor. Dieser überwindet, bevor er zu schreiben beginnt, aber auch währenddessen, Distanz zu seiner Figur, indem er sie mit sich vergleicht (Vorgeschichte) und einen einsamen Dialog (Attribute) mit ihr beginnt: sie adoptiert und erst später an zweiten, dritten Figuren misst. In der vitalen griechischen Theaterpraxis blieben Helden auf dem Jahrmarkt der Mythen auf sich gestellt, spiegelten mit ihren Innenwelten Schicksalsfragen, oder, im Ton der Zeit ausgedrückt, den Gott, der ihr Drama lenkt, sie stützt und straft; gegen den sie sich auflehnen, dem sie sich unterwerfen - und von dem sie sich mitunter befreien. Gott ist ein fehlbarer, begabter Steuermann, scheint es. Er manövriert seinen Helden auf einen riskanten Schlingerkurs. Man darf ihn einen halben Gott nennen, angemessener wäre ein anderer Titel: Drehbuchautor.

Er setzt auf seine Figur, schottet sie ab. Orientiert sie an der einen Frage, die ihn selbst lenkt. Irgendwann spürt seine Figur ihren Konflikt, möchte Hans in EIN FREUND VON MIR, ein ausgebrannter *High Potential*, der alles hat und nichts mehr ersehnt, aus seinem verglasten Hochhausgefängnis heraus. Drehbuchautoren verrücken ihre Figur an einen falschen Ort, halten sie dort zurück. Sie bohren weiter in die Tiefe, suchen nach einer Möglichkeit, ihren stummen Konflikt sinnlich zu machen und in ein Drama zu übersetzen. Aristoteles hat den Code des Helden erahnt. Charaktere sind für ihn angemessen, ähnlich und gleichmäßig, aber ein Merkmal fehlt noch, es ist das »erste und wichtigste«, wie er weiß: Eine Person soll »tüchtig« sein und ihr »Charakter ist tüchtig, wenn ihre Neigungen tüchtig sind. Dies ist bei jeder Art von Menschen möglich. Denn auch eine Frau kann tüchtig sein und ebenso ein Sklave.« Damit hat er eine kleine Revolution verkündet. Und die wahren Helden, Frauen und Sklaven, in ihr Drama befreit. Tüchtige Neigungen sind eine schöne Umschreibung für den inneren Antrieb einer Figur. Er reicht für drei Akte und noch einige mehr, wenn es sein muss.

Eine Figur neigt zur Tüchtigkeit, wenn sie von ihrem Autor mit einem starken Wunsch ausgestattet wird. Die Unterscheidung von Wunsch und Not einer Figur, ihrem »Want« und ihrem »Need«, ist das Stück Seife, mit dem Drehbuchautoren (nicht nur von mir befragte) ihre Figur abreiben, bevor sie in die Arena steigt. Ihre Figur ist tüchtig, versessen darauf, ihren Konflikt zu lösen. Sie hat einen fordernden Charakter. Aber sie ist unfertig. Es fehlt ihr Einsicht, sie löst ihre Probleme an der falschen Stelle, hat noch nicht ihre Not erkannt. Aristoteles lässt den monströsen, irrenden Charakter zu. Weil er dem Autor am nächsten ist, wie er dazu neigt, (übermäßig) tüchtig zu sein, einem falschen Wunsch anzuhängen, den »Umschlag ins Unglück erlebt«, »wegen eines Fehlers«, den er macht. Damit erntet ein Charakter Sympathien. Aber auch der monströse Dichter, zum Beispiel Euripides, bei seinem (nachgeborenen) Vordenker: »Bei den dramatischen Wettkämpfen erweisen sich derartige Tragödien als die tragischsten.« Sie sind einfach, nicht »zwiefach«, langweilen nicht mit komplexen, schattenhaften Charakteren, gestählt und erledigt mit Zutaten aus Bestellkatalogen. Der einfache Charakter geht munter auf sein Ziel los (Wunsch), um zielsicher daran vorbeizuschrammen (Not).

Die Vorstellung von Wunsch und Not einer Figur ist ein nützliches Bindeglied zwischen ihrem inneren und äußeren Konflikt, ihrem Drama und einer zwingenden Handlung. Sie hilft Drehbuchautoren, ihre Figur zu verstehen. Und gleichzeitig rückt sie ihnen ihre Figur noch ein Stück näher, als sie es bereits mit

Attributen und ihrer Vorgeschichte ist. Was als Dialog begann, zwischen Autor und Figur, als ein erstes unverbindliches Geschäftsgespräch, wird zu einem intensiven, unberechenbaren Schlagabtausch. Eine Figur bedankt sich auf unverschämte Weise für das Vertrauen: indem sie ihren Wunsch zur Chefsache macht und sich um weitere Wünsche des Autors wenig kümmert. Damit beginnt etwas sehr Schönes, Lähmendes und Rauschhaftes zugleich für den armen Drehbuchautor: der Befreiungskampf seiner Figur. Seit den lustvollen Theatertagen des Euripides hält sie ihn mit ihrer Not in Atem.

Am Ende wird sie bei ihren Zuschauern glänzend dastehen, unwiderstehlich sein, trotz aller Fehler, die sie begangen hat.

Matthias Pacht, ein junger Berliner Drehbuchautor, hat gerade eine Blutsverwandtschaft seiner Helden entdeckt: Es eint sie ihr ehrgeiziger Wunsch, es allen Recht zu machen, sie irren auf besonders sympathische Weise, scheint es. Was aber tun, wenn eine Figur frühzeitig an einem Publikum ausgerichtet wird, auf Wunsch von Redakteuren beispielsweise? Darauf gibt es eine einfache Antwort für Drehbuchautoren: Wünsche laut zu verkünden, und sich nicht um die Nöte anderer zu scheren. Matthias Pacht hat seine ersten wechselvollen Berufserfahrungen gerade hinter sich. Mit glücklichem Ausgang: Dank dem Vertrauen seiner Fernsehfilmredaktion ist es ihm gelungen, bei seiner Geschichte, seinen jugendlichen Figuren, ihren starken Konflikten, Wünschen und Nöten bleiben zu dürfen, wie ich inzwischen erfahren habe. An dem Tag, als wir uns trafen, sah es für ihn, seinem Empfinden nach, anders aus.

Es lässt sich alles lösen

Im Gespräch mit…

Matthias Pacht

Eine typische Pacht-Geschichte: Ein Manager wird arbeitslos und entdeckt plötzlich, dass er eine Familie hat. Er kümmert sich um sie, renoviert die Villa und richtet überall Schaden an. In der Mitte von Bumm!, einem zur Verfilmung anstehenden Drehbuchprojekt, beginnt die Geschichte von neuem. Die Komödie verwandelt sich unversehens in ein hartes, pulsierendes Drama. Von Figuren, die einander vertraut sind und fremd werden. In ihre Innenwelt verstrickt sind. Und in eine tiefe, gemeinsame Krise schlittern.

Matthias Pacht ist ein bedeutender junger Komödienautor, der erstaunlicherweise noch gar nicht so viel davon weiß. Oder doch? Er wurde für den *Studentenoscar* nominiert, hat renommierte Drehbuchpreise gewonnen. Und ist noch immer ein Autor auf dem Sprung, der einen Fuß schon in der Luft hat und den Abgrund unter sich erblickt, scheint es. Er zögert. Horcht noch einen Moment in sich hinein. Redet mit großer Wärme, leiser Ungeduld, versteckter Ironie. Und einigen Zweifeln.

Begabung schützt nicht vor Krisen. Sie fördert sie. Ist auf sie angewiesen. Pacht hat einen Traum: Er möchte ein professioneller Drehbuchautor sein. Krisen und Ängste aushalten, managen. Seine Kreativität in Bahnen lenken. Das Problem ist nur: Ohnmacht ist die Triebfeder der Autoren. Sie lassen sich kräftig von ihr durchschütteln, brauchen sie zum Triumphieren. Sie sind Katastrophenstrategen.

In seinem Stoff tummeln sich Figuren, die erdrückt werden, von ihrer Verantwortung, ihrem weiten Herzen, ihrer Traurigkeit. Sie brechen aus, werden zu ungebetenen Menschenrettern. Davon handeln alle seine Komödien und Dramen. Von tapfer streitenden Windmühlenhelden. Und natürlich insgeheim von ihm selbst: Matthias Pacht.

WOHNUNG AM PRENZLAUER BERG   INNEN/TAG

Die Wohnung einer Freundin, an einem kühlen Hochsommertag. Mitte Juli. Draußen nieselt es. Er ist pünktlich auf die Minute. Sein Tag war wechselhaft…

HERRMANN   Wo kommst du gerade her, Matthias?

PACHT   Aus München, von einer Treatment-Besprechung. In der Geschichte geht es um drei Jungs: wie ein Unfall ihre Freundschaft verändert… Einer der drei landet im Rollstuhl, verzweifelt an seinem Leben. Meine Hauptfigur fühlt sich schuldig und verantwortlich für ihn. Er wünscht sich, dass der Freund seine Lebensfreude zurückgewinnt, und macht ihm ein Angebot: »Ich setze mich mit dir drei Wochen lang in den Rollstuhl, werde dir beweisen, dass man darin Spaß haben kann.« Das ist der Pitch, da beginnt der zweite Akt… und alles andere wird jetzt zu kompliziert. Eine Komödie: die Gratwanderung zwischen einem traurigen Thema und dem Versuch, es leicht zu erzählen. Keine Geschichte über Rollstuhlfahrer, eher über Lebenskrisen und wie man damit umgeht.

HERRMANN   Wie verlief das Gespräch?

PACHT   *denkt nach…* Nicht so gut, wie ich finde. Die Geschichte ist älter, stammt aus der Zeit, als ich die Filmschule beendet habe. Ich bekam damals einen Exposé-Auftrag, meinen ersten überhaupt. Die Produktionsfirma hat den Entwurf herumgereicht, keiner wollte ihn haben. Als ein befreundeter Regisseur Interesse am Stoff äußerte, änderte sich die Situation. Die Kombination stimmte…

HERRMANN   Und jetzt bist du enttäuscht.

PACHT   Ich bin zu blauäugig hineingegangen. Wusste vorher nicht, für welchen Sendeplatz die Geschichte gedacht ist,

Primetime oder einen Spättermin? Wir haben mit der Redaktion eine Stunde übers Treatment diskutiert, bis der überraschende Satz fiel: »Ihr müsst überlegen, ob eure Geschichte für 20.15 Uhr geeignet ist?« Warum wurden wir nicht vorher damit konfrontiert? Ich hätte mich anders vorbereitet. Aber vielleicht ist es normal so. Eine Herausforderung...

HERRMANN   Wie beeinflusst der Sendeplatz die Arbeit an deiner Geschichte?

PACHT   Es ist ein Innehalten. Frustrierend, weil wir vorher ein gutes Gefühl hatten, dachten, wir könnten zusammen weitergehen. Die anderen beiden, Regisseur und Produzent, haben die Hände überm Kopf zusammengeschlagen, für mich war es nicht so schlimm. Ich habe gesagt: »Ich werde die gleiche Geschichte erzählen, muss eben einiges verändern.« Es ist ein jugendlicher Stoff, ein klassischer Erstlingsstoff. Inzwischen sind wir aber keine »Debütanten« mehr. Und die in sich abgeschlossene Jugendwelt scheint für ältere Zuschauer schwierig zu sein. Für mich gibt es zwei Möglichkeiten, das Problem zu lösen: Eine »gewalttätige« Variante wäre, nicht die drei jungen Freunde, sondern eine reifere Figur ins Zentrum der Geschichte zu rücken. Mit der die Zuschauer sich identifizieren, aus deren Augen sie die Geschichte erleben werden. Es gibt einen Sozialdienstleiter, eine recherchierte Figur. Sie arbeitet in der Reha-Klinik, steht für die medizinische und soziale Seite, mit einem realen Vorbild: Ein Angestellter aus der Unfallklinik, mit dem ich lange gesprochen habe. Mitte 50, Vollbart, ein Bayer, der die Hemdsärmel hochkrempelt... und ein guter Typ. Aber ist er primetime-tauglich? Wahrscheinlich wäre eine junge Frau besser, Anfang bis Mitte 30... Typ Natalia Wörner?

HERRMANN   Was ist die mildere Lösungsvariante?

PACHT   An den Figuren der drei jungen Freunde zu arbeiten. Im Treatment sind sie jugendliche Tagträumer, die sich weigern, erwachsen zu werden. Man könnte aus ihnen drei mittelalte Typen vom Tennisclub machen. Wenn sie älter sind, verändert sich die Geschichte, erhält eine andere Temperatur. Jemand, der mehr im Leben steht, geht anders mit Konflikten um. Der Stoff wird dennoch erhalten bleiben: dem besten Freund Lebensmut einhauchen, eine Geschichte über Freundschaft. Es ist ein klassischer Topos: Es gibt den Jähzornigen, der sich nicht im Griff hat, den Unreifen, Verträumten und den Zweifler, der die Querschnittlähmung erleidet. Als er im Rollstuhl sitzt, verliebt er sich in eine andere Rollstuhlfahrerin, traut sich aber nicht, es sich und seinen Freunden einzugestehen. Er überholt sie insgeheim in seiner Entwicklung, ohne dass sie es bemerken… Das ist ein dramaturgischer Kunstgriff. Eventuell werde ich gezwungen, einige allzu radikale Plotpunkte zu entschärfen, manches funktioniert vielleicht für die Primetime nicht. Darüber haben wir leider nicht mehr sprechen können.

HERRMANN   Es bleibt ein Rest von Verunsicherung?

PACHT   Schon.

Stille.

HERRMANN   Was ist das Besondere, Unverwechselbare der Freundschaft?

PACHT   Die Hauptfigur und mein Antagonist, der im Rollstuhl landet, sind beste Freunde. Nach einem Streit der beiden steigt der Antagonist wütend auf sein Motorrad, hat den Unfall. Meine Hauptfigur fühlt sich schuldig. Wegen des Streits, aber auch, weil er ein Verhältnis mit der Freundin des

Antagonisten hat. Sie wollte, dass sie endlich mit der Wahrheit herausrücken, aber er hat es ein halbes Jahr hinausgezögert. Und jetzt liegt sein Freund, den er betrogen hat, im Krankenhaus.

HERRMANN   Eine intensive Konstellation. Wie bist du Drehbuchautor geworden?

PACHT   Ich habe eine Zeitlang in Hamburger Bands gespielt, war dann, mit Mitte 20, orientierungslos. Nach einem Werbepraktikum bin ich zu *Jung von Matt*, einer großen Hamburger Werbeagentur, gekommen, wurde zum ersten Mal mit dem Schreibprozess konfrontiert: Du erhältst eine Aufgabe, musst sie kreativ erfüllen. »Gelenkte Kreativität«, im Sinne von: »Bis morgen muss eine Idee zu einem speziellen Thema da sein«. Ich habe zehn Ideen, alle schlecht, entwickle sofort zehn weitere. In einem Team unter Zeitdruck arbeiten: Davon habe ich fürs Drehbuchschreiben profitiert. Nicht, was Figuren, Dialoge betrifft, sondern konzeptionell – und ein Drehbuch ist in erster Linie eine konzeptionelle Leistung. Es geht um Struktur! Gerade wenn ich figurenorientiert schreibe, muss ich mir der Struktur sicher sein. Ein Drehbuch ist, wie Werbung, anwenderorientiert. Sein Ziel ist es, verfilmt zu werden, wird es das nicht, ist es wertlos. Entwickeln heißt bearbeiten, bearbeiten, bearbeiten, und das Bessere ist des Guten Feind!

HERRMANN   Macht Schreiben glücklich?

PACHT   *sofort … * Nein…

Stille.

PACHT   Bei dem Begriff »Drehbuchschreiben« wird der Anteil des »Schreibens« überbewertet: Die wenigste Zeit schreibe ich. Ich mache mir Notizen, beschrifte Karteikarten. Suche nach meinen sechs bis acht Schlüsselszenen, ohne die ich nicht durchkomme. Ich beginne kein Treatment, wenn ich nicht genau weiß, wie der Schluss sein soll. Im Übrigen kann ich nicht besonders gut schreiben, ich verfüge über keine herausragenden sprachlichen Qualitäten. Ich könnte keinen Roman schreiben. Meine größte Begabung ist es konstruktiv zu sein. Ein Drehbuch ist vielleicht ein hochspezialisierter Text, aber keine literarische Form. Ich habe in dieser Hinsicht lange Zeit Komplexe gehabt, werde die jetzt langsam los. Drehbuch ist genau das Richtige für mich. Da reicht es, wenn ich Regieanweisungen schreibe: »Karl geht über die Straße, ein Auto kommt von links.« Vielleicht ist ein gewisses dialogisches Verständnis von Nutzen, mehr aber auch nicht.

HERRMANN Kaum ein Autor deines Alters hat so viele Preise gewonnen. Woran erkenne ich ein Drehbuch von dir?

Erste Figur PACHT Nicht so sehr an der Geschichte, vielleicht an den Figuren? … *denkt nach…* Schwere Frage, ich entwickle mich noch. Ich probiere aus, entwickle auch Stoffe, die man vielleicht nicht mit mir in Verbindung bringt. Ich möchte mich ungern auf ein bestimmtes Genre festlegen.

HERRMANN Hat dich jemand zu deinem Beruf ermuntert?

PACHT Überhaupt nicht. Meine Eltern haben mir weder Geschichten erzählt noch haben sie selbst welche gelesen. Mein Vater ist Angestellter bei der Bundeswehr, meine Mutter Hausfrau. Irgendwann habe ich die Bibliothek bei uns im Dorf entdeckt, die Dorfbücherei, dort habe ich viele Stunden verbracht. In meiner Zeit bei der Werbeagentur, erst spät also, habe ich mein eigenes Talent entdeckt: unter Druck kreativ zu sein.

HERRMANN   Wie sieht der Ort aus, an dem du schreibst?

PACHT   Seit ich mit Drehbüchern zu tun habe, bin ich ordentlich geworden. Penetrant ordentlich! Früher hatte ich einen Schreibtisch, jetzt arbeite ich an meinem Esstisch, gehe morgens hin, stelle meinen Wecker in Position, baue meinen Laptop auf und fange an zu arbeiten, in der Regel zwischen neun und zehn morgens. Ich arbeite sechs Stunden, manchmal sieben, wenn es gut läuft. Abends räume ich alles wieder weg. Als wäre nichts gewesen…

HERRMANN   Wie entscheidest du dich für einen Stoff?

PACHT   Wenn ich einen Auftrag habe, vorher nicht. Ich möchte ein professioneller Drehbuchautor sein. Meine erste Arbeitsphase nenne ich: »Man müsste mal…« Ich erzähle Ideen, warte auf das Signal eines Produzenten. Eine Idee zum Beispiel ist TAG DER ARBEIT, ein Krimi, der am Mai-Feiertag spielt, in Berlin-Kreuzberg. In der ehemaligen Hausbesetzerszene, der Generation der heute 40- bis 45jährigen. Eine andere Idee, über die ich gerade mit einem Regisseur spreche, handelt vom Flugzeugabsturz überm Bodensee, bei dem im Sommer 2003 hunderte von Kindern ums Leben gekommen sind. Die Idee kreist um die beiden Männer: den Lotsen, der verantwortlich gemacht wurde, und den Vater eines der Kinder, der ihn später ermordet hat. Sie haben sich vorher noch auf der Terrasse des Lotsen unterhalten, bei ihm zu Hause. Der Vater war nach dem Unglück sofort hingeflogen, hatte die Trümmer durchsucht. Er hatte die Leiche seiner Tochter gefunden, nahezu unversehrt. Oder meine Idee, eine Geschichte über zwei Trickbetrüger zu machen. Man müsste es sehr gut recherchieren, mit authentischen, verblüffenden Tricks… Der Stoff passt zu unserer Zeit: Wer denkt nicht daran, sich irgendwie durchzumogeln?

HERRMANN   Schreibst du deine Ideen auf?

PACHT   Noch nicht. Ich warte auf den Auftrag: Ein Signal, zu schreiben. Mit dem Vorteil, dass die Idee mit Produzenten, Redakteuren abgestimmt werden kann.

HERRMANN   Benutzt du Drehbuchschulen?

Klimax der Figur

PACHT   Nein. Was ich allerdings zur Überprüfung verwende, ist die Theorie der *acht Sequenzen*, die uns an der Filmakademie in Ludwigsburg vermittelt wurde: zwei Sequenzen im ersten Akt, vier im zweiten, zwei im dritten. Für den dritten Akt sind sie sehr hilfreich, weil ich an ihnen erkenne, dass es am Ende einen weiteren wichtigen Wendepunkt geben muss, sonst wirkt er zu linear.

HERRMANN   Hast du einmal darüber nachgedacht, was deine Geschichten insgesamt verbindet?

Wunsch und Not der Figur

PACHT   *denkt nach...* Mich interessieren Figuren, die eine verdrehte Vorstellung von sich selbst haben...Und aus dieser verdrehten Vorstellung heraus tun sie das Falsche. Anstatt einfach einmal zu sich selbst zu stehen, im Zweifel ihren Lebenskampf aufzugeben. Es sind Figuren mit einem komischen Drang, funktionieren zu wollen. Figuren, die sich aus Vorstellungen, wie sie zu leben oder zu sein haben, befreien müssen, sei es, dass sie diese Vorstellungen selbst generieren, oder ihre Umwelt sie generiert. Es kommt öfters vor, ich weiß allerdings nicht, ob es eine Tendenz ist, sich fortsetzt?

HERRMANN   Eine spannende Ausgangssituation für deine Figuren!

PACHT   Sie hat mit den Stichworten Not, dem, was eine Figur in einer Geschichte für sich herausfinden muss, was sie braucht, und Wunsch, dem, was sie unbedingt will, zu tun. Ich verwende die beiden Begriffe um eine Figur und den Plot zu entwickeln. Es geht mir sehr um das Prinzip »Character is Action«: Eine Figur reift zu einem Charakter, wenn sie gezwungen wird, sich zu entscheiden und zu handeln. Und wie sich die Figur in einer Situation entscheidet, hat mit dem Konflikt von Wunsch und Not zu tun. Er ist für mich beim Schreiben essentiell. Bei MEIN BRUDER, DER VAMPIR, meinem ersten Drehbuch, ist Mike meine Lieblingsfigur. Er ist der älteste von drei Geschwistern, will ein starker Kerl sein, der es seiner Freundin besorgt. Ersetzt seinem kleinen, behinderten Bruder den Vater, erzieht die Schwester. Das ist sein Wunsch. Seine Not ist es einzugestehen: »Ich habe Angst, ich weiß auch nicht, wie's geht. Wer nimmt mich eigentlich in den Arm?«

HERRMANN   Erlebst du Krisen beim Schreiben?

PACHT   Sehr häufig beim Szenenschreiben. Wenn eine Szene nicht funktioniert, mir der Twist nicht einfällt. Das ist weniger schlimm, denn es ist ja nur eine einzelne Szene, nicht die ganze Geschichte, die in Frage gestellt wird. Beim Treatmentschreiben werde ich mitunter von Krisen gegen Ende geschüttelt: wenn nichts aufgeht. Und Panikattacken überkommen mich, wenn ich meine Geschichte einem Regisseur oder Produzenten überreiche. Darum beneide ich erfahrene Autoren. Wie sie mit Ängsten und Krisen umgehen. Sie wissen aus Erfahrung, dass sie aufhören, sich auflösen.

HERRMANN   Und deine Glücksmomente?

PACHT   Eine Welt zu erfinden, in sie einzutauchen. Sechs bis acht Wochen lang nichts anderes zu tun. Es gibt nur den Schreibtisch und meinen Computer. Ich erlebe Dinge, die ich nirgendwo anders erleben kann. Bin mit mir und meinen Figuren im Reinen: Mein Leben ist eine Szene, ist Dramaturgie, Rhythmus und drei Akte. Ich glaube inzwischen an

Dramatische Person

Teamarbeit, schreibe gerne auch mit einem Koautor. Wir setzen uns früh gegenseitig der Kritik des anderen aus, schreiben nicht schneller als alleine, aber vielleicht: »schneller besser!«

HERRMANN Was ist dein Traum für die Zukunft, wo willst du in 20 Jahren sein?

PACHT Nach meinem Plan müsste ich ca. 25 Drehbücher geschrieben haben. Aber wie soll das gehen, woher soll ich Ideen für zwanzig Drehbücher nehmen? Realistisch sehe ich mich in zwanzig Jahren…

HERRMANN …auf einer Insel?

PACHT Es muss keine Insel sein. Ein Traum wäre im Sommer auf dem Land zu leben, im Winter in Berlin. Sein Auskommen haben, Aufträge, die Spaß machen, Krisensituationen besser bewältigen… *Lange Pause…* Und natürlich die Finca auf Mallorca.

Stoff für vier Szenen HERRMANN Ich möchte dir abschließend vier Situationen anbieten. Und du denkst dir eine Szene dazu aus. Die erste Situation ist eine Mülldeponie. Mittwochnachmittag, Vögel kreisen. Ein Laster kriecht eine Auffahrt hoch.

PACHT Der Klassiker: Die Klappe geht auf, Müll rauscht heraus, eine Leiche liegt darin.

HERRMANN Eine Frau steht vor einem Spiegel, in einem gekachelten Badezimmer. Sie hat eine Perücke auf, blickt in den Spiegel.

PACHT Sie schlägt mit der Faust in den Spiegel.

HERRMANN Eine Großstadtkreuzung morgens um vier Uhr, kein Mensch ist zu sehen.

138

PACHT   Hier fällt mir eine Filmszene ein: Aus PUNCH DRUNK
LOVE. Ein Klavier steht auf der Straße, ein Auto rast heran,
zertrümmert das Klavier und rast weg. Oder überschlägt es
sich? Egal.

HERRMANN   Ein Vergnügungspark, Sonntagmittag. Die
Sonne brennt herunter, es ist brechend voll.

PACHT   Es ist überfüllt, sehr heiß... irgendwo hinten gibt es einen Tumult. Jemand rennt um sein Leben, boxt sich durch die
Leute, vorbei an den Kindern mit ihren Luftballons und an
der Kamera.

MATTHIAS PACHT

Geboren 1968 in Karlsruhe, lebt heute in Berlin. Studium der Musikwissenschaften in Hamburg. 1997-2002 Drehbuchstudium und Diplom an der Filmakademie Baden-Württemberg. Zahlreiche Auszeichnungen, u.a. Baden-Württembergischer Drehbuchpreis, Max-Ophüls Preis, Fipresci Preis.

Filmauswahl:

EINER BLEIBT SITZEN
Drehbuch in Entwicklung

FREUNDSCHAFT, LIEBE, TOD
Drehbuch in Entwicklung

STÖRTEBECKER!
Drehbuch in Entwicklung

BUMM!
Drehbuch in Entwicklung, Co-Autor: Alexander Buresch

SEPTEMBER – Episode: HELDEN (2003)

DER RATTENKÖNIG (2002)

MEIN BRUDER DER VAMPIR (2001)

SCHÄFCHEN ZÄHLEN (1999)
Coautor: Sven Taddicken

Drehbuch und Regie zu sechs Kurzfilmen an der Filmakademie Baden Württemberg (1997-2002)

In der Mitte des Stoffs

Es gibt einen wachen Alptraum der Drehbuchautoren: Der Stillstand ihrer Figur im zweiten Akt. Eine Figur erlischt, pulverisiert sich zu Staub, ihr Autor starrt ins Nichts seiner Geschichte. In der Drehbuch-Ratgeberliteratur wird die Blockade der Kreativen tapfer ausgeschwiegen, es gibt offenbar kein Rezept dagegen, also lohnt es nicht, näher darauf einzugehen.

Dabei beweisen sich Drehbuchgeschichten in ihrer Mitte. Wenn das Drama innehält, und Figuren einen langen Augenblick den Boden unter den Füßen zu verlieren scheinen. Dazu gibt es einen Anlass: Die Fabel, das Skelett einer Handlung, wird offensichtlich, die Figur rückt an ihre Stelle, mit ihrer Substanz - ihrem Konflikt und falschen Wunsch, den sie verfolgt. Entweder sie ist stark genug, ihre Not zu erkennen und den Plot zu überleben, sein schweigsamer Rettengel, oder sie ist mit Wutgeheul verschwunden, verloren gegangen im Gestrüpp der Ereignisse.

Die Mitte eines Drehbuchs ist sein geheimer Spannungspunkt. Drehbuchautoren nehmen sie ernst, ahnend, dass sie in der Mitte ihres Stoffs, in der Tiefe ihrer Krise angekommen sind. Denn ihre Figur ist gerade dabei, ein *Sit-In* abzuhalten. Sie geht in den Untergrund, um, nachdem sie die Mitte überstanden hat, mit etwas Wichtigem wieder aufzutauchen: der Ahnung ihrer Not und der Gewissheit, sie lösen zu wollen. In der Mitte des Drehbuchs ist sie von scheinbar sicheren Haltegriffen weit entfernt, Plotpoints an den Grenzen der Akte, auslösendem Ereignis und obligatorischer Szene, Katastrophen, Showdowns. Was tut die Figur? Das einzig Richtige: Nichts. Sie wartet einfach ab.

Die schönste Mitte-Szene (*Midpoint-Scene*), die ich kenne, findet in BADLANDS von Terrence Malick, dem Begründer des *New Hollywood*, statt. Dort steht ein blutjunges, marodierendes

Liebespaar auf einem Feld, albern fast, zwei unschuldige Kinder. Sie entdecken ein paar Feldsteine, werfen sie sich zu, sind seltsam ausgelassen. Hinterlassen eine Spur der Gewalt, und sind zugleich bei sich selbst angekommen, tun etwas sehr Unscheinbares, kaum Lesbares: Sie spielen miteinander. Malick, als Autor von BADLANDS, tritt zum ersten Mal hinter seine Figuren zurück. Er ist dabei, die Mitte-Szene zu schreiben, oder besser: Seine Figuren schreiben sie für ihn, er muss nur den Mut haben, es zuzulassen. In der Mitte eines Drehbuchs, das im Entstehen begriffen ist, findet ein friedlicher Machtwechsel statt, eine stille Übernahme der Regierungsgeschäfte, von Autor zu Figur: Die beiden Helden in BADLANDS entdecken insgeheim ihre Not: ihre Unschuld, von der sie sich mit ihren Mordtaten vergeblich entfernt haben. Sie finden auf eigentümliche Weise zueinander, bieten dem Autor eine feine Szene an, mit der sie ihn darauf aufmerksam machen. Spiegeln seinen großen dramatischen Stoff, von Natur und Unschuld, Zivilisation und Gewalt, ihrem Kreislauf, und dem unerbittlichen Gesetz, dem er folgt. Terrence Malick und seine Helden sind in der Mitte ihrer Reise angelangt. Vielleicht wurde der Autor, als er seine Mitte-Szene 1971 schrieb, an einen fernen Sonntagnachmittag, einen Tag in seiner Kindheit, erinnert, wer weiß.

Das Anhalten der Geschichte, in ihrer Mitte, ist mehr als eine Geduldsprobe, es ist notwendig. Investitionen, die getätigt wurden, in die Vorgeschichte der Figur, ihre Attribute, ihren Konflikt und ihren starken Wunsch (in Abgrenzung zu ihrer Not), kommen gedanklich zu einem Abschluss. In der Überzeichnung des Begriffs Investition liegt seine Wahrheit. *Setzen* und *Lösen*, »planting« und »pay-off«, sind spiegelbildlich jenseits der Mitte des Drehbuchs angesiedelt. Autoren haben auf ihre Figur gesetzt, ihr Vertrauen geschenkt, den Vorschuss großzügig ausgezahlt. Sie ahnen, wenn sie das erste Bild des Drehbuchs schreiben, spätere Schlüsselszenen ihrer Figur, schreiben sie vielleicht schon aus. Aber zu diesem frühen Zeitpunkt sind sie nicht mehr als Rettungswesten, die vor dem Start aus der Decke herab gelassen werden, ohne in Einsatz zu kommen. Vielleicht werden ihre Figuren sie überstreifen, aber bis dahin ist es weit. In der Drehbuchpraxis beschäftigen sich Autoren bis zur Mitte des Drehbuchs damit zu setzen, erst danach werden sie den Ertrag abschöpfen, das Gesetzte lösen. Oder genauer: von ihrem Dialogpartner lösen lassen, ihrer Figur. Eine Vorstellung, die das Verständnis der Mitte stützt, ist der Wechsel von einem – annähernd verstandenen – inneren zu einem äußeren Konflikt. »Die Figur muss aktiv sein!« ist ein Dramaturgensatz, der den handlungsstarken Gang der Ereignisse einfordert, mit dem Helden im Zentrum, ab der Mitte des Drehbuchs.

Drehbücher scheitern an verbrauchten Ereignissen, Plotpoint I und II, verkaufen ihre Figuren ungefragt an ein Genre. Aber kein Drehbuch geht an seiner Mitte zugrunde. Die Garantie mit Rückzahlungsrecht wird an dieser Stelle ausgesprochen. Die Mitte ist das Handlungselement einer Geschichte, das keines ist. Was sie sympathisch macht! Drehbuchstrategen gerät die Beschreibung der genauen Mitte fast so lange wie die Mitte selbst. Linda Seger zum Beispiel ist glücklich, wenn sie überhaupt eine entdeckt, und lässt sich zu einem kühnen Beipackzettel ermuntern: Ihre *Midpoint Scene* teilt das Drehbuch in zwei Teile, der »zentrale Punkt teilt auch den zweiten Akt, indem er den ersten Teil des zweiten Akts in eine bestimmte Richtung weist und eine Richtungsänderung für die zweite Hälfte des Akts bewirkt, wobei er die mit dem ersten Wendepunkt (Plot Point am Ende des ersten Akts, Anm. Herrmann) festgelegte Gesamtperspektive für den zweiten Akt beibehält.«

Der Satz ist verschränkt und schmeckt nach einem Schleudertrauma der Figur, die in ihn gerät. Einfach und unangefochten hat bis heute Aristoteles die Mitte verstanden: »Ein Ganzes ist, was Anfang, Mitte und Ende hat.« Darin ist eine subversive Erkenntnis versteckt. Anfang und Ende alleine sind unerträglich, sie brauchen die Mitte um genießbar zu sein! Drehbuchschulen verschweigen sie rigoros, abgesehen von Heldenreisenden, Vogler, Schlesinger und Partner. Sie nehmen sie in ihr Kreismodell auf und markieren damit den dunkelsten Moment der Krise, die größte Entfernung des Helden zum Aufbruchsort seiner Reise. Strukturalisten wie Robert McKee genügt ein viel versprechender Anfang und ein knatterndes Ende. Die Mitte findet nicht statt. Sie wirkt bedrohlich, bereitet Autoren schlaflose Nächte, statt sie davon zu erlösen, also wird sie kurzerhand verschwiegen. Das Geheimnis der Mitte ist: Sie kann ohne Anfang und Ende auskommen, ruht in sich. Und ist, mit Aristoteles, etwas, »was sowohl selbst auf etwas anderes folgt als auch etwas anderes nach sich zieht«, kein oberflächliches Bindeglied also, sondern ein luftiges Stück, das von Dramaturgen übersehen wird, solange sie für ein Ende den Anfang suchen und die Weisheit verkünden, dass der Anfang direkt vorm Ende kommt. Nur zwei freundliche Zeitgenossen sind auf die Mitte angewiesen, scheint es, können es kaum erwarten, zu ihr zu gelangen, um dort munter auf der Stelle zu treten: Ein Drehbuchautor und seine ungehorsame Figur, die ihm in der Mitte heftig widerspricht, sich von ihm und seinen falschen Wünschen befreit.

Begabte Drehbuchautoren haben gelernt, die Mitte ihres Drehbuchs auszuhalten. Während der Herzschlag ihrer Figur aussetzt, atmen sie besonnen weiter. Denn die Mitte des Drehbuchs bedeutet: Sie sind auf dem tiefen Grund ihres Stoffs angekommen. Der scheinbare Stillstand ihrer Figur spiegelt auf mysteriöse Weise eine Ohnmacht, die sie selbst einmal empfunden haben. Als das Drama ihr Leben war und nicht ihrer Figur gehörte. Mit einer Schreibblockade hat die bewegungslose Mitte nichts zu tun, sondern mit etwas anderem, wenig Besorgnis erregenden: Einer Figur, die von jetzt an selbständig atmen und agieren möchte.

Caroline Link ist unbeirrt darin, ihren Stoff in den Schwingen eines Drehbuchs zu entdecken, und verhindert nüchtern, dass sie von anderen gestutzt werden. Sie nimmt nicht nur fremde Figuren, sondern eine fremde Geschichte, den erfolgreichen Roman zum Beispiel. Und bewegt sich in seine Bildhaftigkeit hinein. In regungslosen, verharrenden Stimmungen entdeckt sie ihre Figuren, in der Nähe zu sich selbst.

Im Strom meiner Geschichte

Im Gespräch mit…

Caroline Link

Sie kann den Augenblick der Inspiration benennen, redet gerne
von Momenten, Konstellationen. Sie überraschen und überfallen
sie nicht. Sie denkt sie sich aus. Schreiben ist für sie ein ausdau-
erndes, seelenvolles Stück Kopfarbeit.

Caroline Link erzählt raumgreifend. Wäre sie Fußballerin,
würde man sagen: Sie braucht das ganze Spielfeld für ihre Kunst.
Eine laute, temperamentvolle Strategin, die Energien aufsaugt
und ihrer Mannschaft zurückgibt (zu der längst ein Kind und Dominik Graf, der Regisseur, ihr Lebenspartner, gehören).

Am liebsten nimmt sie einen Roman und zitiert sich selbst
darin. Für NIRGENDWO IN AFRIKA hat sie auf diese Weise den *Oscar*
gewonnen. Mit einer Dramaturgie der feinen, nachhaltigen, stim-
mungsvollen Umwege, die eine klare Richtung haben und die,
wie wir erfahren werden, sie zu ihrem Stoff führen. Darin geht es
um die Haltbarkeit von Gefühlen, dem Wachsen und Scheitern
aneinander, nicht in Minuten, Stunden, sondern Jahren gemes-
sen.

Eine Autorin, die ihre Figuren in warmen, versteckten Bildern wiederfindet, und das starke Zentrum einer Geschichte an
ihren Rändern entdeckt: Wenn das gewöhnliche Drama endet,
beginnt ihr Film.

An diesem Sommermorgen, im Café Atlas in München, dau-
ert das Gespräch eine energiegeladene Stunde. Es gibt zahlreiche
Tempowechsel ihrerseits: ein lustvoller Auftritt, bei dem sie nichts
zu fürchten und keine Zeit zu verlieren hat.

CAFÉ ATLAS, MÜNCHEN   INNEN/TAG

Die Regisseurin ist in Bewegung. Das Kind ist versorgt, es ist die kostbare Zeit am Morgen.
Sie ist munter und gut gelaunt, bestellt sich ein großes Frühstück. Nimmt sich Zeit dafür. Isst
ruhig, spricht konzentriert, hellwach.

HERRMANN   Begegnen ihnen Geschichten?

LINK   So funktioniert es nicht bei mir. Ich denke über Konstel-   *Stoff*
lationen nach. Bei JENSEITS DER STILLE habe ich aus mir heraus
überlegt, was für eine Geschichte ich gerne machen würde.
Ich war mit der Filmhochschule fertig, stand vor dem Nichts,
ohne ein einziges Angebot. Das Nichts war eine große Freiheit! Ich hatte die Idee, eine Geschichte über einen Vater-
Tochter-Konflikt zu erzählen: eine sehr innige Beziehung. Es
sollte um Kommunikation, das Ablösen von einem starken,
protektiven Elternhaus gehen. Die Geschichte hatte mit mir
zu tun. Das Thema »Gehörlosigkeit« entdeckte ich in einer
Zeitungsnotiz. Es diente dazu, meinen Konflikt zu dramati-
sieren. Bei PÜNKTCHEN UND ANTON habe ich nur versucht,
Kästner zu dienen, indem ich seine Geschichte etwas moder-
ner erzählt habe. Mit meiner Kindheit, meinen Vorstellungen
hat es weniger zu tun. Und bei NIRGENDWO IN AFRIKA über-
legte ich mir, was mich an der Lebensgeschichte einer wild-
fremden Frau fasziniert. Was hat die Figur mit mir zu tun? Ich
wollte in dem fremden Stoff, dem Roman von Stefanie
Zweig, mein Eigenes finden. Einen neuen Blick auf die Figur
werfen, auf Ehe und Familie.

HERRMANN   Was ist das Eigene in NIRGENDWO IN AFRIKA?

LINK   Die Geschichte einer Liebe, die nicht mit dem ersten
Kuss endet, wie im Kino üblich: eine romantische erste
Begegnung... das Paar kommt zusammen... Abspann. Ich

habe mich stattdessen gefragt: Warum bleiben zwei Menschen zusammen? Was machen zehn, zwanzig Jahre Ehe mit einer Liebe? Was ist die Liebe, die man füreinander empfindet? Hat sie etwas mit Konventionen zu tun, der Welt, in der man sich eingenistet hat? Jettel und Walter in NIRGENDWO IN AFRIKA wussten sich dort, wo sie herkamen, zu schätzen: Ein »erfolgreicher« Anwalt, eine »repräsentative« Frau. In Afrika aber bedeutet »repräsentativ«, »erfolgreich« nichts. Empfindet man immer noch Liebe für den Menschen, oder muss man den neu entdecken? Was hält sie zusammen?

HERRMANN   Mit dieser Frage haben Sie den autobiographisch gefärbten Roman verlassen.

LINK   Ich war nicht interessiert daran, dass meine Geschichte dem authentischen Hintergrund des Romans entspricht. Journalisten haben mich gefragt, ob ich mich intensiv mit Stefanie Zweig, der Autorin, ausgetauscht habe. Um zu erfahren, wie es für sie gewesen ist. Ich habe sie nur ein- oder zweimal getroffen. Sie hat mir alle Freiheiten gegeben und verstanden, dass ich dem Stoff meinen persönlichen Stempel aufdrücken muss.

Konflikt   HERRMANN   Wie persönlich sind Sie geworden?

LINK   Ich habe die Figur von Süßkind verändert. Er ist der Mann auf der Nachbarsfarm: Ich habe ihn zu einem möglichen Partner für Jettel gemacht. Er bietet ihr an, bei ihm zu bleiben. Unter den neuen Bedingungen passt er scheinbar besser zu ihr. So hat Jettel die Option, sich von Walter zu trennen. Sie kann entscheiden, ob sie ihre Liebe mit Walter noch will, oder in Kenia bleibt, bei Süßkind, jenseits von Konventionen.

HERRMANN   Der Roman erzählt die Entwicklungsgeschichte des Kindes, während Sie sich auf Jettel und Walter, die Geschichte des Paars, konzentrieren. Damit emanzipieren Sie sich von ihrem Ruf, eine Autorin von Kindergeschichten zu sein.

LINK   Bei meinen ersten drei Filmen standen kleine Mädchen im Zentrum. Sie wussten besser als Erwachsene, worauf es ankommt. Mich haben lange – bis heute – Kindheitsgeschichten interessiert. Aber was ich dazu zu erzählen habe, ist erzählt. Bei meinem nächsten Projekt wird keine Kinderfigur vorkommen. Umso älter ich werde, desto mehr habe ich das Bedürfnis, mit erwachsenen Figuren zu erzählen. Kindheit und Jugend sind mir nicht mehr so nahe.

HERRMANN   Hatten Sie eine glückliche Kindheit?

LINK   Würde ich schon sagen, ja. Ich habe ein sehr enges Verhältnis zu meinen Eltern, eine große Liebe. Wir haben sehr gestritten. Leute, die Konflikte nicht mögen, halten es mit mir nicht aus. Meine Eltern haben sich in JENSEITS DER STILLE wieder entdeckt. In vielen Situationen kommt meine Familie vor, auch wenn es in unserer Familie keine Gehörlosigkeit gibt.

Vorgeschichte

HERRMANN   Müssen Kinder ihre Eltern besiegen, um glücklich zu sein?

LINK   *denkt lange nach…* Das hängt davon ab, wie sehr sich Kinder eingesperrt fühlen. Bei mir war es so, dass sich meine Eltern ergänzt haben. Mein Vater hat gesagt: »Geh raus!« Nicht im Sinne von »Hau ab!«, sondern im Sinne von »Sieh dir die Welt an.« Er war Koch, Kellner und Gastronom. Als Jugendlicher war er im Ausland, hat, obwohl er die Sprache nicht konnte, in verschiedenen Hotels gearbeitet. Es war die schönste Zeit in seinem Leben, und er hat mich immer ermutigt, es auch so zu machen. Meine Mutter ist eine liebe, warmherzige Frau. Sie haben mir keine Vorschriften gemacht. Beide haben mich ermutigt, einen eigenen Weg zu gehen.

HERRMANN   Was ist Ihre erste Filmgeschichte?

LINK   SOMMERTAGE: Ein Au-pair-Mädchen verliebt sich in den
15jährigen Sohn der Familie. Wenn ich heute den Film sehe,
ist mir das Tempo fast unangenehm. Die Kamera gleitet in
großer Langsamkeit über den schwedischen See und dazu leise Klaviermusik. Eine sehr ruhige Geschichte, die immerhin
mit meinen späteren einiges zu tun hat.

HERRMANN   Was?

LINK   Familie, Kindheit, eine gewisse Melancholie, aber auch
Fröhlichkeit.

Wunsch der Autorin   HERRMANN   Müssen Ihre Geschichten gut ausgehen?

LINK   *denkt nach...* Ich bin ein Fan vom *Happy End*, halte mich
für einen relativ optimistischen Menschen. Ich liebe es, Zuschauer mit einem positiven Gefühl aus dem Kino zu entlassen. Es muss immer Hoffnung geben.

HERRMANN   Haben Sie den Eindruck, Sie verraten Ihre Figuren sonst?

LINK   *denkt nach...* Vielleicht, aber mein Weg ist nicht der einzige. Es gibt starke Geschichten, die mit Distanz auf ihre Figuren schauen. Nicht jeder erzählt so wie ich. Meine
Qualität, mein versöhnlicher Ton, ist in den Augen anderer
vielleicht eine Schwäche.

Not der Autorin   HERRMANN   Werden Sie, wenn Sie mit ihrer nächsten Geschichte die Welt der Kinder verlassen, Ihrem Ton treu bleiben?

LINK   Dominik, mein Lebensgefährte, ermutigt mich, auch
meine dunklen Seiten zu zeigen. Ich bin ja kein versöhnlicher, lieber Mensch! Bei JENSEITS DER STILLE ist mir der
Tonfall inzwischen ein wenig zu mild. Ich glaube, ich kann

tiefer gehen, schmerzhaftere Momente zeigen. Dennoch glaube ich, dass meine Geschichten hoffnungsvoll ausgehen werden.

HERRMANN   Was sind Ihre dunklen Seiten?

LINK   Aggressionen... Ich bin in der Arbeit eine Einzelgängerin, will am liebsten alles alleine machen. Schotte mich ab, bin manchmal nachdenklich und traurig. Für mich ist das ein schöner Moment! Ich bin am kreativsten, kann am besten nachdenken, wenn ich melancholisch bin.

HERRMANN   Suchen Sie Einsamkeit beim Schreiben?

LINK   Für meine Drehbücher bin ich weggefahren, habe eine Einsamkeit, die fast wehtut, gesucht. Bei NIRGENDWO IN AFRIKA war ich auf einer Farm in Kenia, mit Menschen, die mir fremd waren. Ich habe ein Zimmer gemietet, am Drehbuch gearbeitet. Oder der Herbst, Winter auf einer abgelegenen Nordseeinsel: Das zwingt mich zum Nachdenken. Traurigkeit oder eine bestimmte Musik inspirieren mich wesentlich mehr als eine Situation, in der es mir gut geht.

HERRMANN   Was sind Ihre ersten Schritte beim Schreiben?

LINK   Die schönsten! Ich überlege »Momente«. Keinen Handlungsverlauf, nur Szenen. Dramaturgen wollen mir das ausreden. Aber für mich sind sie das Wichtigste bei meinen Geschichten: einzelne Momente, die mich überraschen, berühren, bewegen. Starke Szenen, die ich nicht vergesse.

HERRMANN   Was sind Ihre größten Schreib-Momente?   *Emanzipierte Figur*

LINK   Wenn ich mir etwas Kleines vorstelle. Es gibt am Schreibtisch Momente, wo ich bei einem Dialogsatz, einer Begegnung der Figuren, eine Gänsehaut bekomme. Manchmal kommt der Satz erst in einer späteren Szene vor, ich kann es dann kaum erwarten, dorthin zu gelangen.

HERRMANN   Haben Sie eine Gänsehaut-Strategie, mit der Sie ihre Momente erzeugen?

LINK   Ich gehe anfangs sehr viel spazieren, muss immer in Bewegung sein. Halte es am Schreibtisch nicht aus, wandere in der Wohnung herum, hänge Wäsche auf, geh zum Kühlschrank...

Im Café wird ein langsames Musikstück gespielt.

LINK   Am liebsten bin ich draußen, fahre Fahrrad, sitze im Zug, schaue aus dem Fenster. Das funktioniert! Oder ich fahre Auto, höre Musik, die mich inspiriert. Gerade arbeite ich an einem amerikanischen Drehbuch. Ich fahre herum, ziellos, und es fallen mir meine »Momente« ein! Ich genieße es, bin erfüllt davon und in einer kreativen Stimmung. Abends, vorm Einschlafen, weiß ich dann genau, was eine Figur sagen muss.

HERRMANN   Etwas Konkretes?

LINK   *nachdenklich...* Schwer zu beschreiben, es gibt keine Sätze dafür... *zögert ...* Meine Figuren müssen mir persönlich etwas geben...

HERRMANN   Ihnen vertraut sein? Ihnen gehören?

LINK   Naja, ich muss mich eben in den Figuren, ihrer Art, die Welt zu sehen, irgendwie wiederfinden. Das kann schon eine Grundkonstellation von einem anderen Autor sein, aber ich muss die Geschichte dann bearbeiten, sie zu meiner machen. Der Blick auf die Liebe, die Erotik, die Trauer, ein Lebensgefühl muss von mir selbst geprägt sein, sonst kann ich es den Schauspielern nicht erklären, wüsste nicht, was ich ihnen sagen soll. Mein Freund, Dominik Graf, ist da ganz anders, er kann fremde Stoffe interpretieren. Ich will das gar nicht. Kann es auch nicht wirklich.

HERRMANN   Haben Sie mehrere Geschichten im Kopf?

LINK   Im Moment nur diese eine!

HERRMANN   Was ist das Besondere an ihr?

LINK   Es ist eine Geschichte über eine Familie, die dabei ist zu zerbrechen. Ein erwachsener Sohn hat sich das Leben genommen. Es geht um den Sinn des Daseins. Warum machen wir überhaupt weiter? Der Originalroman stammt von einem amerikanischen Autor, aber ich habe mich in vielen Details seiner Beobachtung wiedergefunden, und er lässt mir, ähnlich wie Stefanie Zweig bei Nirgendwo in Afrika, wieder alle Freiheiten. Das weiß ich sehr zu schätzen. Eigentlich ist die Geschichte selbst, also der pure Handlungsverlauf, beinahe nebensächlich. Wesentlich sind die Figuren und ihre Beziehungen zueinander. Es ist schwer, so eine Art Kammerspiel von einem Roman auf das Medium Film zu übertragen, aber es reizt mich sehr.

HERRMANN   Was ist wichtiger: Plot oder Figuren?

Wunsch und Not der Figuren

LINK   Figuren! Und Konstellationen und Momente. Dann natürlich die Entwicklung der Figuren, das treibt mich an.

HERRMANN   Was ist Ihre Lieblingsszene in Nirgendwo in Afrika?

LINK   Wenn Jettel und Walter nebeneinander hergehen und sie sich darüber unterhalten, was passiert wäre, wenn sie nicht geheiratet hätten, was dann aus ihrem Leben geworden wäre. Und er sagt: »Ich will dich aber. Was redest du denn da?« Es wird deutlich, dass er sie immer lieben wird und einfach da ist. Und sie weiß überhaupt nicht, wo sie hingehört – das mochte ich immer sehr gerne. Später, nachdem die Eltern im KZ umgekommen sind, und sie nur noch sich und ihre Tochter haben, sagt er: »Alles, was ich liebe, liegt in diesem Bett«.

Klimax der Figuren

Wenn jemand sagt, dass das Kitsch ist, denke ich: »Ja, für dich, aber für mich nicht.« Da bin ich mir sehr sicher.

HERRMANN   Bewahren Konflikte Figuren vor Kitsch?

LINK   Meine Liebenden streiten ununterbrochen. Das hat mit mir zu tun: In meiner Beziehung kracht es ständig, und trotzdem würde ich sagen, dass wir uns sehr lieben, Dominik und ich. Wenn vor allem Männer bei NIRGENDWO IN AFRIKA von den Streitereien genervt sind, denke ich: Nicht alle Menschen streiten sich offenbar so gerne, wie ich mich streite.

HERRMANN   In ihrer Geschichte gibt es den Gedanken von dem Land, in dem man aufwächst: Es ist immer noch da, wenn man es verlässt. Deshalb kann man es nicht vergessen. Kann man einen Menschen vergessen?

LINK   Ja, natürlich kann man irgendwelche Menschen vergessen. Leider vergessen wir sehr schnell, fürchte ich… *überlegt…* Der Tod ist zwar eindringlich, aber ich kann nicht sagen, dass Menschen, die mir einmal sehr nahe standen und über deren Tod ich geweint habe, dass ich sie…*denkt nach…* Es gibt unterschiedlich starke Erinnerungen. Manche Menschen sind erstaunlich präsent. Und es gibt welche, bei denen Erinnerung verblasst.

HERRMANN   Kann eine Liebe aufhören?

LINK   Da bin ich unsentimental. Ich habe gerade eine Woche Ferien auf einem Bauernhof mit meiner kleinen Tochter gemacht. Und da spielte ein kleines Mädchen, von der ich dachte, dass sie da wohnt. Ich fragte mich, wo ihre Eltern waren. Sie lebte mit ihrer Oma auf dem Bauernhof. Die Mutter war an Brustkrebs gestorben. Und der Vater hat danach das Weite gesucht. Er hat eine andere Frau, die keine Kinder will, geheiratet. Ich habe es kapiert, als wir auf dem Friedhof waren, bei einer kleinen Kapelle. Da stand ein Kreuz von der

Mutter, mit einem Bild von dem Mädchen, für ihre Mutter. Unvorstellbar...

HERRMANN   Eine mögliche Caroline-Link-Geschichte?

LINK   Dazu fehlt etwas. Dass ein Kind seine Mutter verliert, könnte eine unglaublich banale RTL-Abendgeschichte werden: »Mami, ich vermisse dich!«. Bei JENSEITS DER STILLE las ich irgendwann, dass das Mädchen aus der Gehörlosigkeit seiner Eltern Nutzen schlägt. Indem sie falsch übersetzt! Zuerst dachte ich: »Oh Gott, die Arme! Ihre Eltern sind taub, was für ein Schicksal!« Aber dann begriff ich, dass das für das Mädchen praktisch sein kann. Sie kann manipulieren! Die Geschichte hat auch eine humorvolle Seite, das ist ganz wichtig. Der Gedanke hat mich zu meiner Geschichte angestoßen.

Stille.

HERRMANN   Haben Sie Krisen beim Schreiben?

Mitte des Drehbuchs

LINK   Nach dem ersten Brainstorming bastele ich mir eine Art Fahrplan, eine Outline. Bis dahin macht es mir Spaß. Aber irgendwann stelle ich fest: So funktioniert es nicht. Es ist langweilig, hängt in der Mitte durch. Meistens hängen meine Geschichten in der Mitte! Ab da wird es mühsam. Ich muss konstruieren, bauen... bringe Dramaturgie zum Einsatz: »Und an dieser Stelle muss etwas passieren, damit etwas passiert...« Anstrengend!

HERRMANN   Die Krise in der Mitte...

LINK   *nachdenklich*... Ja, das ist oft so. Ich habe immer den auslösenden Moment für meine Geschichte. Und weiß, wohin sie gehen soll. Bei NIRGENDWO IN AFRIKA: Am Anfang gehen sie nach Afrika, am Ende kehren sie nach Deutschland zurück. Bei JENSEITS DER STILLE: Das Mädchen geht am Ende weg von zu Hause, wird Musikerin. Die Anfänge und Enden sind stark und deutlich. Aber wie meine Figuren da hinkommen, das ist die große Frage! Ich vertraue Nebensträngen und Umwegen. Und ich bin überzeugt, dass ich es machen darf! Dramaturgen, Produzenten sagen: »Jede einzelne Szene muss dem Hauptkonflikt dienen.« Für mich ist das nicht so. Ich bewahre ein Fax von Bernd Eichinger, dem Chef der *Constantin*, auf. Darin hat er hinter ein paar meiner Lieblingsszenen von NIRGENDWO IN AFRIKA »Bringt nix!« geschrieben. Zum Beispiel, als Regina, inzwischen ein Teenager, mit Jogona unterm Baum liegt. Und sie darüber reden, ob sie die Bluse ausziehen soll oder nicht, damit sie sich nicht mit einer Mango schmutzig macht. Ich wollte, dass diese Szene »passiert«: Eine neue Ebene zwischen Regina und dem Jungen, wenn sie Teenager sind. Sie hat etwas mit Erotik zu tun, aber auch nicht wirklich. Das sind typische Szenen, die für den Verlauf nichts bringen, aber trotzdem wichtig sind: Kleine Mosaiksteinchen, die die Atmosphäre des Gesamten prägen. Meine Geschichten setzen sich daraus zusammen. Nur daraus!... *schaut auf die Uhr...* Ich muss gleich gehen, schon halb zwölf!

Stoff für vier Szenen

HERRMANN   Ich möchte Ihnen zum Abschluss vier szenische Situationen vorstellen. Und Sie sagen mir, was Ihnen dazu einfällt?

LINK   Machen wir es einfach!

HERRMANN   Sonntag früh, vier Uhr. Eine Großstadtkreuzung, kein Mensch ist zu sehen...

LINK   ...Ein einzelner Mann geht zu einer Telefonzelle, ruft jemanden an. Er meint, er darf anrufen, bekommt zu hören: »Weißt du, wie viel Uhr es ist?« Die Sehnsucht des Mannes, der aus einer Kneipe kommt. Zu reden... *lacht...* Vielleicht mit seiner Tochter.

HERRMANN   Ein Vergnügungspark, Sonntagmittag. Es ist brechend voll. Die Sonne brennt auf die Menschen herab.

LINK   Da fallen mir zuerst Fernsehbilder ein: Hässliche Komparsen, mit bunten Klamotten... *denkt nach...* Ein missglückter Ausflug, ein geschiedenes Paar und ihr Kind. Sie wollten ihm eine Freude machen. Und das Kind ist unglücklich, die Eltern schwitzen, sind gestresst, fangen wieder einen Streit an. Das Kind hat Geschenke um den Hals gehängt bekommen, hat eine Tüte in der Hand, mit einem Mickey-Maus-T-Shirt, einen Ball... und einen Luftballon.

HERRMANN   Ein Badezimmer, gekachelt. Eine Frau schaut in den Spiegel, sie hat eine Perücke auf, ist allein.

LINK   *denkt nach...* Perücke... Entweder eine Prostituierte oder eine Frau mit Krebs. Ich entscheide mich für die Geschichte der Prostituierten. Kein Drama also! Sie überlegt, hinter welcher Haarfarbe, Frisur sie sich verstecken kann? Eine jungenhafte Frau mit kurzen Haaren, sehr sportlich. Sie zieht sich eine lange blonde Perücke auf, um für ihre Kunden attraktiver zu sein.

HERRMANN   Das letzte ist...

LINK   ...Stress!

HERRMANN   Eine Müllhalde. Ein Mülllaster fährt die Auffahrt zu einer Mülldeponie hoch. Mittwochnachmittag, vier Uhr.

LINK   Gestern habe ich im *Weltspiegel* einen Bericht über Müllkinder in Litauen gesehen. Die sich gegenseitig ihr kleines Hab und Gut klauen... Ich würde die Geschichte von drei Kindern erzählen. Sie leben auf der Müllhalde und müssen aufpassen, dass sie nicht aufgegabelt oder zugeschüttet werden.

CAROLINE LINK

Geboren 1964 in Bad Nauheim, lebt in München. Regiestudium an der Münchner HFF, 1988 Co-Regie der Dokumentation DAS GLÜCK ZUM ANFASSEN, über die enttäuschende Begegnung eines Fans mit seinem Sänger-Idol Jürgen Drews. Drehbücher für die TV-Serie FAHNDER, Regie der Kinderserie EMMERAN. Kinodebüt 1996 mit JENSEITS DER STILLE (Deutscher und Bayerischer Filmpreis) über die Welt der Gehörlosen, die Link bei einem Schüleraustausch in den USA kennen gelernt hatte. Der Überraschungserfolg zieht über eine Million Zuschauer, wie auch ihr Erich-Kästner-Remake PÜNKTCHEN UND ANTON (1999) und die Stefanie-Zweig-Verfilmung NIRGENDWO IN AFRIKA über eine vor den Nazis auf eine kenianische Farm emigrierte jüdische Familie (2001). Oscar als bester nicht-englischsprachiger Film und Deutsche Filmpreise in vier Kategorien).

Filmauswahl:

NIRGENDWO IN AFRIKA (2001)
Drehbuch, Regie

PÜNKTCHEN UND ANTON (1998/1999)
Drehbuch, Regie

JENSEITS DER STILLE (1995/1996)
Drehbuch, Regie

DER FAHNDER: TIM (1992)
Drehbuch

KALLE DER TRÄUMER (1992)
Regie, Drehbuch

SOMMERTAGE (1990)
Regie, Drehbuch

Die emanzipierte Figur

Wer die Krise in der Mitte seines Drehbuchs missachtet, löscht seine Figur aus, den Augenblick, in dem sie sich von ihrem Autor befreien möchte, auf sich selbst (und ihre Not) verweist. Sie reklamiert ein altes Recht für sich: selbstbewusst zu agieren und zu ihrem überraschenden, zwingenden Ende (Klimax), ein halbes Drehbuch-Leben später, zu gelangen, in unmittelbarer Nähe zum Stoff des Autors. Sie fordert jetzt sein Vertrauen, steht still, um später munter draufloszurennen. Mitunter kommt er dann gar nicht mehr hinter ihr her beim Schreiben, trifft alle Tasten gleichzeitig.

Wenn ein Drehbuchautor mit Bild 1, Außen/Winternacht beginnt, hat er bereits eine Ahnung von den Stationen einer Handlung. Aber erst wenn er Bild 106, Innen/Sommermorgen, über die Schluss-Szene schreibt, ist er in der Lage, den Gang der Ereignisse mit Rotstift zu markieren. Dazwischen findet etwas Sonderbares statt: Seine Figur befreit sich von ihm. Er hat unentwegt in sie investiert. In der Mitte seines Drehbuchs begreift er, mit wem er es zu tun hat. Sie ist eine *emanzipierte Figur*, hat ihre Not entdeckt und niemand, nicht einmal ihr Autor, kann sie aufhalten. Die Lösung, zu der eine Figur für sich kommt, wird seit der Antike als *Klimax*, was griechisch ist und »Leiter«, »Treppe« bedeutet, verstanden. Sie kommt zeitlich nach der Katastrophe, dem Handlungshöhepunkt. Die Klimax einer Figur macht ihre Not sichtbar. Sie gehört nur ihr, lässt sie groß und unverwechselbar erscheinen. Eine Katastrophe gleicht der anderen. Erst eine Figur mit ihrer Klimax bringt sie zum Glänzen, taucht sie in ein besonderes Licht. Und beweist die Tiefe eines Stoffs.

Drehbuchautoren führen einen aufregenden Dialog mit ihren Figuren. Sie schenken ihnen unendlich viel Vertrauen, um lustvoll von ihnen betrogen zu werden. Wahre Helden halten sich an keine Absprache. Seit den griechischen Theatertagen proben sie den Aufstand gegen ihre Erfinder, gehen eigene Wege, nachdem sie, pünktlich in der Mitte des Drehbuchs, ausgebrochen sind. »Viele (*Dichter, Anm. Hermann*) schürzen den Knoten vortrefflich und lösen ihn schlecht wieder auf«, sagt Aristoteles seinen Schülern, in seiner POETIK. Der Grund ist einfach, seit tausenden Jahren: Wenn ein Autor seine Figur vergisst, eine fertige Handlung an ihre Stelle rückt, ist er verloren. Wenn er sie ziehen lässt, ihr vertraut und zuschaut, werden ihm alle am Ende auf die Schulter klopfen.

Die Katastrophe wird in der Drehbuchliteratur, je nach Glaubenslehre, als Plotpoint II, Showdown oder obligatorische Szene beschrieben. Was schützt sie vor schneller Wiedererkennung, macht den dramatischen Handlungshöhepunkt unverwechselbar? Eine unsterbliche oder, falls nicht unsterblich, immerhin lebendige, authentische Figur. Die Katastrophe bleibt seelenlos, erstarrt als schales Zitat oft gesehener, langweiliger Enden, ohne eine Figur, die sie antreibt und lenkt: Sie erfüllt sie mit ihrem Drama. Das Drama einer Figur fordert eine weitere, tiefere Lösung, nach der Katastrophe: Dieses Ende ist die Klimax. Sie birgt den Grund des Autors für seine Geschichte, seinen Stoff, den er einer Figur anvertraut und der ihn tatsächlich ein Stück weit den Göttern nahe rückt. Warum misslingen erste Ideen in aktionsgeladenen Schluss-Szenen: weil kein Ende direkt auf den Anfang folgt, der Knoten einer Handlung in der Hand des Autors krampft, statt von einer emanzipierten Figur (in der weiten, sauerstoffreichen Mitte der Geschichte) gehalten zu werden.

Mit ihrer selbstbewussten Klimax belohnt eine Figur sich selbst (und ihren Autor): Sie steigt eine Sprosse hoch, kommt heldenhaft auf Beton auf oder thront erhaben auf einer Wolke. In jedem Fall hat sie etwas sehr eigenes geleistet, etwas Ungeheuerliches, das alle (ihr Autor eingeschlossen) so noch nicht gesehen haben: wie die beiden Helden in HEAT (1985) von Michael Mann, ein Gangster und ein Polizist, die sich als Höhepunkt (Klimax) die Hand reichen, auf einem Flughafen, in der Nacht.

Die Klimax einer Figur hat ihren Ursprung in der Mitte, dem Krisenzentrum des Drehbuchautors: Ich würde gerne Michael Mann fragen, wie er sich fühlte, als er zu seiner Mitte-Szene (nach einer Stunde, 24 Minuten, in einem 160 Minuten-Film) kam, der berühmten Begegnung seiner Helden in einer Coffeebar, dem zarten, feindseligen Zwiegespräch der beiden. Ohne den Schutz der Polizei- und Banden-Apparate, nur auf sich gestellt. Ich behaupte: Michael Mann war, bevor er sie schrieb, tief verzweifelt, glaubte, alles verloren zu haben, bis auf seinen Stoff und seine beiden Helden: »Warum wollt ihr mich verlassen?«, hat er geschrieen. Und sie haben ihn erstaunt angeguckt und geantwortet: »Beruhig dich, wir sitzen ja da und trinken Kaffee«. »Aber das ist doch gar nichts!«, hat er gesagt und sich einen Büschel Haare ausgerissen. »Wart ab und halt den Rand!«, haben sie ihm geantwortet.

In diesem Moment hat der Autor seinen Stoff in seine Geschichte befreit, und nicht etwa mit dem großen Shootout am Anfang und am Ende. Die Mitte-Szene handelt von zwei symbiotisch verschmelzenden Kontrahenten, einer echten Männerliebe eben. Sie überwinden ihr Genre, überstehen den finalen Kugelhagel und liefern sich eine erotische Sterbeszene auf dem Rollfeld. Der Stoff? Die eine Frage? Sie ist im Drama der Figuren enthalten, und keineswegs dem Genregerüst zu verdanken, das De Niro und Al Pacino und ihre Figuren mit Leben erfüllen.

Ausgangspunkt einer gelungenen Struktur des Drehbuchs, mag man es als »einfach« loben, »geheimnisvoll« oder »berührend«, ist die emanzipierte Figur. Sie wurde von Lajos Egri (DRAMATISCHES SCHREIBEN) aufgespürt, unter den leuchtenden Ankündigungen der Broadway-Theater, vor fünfzig Jahren: »Alles, was in Ihrem Stück geschieht, muss unmittelbar den Charakteren entspringen«, verkündet er angehenden Theaterautoren. Und schon Aristoteles nahm den Dichter, der seiner Figur Verantwortung für ihr Tun überträgt, in Schutz: »Die Handlung kann sich so vollziehen wie bei den alten Dichtern, d.h. mit Wissen und Einsicht des Handelnden, wie auch Euripides verfährt, wenn er Medea ihre Kinder töten lässt.« Das Ergebnis von Wissen und Einsicht ist die emanzipierte Figur. Sie belohnt ihren Autor mit einem zwingenden Plot: »Die Begrenzung der Ausdehnung ist nicht Sache der Kunst«, sagt Aristoteles, und: »Für die Begrenzung, die der Natur der Sache folgt, gilt, dass eine Handlung, was ihre Größe betrifft, desto schöner ist, je größer sie ist, vorausgesetzt, dass sie fasslich bleibt.« Einsicht der Figur, Größe der Handlung sind keine Forderung, aber eine Möglichkeit, für unzähmbare Dichter und ihr erwartungssüchtiges Publikum. Für die Genese des Stoffs bedeutet es: die Vorstellung einer selbständig agierenden Figur. Und für den Drehbuchautor: seiner Figur ihren Vorsprung zu gönnen. Er hat an sie geglaubt, sie hat ihm alles verraten. Jetzt hütet sie ihr letztes Geheimnis: Wie sie seine Plotpoints und Katastrophen übersteht, zu welchem Ende sie für sich kommt. Es beginnt in der Mitte des Drehbuchs. Wenn sie sich von ihrem Autor emanzipiert, ihren Höhepunkt sucht. Und die Sprosse einer unsichtbaren Leiter erklimmt, während unten, im trockenen Sinne des Erfinders, ein Ereignis auf das andere folgt.

Michael Hofmann, Drehbuchautor und Regisseur, hat seine Figuren in ihr Drama entlassen. Sie bewegen sich abseits verabredeter TV-Formate, fordern die Breite der Leinwand. Der Unterschied zwischen Kino und Fernsehen hat für ihn mit der Liebe zu seinen Figuren zu tun. Er lässt sie nicht von seiner Seite, verteidigt sie mit Zähnen und Klauen, wenn es sein muss. Seine Unbeirrbarkeit hat einen Grund: die Vorstellung von der emanzipierten Drehbuchfigur.

Die gewöhnliche Figur ist exotisch

Im Gespräch mit…

Michael Hofmann

Seine Heldinnen sind starke Frauenfiguren, seine Geschichten rücken sie ins Zentrum. Sie sind zart und selbstbewusst, spielen ihre Intelligenz aus, sind begehrenswert und offensiv, begnügen sich mit nichts. Verbergen auf geschickte Weise ihr Lebensrätsel.

Sie heißen Alice, Sophie und Eden: Entschiedene Frauenfiguren in drei Michael Hofmann-Geschichten. Er gilt als ein leichtfüßiger Autor, der seine Geschichten selbst inszeniert. Man darf ihm unterstellen, dass er ein Gespür für den richtigen Ton, ein angesagtes Sujet, hat. Aber jede seiner Geschichten entfacht ihren Sog über Figuren, die einen sanft hinabziehen und denen man sich – aus purer Neugierde schon – nicht widersetzen möchte. Wäre er vor vier Jahrzehnten Drehbuchautor gewesen, hätte er vielleicht für Romy Schneider geschrieben: getriebene, verletzende Dramen. Das Rüstzeug sind überraschende Einfälle, schicke Attribute, schwerelose Dialoge.

Sein Stoff handelt von einer überwältigenden Lebenssucht, kleinen Sinnkrisen und großen Abstürzen, die ihnen folgen.

Sinnkrisen können eine eigentümliche Leichtigkeit besitzen. Im besten Fall spannen sie ihre Flügel auf und schweben davon. Um in einer entrückten, verlorenen Geschichte von Michael Hofmann zu landen.

Drei Studenten, ein Autor. Das Semester ist fast zuende. Eine entspannte, unehrgeizige At-
mosphäre, vor den Monaten der Stille in der Hochschule. Die Fenster sind geöffnet. Ein paar
Wolken, die niemandem Angst machen, hängen über der Stadt.

HERRMANN Du hast einen sehr schönen Text über deinen
letzten Kinofilm SOPHIIIIE!, geschrieben: »SOPHIIIIE! erzählt
vom Hardcore-Erwachsenwerden einer jungen Frau in einer
einzigen Nacht. Sie führt ein unspektakuläres Großstadtleben
mit Freund, Wochenendpartys und ist schwanger. Sie hat
keine Ahnung von wem und muss zum ersten Mal in ihrem
Leben eine wesentliche Entscheidung treffen. Sie setzt eine
Nacht lang alles aufs Spiel. SOPHIIIIE! ist ein Film über einen
Augenaufschlag. Zu Beginn rast sie mit geschlossenen Augen
auf einem Motorrad erst über rote Ampeln, und, als sie dies
zu ihrer Überraschung überlebt, durch die ganze Nacht.
Pfeilgerade und mit der Wucht eines Steinschlags poltert
Sophie durch eine marode Nacht- und Männerwelt, immer
auf der verzweifelten Suche nach sich selbst. Als Sophie end-
lich weiß, was sie will und die rasende Achterbahnfahrt stop-
pen will, versagen die Bremsen, doch am nächsten Morgen
öffnet Sophie die Augen. Dieser Augenaufschlag ist der
Beginn eines neuen Lebens.« Du hast SOPHIIIIE! in wenigen
Wochen geschrieben, Michael. Wo stammt die Idee zu der
Geschichte her?

Vorgeschichte HOFMANN In den 80er Jahren habe ich eine Zeit lang mit einer Nordirin zusammengelebt. Wir haben uns eine Einzim-
merwohnung in Kreuzberg geteilt, für 60 Mark im Monat.
Das restliche Geld haben wir in Partys investiert. Einmal kam
meine Mitbewohnerin von einer Reise nach Irland zurück

und hatte zollfreien Gin mitgebracht. Vom Flughafen kommend, hat sie in einer Nacht den Gin ausgetrunken. Am nächsten Morgen ist sie in einem Park aufgewacht, konnte sich an nichts mehr erinnern. Sie ist zu Hause angekommen und hat bemerkt, dass sie mit jemandem in der Nacht geschlafen hatte, war entsetzt. Immerhin wurde sie nicht schwanger.

HERRMANN Warum hast du die Geschichte nicht schon in den 8oern geschrieben? Ist zeitliche Distanz eine Voraussetzung dafür?

HOFMANN Prinzipiell ist es beim Schreiben sinnvoll, mit eigenen Erlebnissen umzugehen. Und dazu muss man idealerweise ein erlebnisreiches Leben führen. Hält man sich hingegen im Elfenbeinturm der Filmbranche auf, kommen Geschichten mit Beziehungsproblemen heraus. Es ist das einzige, was man noch erlebt. Schriftstellerkarrieren beginnen nicht unbedingt mit zwanzig und der bewusst gesetzten Entscheidung. Sie werden anhand einer gewissen Summe von Erfahrungen ausgelöst.

HERRMANN Wann hast du zu schreiben begonnen?

HOFMANN Früh. Ich habe schon in der Schule einen kleinen Gedichtband herausgebracht. Später habe ich einen Freund in Wien an der Filmschule besucht und ein erstes Kurzfilmdrehbuch geschrieben: DIE HÄNGENDEN GÄRTEN. Ich habe es bei der Hamburger Filmförderung eingereicht. Es gab damals noch persönliche Vorstellungsgespräche. Eine Freundin in Frankfurt hatte eine Boutique, sie sagte, es wäre wichtig, was man anhabe, lieh mir ein sündhaft teures Armani-Jackett. Ich habe einen entsprechend guten Auftritt hingelegt und 10.000 Mark für die Finanzierung des Kurzfilms erhalten. So hat es angefangen…

HERRMANN   Worum ging es in der Geschichte?

HOFMANN   Habe ich verdrängt! Um eine Frau, die nach Hause kommt... *weiß nicht weiter...* sie liest Briefe, zerreißt sie... Peinlich! Danach kam KLEINE FISCHE, mein zweiter Kurzfilm, der lief schon auf einigen Festivals. Der Inhalt ist mir etwas präsenter. Es geht um ein junges Paar, das zusammenwohnt, sich trifft... *überlegt, kommt ins Stocken...* Ich weiß es nicht mehr, was daran liegt, dass ich Vergangenes abhake, nach vorne schaue.

HERRMANN   Wie viel Zeit vergeht von der Idee bis zum Drehbuch?

HOFMANN   Bei SOPHIIIIE! ging es sehr, sehr schnell! Ich habe das Drehbuch in einem Atemzug geschrieben, ohne weitere Fassungen. Von Fernsehredakteuren wurde ich aufgefordert, den ersten Akt umzuarbeiten, ihn ausführlicher zu gestalten, Figuren stärker zu exponieren, wie es wohl im Fernsehen üblich ist. Es hat mich zu Tode gelangweilt, ich habe es versucht, es hat mir nicht gefallen. Bei EDEN, meinem aktuellen Kinodrehbuch, ist es anders: Ich bin mit dem Stoff bereits seit 1999 unterwegs. Er kostet mich viel Zeit und Mühe, und ich bin sehr genau mit Kritik von außen umgegangen.

HERRMANN   Haben dich Autoren und Regisseure geprägt?

HOFMANN   Ich mag Lubitsch sehr, sehr gerne, frühe Billy-Wilder-Filme, Godard.

HERRMANN   Zu deinen Geschichten lässt du dich von authentischen Ereignissen aus deinem Alltag inspirieren. Hast du heute etwas erlebt?

HOFMANN   Ich komme gerade aus Kelkheim, im Taunus, von meinen Eltern. Bin mit dem Zug nach Frankfurt/Main gefahren. Man musste das Ticket im Zug kaufen, und auf dem

Weg zum Bahnhof habe ich festgestellt, dass ich kein Bargeld dabei habe. Die Zeit war knapp, meine Mutter konnte nicht aushelfen. Ich musste den Zug erreichen, um pünktlich hier zu sein, und riskierte eine Schwarzfahrt. Meine Mutter sah auf dem Bahnsteig eine Frau, die sie kannte. Sie war Contergan-geschädigt. Sie erfuhr von meinem Problem, bot mir an, als ihre Begleitperson umsonst mitzufahren! Sie durfte wegen ihrer Behinderung jemanden als Hilfe mitnehmen, sagte: »Fahren sie doch bis München mit!« …*lacht*… Sie war auf dem Weg zu ihrem Sohn. Eine spannende Begegnung.

HERRMANN   Was sind drehbuchtypische Merkmale dieser Begegnung?

Zweite, dritte Figur

HOFMANN   Der Druck, unter dem die eine Figur steht, ist interessant. Sie ist gezwungen, sich auf das Geschäft des Mitfahrens einzulassen. Zwei Figuren, die sich nicht kennen, nichts miteinander zu tun haben und eine Zeit zusammen verbringen, an einem Ort, von dem sie nicht weg können. Authentische Figuren. Die beiden wirken nicht ausgedacht, sind weder Architekt noch Radiomoderator, sondern vergleichsweise »normale« Menschen. Die Behinderung bietet einen zusätzlichen Reiz. Ein Mensch, mit dem man sonst eher nicht in Kontakt kommt.

HERRMANN   Machst du dich als Drehbuchautor auf die Suche nach solchen Erlebnissen?

HOFMANN   Ich bin offen und bereit dafür. Lasse sie zu.

HERRMANN   DER STRAND VON TROUVILLE, dein erster Kinofilm, erzählt die Geschichte von Lukas und Alice. Lukas ist seiner Traumfrau begegnet, verliert sie aus den Augen. Und macht sich auf die Suche nach ihr. Er strandet in einem gigantischen Einkaufszentrum, einem banalen Mikrokosmos unserer Gesellschaft. Dort trifft er auf Alice, die dort arbeitet, verliebt sich in sie. Lukas entdeckt eine andere, wahrhaftigere Liebe als diejenige, von der er geträumt hat.

Wunsch und Not der Figur

HOFMANN Die Geschichte folgt einem romantischen Impuls: Man sieht Menschen nur einen kurzen Moment, und schon sind sie wieder weg! Du wirst nie erfahren, ob der andere vielleicht dein Leben verändert hätte, denn deine Wege trennen sich sofort wieder. Lukas begnügt sich nicht damit. Das Spannende daran ist, dass er etwas sucht und zu etwas anderem gelangt. Es ist wichtig, dass er überhaupt etwas unternimmt und »nicht Nichts« tut. Dadurch geschieht das Besondere, mit dem er eben nicht gerechnet hat: Er findet Alice.

HERRMANN Was sind deine »Basics« beim Drehbuchschreiben?

Taschenspielertricks

HOFMANN Es ist wichtig, kritisch zu sein und gleichzeitig in einen Fluss zu kommen. Dazu muss ich bereit sein, mich von Dingen zu trennen. Ich versuche, bescheiden zu bleiben. Schreiben bereitet mir Spaß, und wenn es nicht so ist, empfinde ich es als Warnsignal. Ich gebe meine Geschichten frühzeitig anderen zum Lesen. Personen, die Erfahrung haben, einen gewissen Stil, Format besitzen. Höre anderen gut zu, sehr gut. Bei Romanen und anderen Formen der Belletristik darf ich vielleicht schreiben, was nur wenige verstehen. Aber ein Drehbuch ist Mittel zum Zweck. Es sollte so beschaffen sein, dass man daraus einen Film machen kann. Das wichtigste Kriterium ist für mich Empathie, Figuren zu schreiben, mit denen man mitgeht. Und sie gleichzeitig nicht »mainstreamig« erscheinen zu lassen. Sie sollten etwas Besonderes besitzen. Gerade habe ich im Zug gelesen – es hat mich sehr beeindruckt – dass Michael Chabon für SPIDER-MAN 2 engagiert wurde. Er ist einer der bekannten amerikanischen Jungautoren, hat herausragende Kurzgeschichten geschrieben, den *Pulitzer*-Preis gewonnen. Ein Autor dieses Rangs schreibt an einem Blockbusterdrehbuch! An SPIDER-MAN 2 schrieben vier Drehbuchautoren. Und es kamen Scriptdoktoren, die sich um das Polishing bestimmter Szenen gekümmert haben, hinzu. Für die Entwicklung des Drehbuchs wurden auf diese Weise zehn Millionen Dollar investiert.

HERRMANN Wärst du einverstanden, wenn ich bei einem Originaldrehbuch von Michael Hofmann Skriptdoktoren einsetzen würde?

HOFMANN Bei meinem aktuellen Drehbuch, das sehr viel mit mir, meiner Art zu erzählen zu tun hat, sicher nicht. EDEN ist eine platonische Liebesgeschichte, zwischen einem dicken Feinschmeckerkoch und einer jungen Kellnerin. Aber bei einer anderen, populären Geschichte, wäre ich sofort bereit dazu. Zum Beispiel bei MARRIAGE TORTURE TEST. Eine romantische Komödie und, wie ich finde, das schwierigste Drehbuchgenre überhaupt. Es geht um ein junges Pariser Brautpaar, das bereits seit sechs Jahren liiert ist. Die Urgroßmutter steht der Verbindung skeptisch gegenüber und möchte mit einem »Ehe-Folter-Test« herauskriegen, ob die beiden tatsächlich zusammenpassen? Sie konfrontiert sie in der Nacht vor dem Hochzeitstag mit möglichen Traumpartnern und Glücksvorstellungen. Sehr witzig, natürlich geht alles schief. Es wäre absolut okay für mich, dass weitere Autoren den Stoff bearbeiten, bereichern, etwas hinzufügen. In England und den USA gibt es eine vitale *Rewrite*-Kultur (Tiefgreifendes Bearbeiten einer Drehbuchfassung, Anm. Herrmann). Manche englische Autoren konzentrieren sich ausschließlich darauf. Sie verdienen astronomische Summen, sind Spezialisten, Herzchirurgen vergleichbar. Natürlich ist ihr Einsatz von den

Budgets abhängig. Die englische Filmindustrie produziert für den Weltmarkt und jeder Autor ist nur einen Steinwurf von Hollywood entfernt.

HERRMANN   Gibt es Geschichten, die dir als Drehbuchautor nicht liegen?

HOFMANN   Eine Zeit lang war ich sehr arm, und meine Freundin riet mir, einen TATORT-Krimi zu schreiben. Aber das habe ich leider nicht hingekriegt. Daran bin ich gescheitert. Und in meinen dunkelsten Stunden, als wir abgebrannt waren, habe ich zwei Wochen lang für GUTE ZEITEN, SCHLECHTE ZEITEN geschrieben. Es war eine Art Probezeit, damals, Anfang der Neunziger, mit Folge 750. Ich bin tatsächlich krank geworden: verstopfte Nase, Schleimhautschwellungen. Es ging nicht!

HERRMANN   Gibt es Schnittmengen zwischen dir und den Figuren in deinen Geschichten?

HOFMANN   Sie sind entfernt von mir, nicht mehr autobiographisch gefärbt, wie bei meinen ersten Drehbüchern. Alice im STRAND VON TROUVILLE oder Sophie kommen nicht aus meiner Welt, auch nicht Gregor, der dicke Koch, 150 Kilogramm schwer, in EDEN. Über fremde Figuren zu schreiben, ist ein großes Glück.

HERRMANN   Suchst du Distanz zu ihnen?

Emanzipierte Figur   HOFMANN   Im Gegenteil! Sie rücken mir nahe. Sonst könnte ich sie nicht schreiben! Aber dennoch sind sie anfangs entfernt. Ich würde sonst um den eigenen Bauchnabel herum kreisen, wäre selbstverfangen. Wichtig ist es, Fremdes zu spüren, sich mit ihm zu verbinden. Meine Figuren sind meine Erfindungen, ich erwecke sie zum Leben. Die Idee dahinter ist, dass sie eigenständig zu handeln beginnen, es von selbst tun, ich es nur noch »aufschreibe«. Ich umgehe die Konstruktion und die Frage, was passiert als nächstes? Es bleibt offen, ich wähle zwischen verschiedenen Möglichkeiten aus.

HERRMANN   Wie bereitest du dich aufs Schreiben vor?

HOFMANN   Ich speichere Eindrücke in meinem Langzeitgedächtnis. Was dort Eingang findet, muss eine gewisse Relevanz haben. Ich habe keinen Zettelkasten oder ähnliches. Wenn mir eine gute, witzige Formulierung einfällt, schreibe ich sie vielleicht auf. Aber ansonsten ist es so, dass ich meine Geschichte im Kopf wachsen lasse, lange Zeit, und später bewusst mit Schreiben beginne. Ich versuche dann möglichst wenig zu kontrollieren. Wenn ich an einer Stelle nicht weiterkomme, schreibe ich an einer anderen weiter.

HERRMANN   Schreibst du Exposés oder Treatments?

HOFMANN   Sehr ungern. Für Förderungen muss ich mitunter, aber ansonsten nicht. Sie erinnern mich an Malen nach Zahlen. Ich schreibe auf, was ja erst noch entstehen soll, nehme die Handlung vorweg. Meine Geschichte soll beim Schreiben wachsen und nicht am grünen Tisch festgelegt werden.

HERRMANN   Wie gestaltest du den Beginn der Drehbucharbeit?

HOFMANN   Ich sammle Ideen, verschiebe sie in verschiedene Dateien. Gehe von einer zur anderen, probiere hier einen Dialog, füge woanders etwas hinzu. Das ist ein Prozess, in dem die Dinge behutsam zusammenwachsen. Ab einer gewissen Dichte, wenn ich vielleicht ein Drittel der Geschichte beisammen habe, beginne ich mit dem eigentlichen Drehbuch.

HERRMANN   Du produzierst ein kreatives Sammelbecken, in das du alles hineinschmeißt: Figuren, ein starkes Bild, eine

Pointe oder einen witzigen Dialog. Vielleicht auch ein persönliches Erlebnis.

Dramatische Person

HOFMANN   Es ist wirklich verblüffend: Ich benutze vieles, das meinen Alltag kreuzt. Die Geschichte, an der ich gerade sitze, ist ein Filter, der meine täglichen Erlebnisse und Eindrücke sortiert. Und vieles passt, seltsamerweise!

HERRMANN   Du verwandelst dich, transferierst dich in deine eigene Geschichte?

HOFMANN   Das macht doch wohl jeder Autor. Einen Teil hat man von sich, einen Teil denkt man sich aus.

Klimax der Figur

HERRMANN   Sophie in deinem letzten Kinofilm ist schwanger und unsicher, ob sie das Kind haben möchte. Am Ende ihres Horrortrips durch die Hamburger Nacht telefoniert sie mit Aziz, dem Taxifahrer und sagt: »Jetzt weiß ich, was ich will, und es ist gut.« Sie hat sich gegen eine Abtreibung entschieden. Aber dann erleidet sie nach Ummengen Alkohol und Konfrontationen mit Männern übelster Sorte eine Fehlgeburt. Sie trägt den Fötus durch die Fußgängerzone, hält ihn in ihrer Hand wie eine Reliquie, verbuddelt ihn im Park. Sie scheitert, aber zugleich schlägt sie am nächsten Morgen die Augen auf. Scheint einen Augenblick lang glücklich zu sein. Ein seltsam hoffnungsvolles Ende. Bist du ein Optimist?

HOFMANN   In jedem Fall!

HERRMANN   Sophie, deine Hauptfigur, hat extrem unterschiedliche Reaktionen ausgelöst, gerade bei Frauen.

HOFMANN   Sie reagierten mitunter schutzlos auf die Geschichte. Es gab eine Vorführung, bei der vier Zuschauerinnen Katharina Schüttler, die Sophie spielt, beinahe tätlich angegriffen haben. Weil sie dachten, dass es ein Film gegen Abtreibung ist, was Blödsinn ist. Kurz danach war ich bei einem Festival in Süditalien eingeladen. Eine Journalistin von der *RAI* sagte: »So I see, you love women.« Die Reaktionen scheinen mit der Art und Weise, wie sich Zuschauerrinnen in der Geschichte spiegeln, zu tun zu haben.

HERRMANN Lass uns noch mal in deinem Sammelbecken nachschauen. Gibt es dort eine gereifte Idee für eine neue Geschichte?

HOFMANN Oft ist es so, dass ich eine Idee aus dem Umfeld der letzten Geschichte mitnehme. Für den STRAND VON TROUVILLE war ich öfters in Baden-Baden. Was mich zu EDEN, einer Geschichte in einer Kurstadt inspiriert hat. Und in EDEN spielt ein Mädchen mit Down-Syndrom mit. Ich habe lange mit den Eltern gesprochen, diese neue Welt fesselte mich. Daraus resultiert meine Idee, einen Film über Sex zu machen, mit einem Behinderten in der Hauptrolle: ein Spastiker, der im Rollstuhl sitzt. Es gibt ein reales Vorbild für die Figur. In meiner Geschichte kann sie hervorragend schreiben, versetzt sich in andere, kommuniziert mit ihnen im Internet. Ich stelle mir vor, dass Thomas, meine Hauptfigur, wunderschöne Dinge erfindet und sich seine Partnerinnen im Netz reihenweise in ihn verlieben. Er traut sich aber nicht, sie zu treffen, schickt einen schüchternen Zivi zu den Verabredungen. Sitzt im Café und beobachtet die Frauen, mit denen er vorher kommuniziert hat. Er sagt sich: »Es sind meine Frauen!« Und beschließt sein Leben zu ändern, sie selbst zu treffen. Eine Sex-Komödie mit einem Behinderten... *lacht...* Das Gute an dieser Idee ist, dass meine Hauptfigur ein starkes Ziel hat. Und nicht zwischen Orten vagabundiert. Eine interessante Figur mit Sehnsüchten, die uns vertraut sind. Auch wir wollen um unser selbst willen geliebt werden und nicht, weil wir ein schickes Auto oder einen beeindruckenden Beruf haben.

Wunsch des Autors

Wunsch der Figur

HERRMANN   Gibt es einen Titel?

HOFMANN   Der Arbeitstitel ist Les Choses Downstairs, Dinge »unterhalb« der Gürtellinie also. Vielleicht ist der Titel zu schwer verständlich im Deutschen.

HERRMANN   Hast du schon zu schreiben begonnen?

HOFMANN   Es gibt ein einseitiges Exposé: einen Teaser. Das heißt wörtlich übersetzt: »Ärgerer«. Ein Teaser ist eine Art Versprechen, mit Figuren, die Erwartungen auslösen. Man »ärgert« sich darüber, dass nicht verraten wird, wie es weitergeht. Und möchte es unbedingt wissen!

HERRMANN   Geht die Geschichte gut oder schlecht aus?

HOFMANN   Auf jeden Fall gut, es soll ja schließlich eine Komödie sein. Aber nicht für alle Figuren! Ich habe die Idee, am Anfang einen Erzähler zu etablieren. Er spielt mit den Erwartungen der Zuschauer, nimmt die Handlung vorweg. In der Art von: »Eine der Hauptfiguren wird sterben, eine andere werdet ihr nicht mehr wiedersehen. Für eine geht es gut aus, für die andere überhaupt nicht...«

Ein Stoff für vier Szenen

HERRMANN   ...Und der Zuschauer fragt sich, wen es treffen wird, wer sterben muss? Eine typische Michael-Hofmann-Idee! Bei der alles schon da ist, aber noch nichts aufgeschrieben. Ich möchte dir zum Abschluss vier Situationen vorstellen und du sagst, was du mit ihnen assoziierst? Die erste ist eine Großstadtkreuzung, morgens um vier Uhr. Kein Mensch ist zu sehen.

HOFMANN   Das löst ein Bild von Winter bei mir aus... *denkt nach, konzentriert...* Ich komme aus einem Club... will schnell zurück ins Warme.

HERRMANN   Mittwochmittag, eine riesige Müllhalde. Ein LKW fährt die Auffahrt zur Müllhalde hoch.

178

HOFMANN   Gestank… eine unangenehme Atmosphäre. Ich
möchte nicht dort sein.

HERRMANN   Eine Frau schaut in einen Badezimmerspiegel.
Das Badezimmer ist gekachelt, sie ist allein. Und hat eine Perücke auf dem Kopf.

HOFMANN   Das hasse ich zutiefst. Studentenfilme erkennst du
daran, dass dort oft Frauen bedeutungsschwanger in den Spiegel schauen. Erst gestern Abend habe ich einen Studentenfilm
gesehen, und was geschieht? Eine Frau schaut bedeutungsschwanger in den Spiegel. Grauenhaft.

HERRMANN   Ein Vergnügungspark an einem Sonntagmittag.
Er ist brechend voll, die Sonne brennt herunter.

HOFMANN   Mir fallen zuerst Kinder ein. Sie sind der einzige
Grund, dort hinzugehen. Anstrengung und Müdigkeit.
Lärm. Achterbahn-Geschrei, anschwellend, hysterisch. Gerü-
che von Buden. Eher unangenehm. Erwachsene, die ohne
Kinder dort sind, halte ich für krank.

MICHAEL HOFMANN

Geboren 1961 in Frankfurt am Main, lebt in Berlin. Hofmann erhielt für SOPHIIIIE! den Förderpreis Deutscher Film, Münchner
Filmfest 2002.

Filmauswahl:

EDEN (2005)
Drehbuch, Regie

SOPHIIIIE! (2001/2002)
Drehbuch, Regie

DER STRAND VON TROUVILLE (1997/1998)
Drehbuch, Regie

Zweite, Dritte Figur

Die zweite, dritte Figur ist nicht Gegenspieler einer Figur, kann es aber werden, im Laufe einer Geschichte. Denn ihr wichtigstes Ziel ist es nicht, die andere Figur zur Strecke zu bringen, ihr den Atem abzuschnüren, sondern das Gegenteil: ihr zu dienen, sie zu stärken. Sie dient ihr, indem sie ihren inneren Konflikt in einen sichtbaren, äußeren verwandelt. Und weil sie miteinander streiten oder sich auf andere Weise ins Herz geschlossen haben, stärkt die zweite, dritte Figur das Drama der Figur.

Wie bei den Attributen zählt bei der zweiten, dritten Figur vor allem eines: Sie ist kostbar. Und verdient es, aufmerksam und mit der gleichen Fürsorge behandelt zu werden. Drehbuchautoren sind erleichtert, wenn sie von ihrer Figur, noch bevor sie die erste Drehbuchzeile geschrieben haben, zu einer zweiten, dritten Figur geleitet werden. Vielleicht begreifen sie ihr Glück erst mit der Mitte-Szene: Wenn ihre Figur ihren Wunsch aufgibt und aktiv wird, gemeinsam mit der zweiten, dritten Figur, ohne die sie von da an nicht mehr sein kann. Es gibt keine Festlegung auf eine Form, ein Genre (oder andere Verständnishilfen), wenn die eine aus ihrem Untergrund auftaucht, mit der Ahnung ihrer Not, die zweite ihr gegenüber steht, erwartungsvoll. Sie sind jetzt zwei Figuren, die sich wahrnehmen, ohne Maske, jede für sich in größter Anspannung, kurz davor loszulegen. Eine Bedrohung füreinander, weil sie sich selbst am nächsten sind. Wie die beiden Freunde (und erst dann Gegenspieler) in HEAT, als sie in ihrer Coffeebar sitzen und plaudern, begreifend, dass sie füreinander geschaffen sind.

Zweite, dritte Figuren verspüren den tiefen Drang, sich in eine erste Figur zu verwandeln, aus der Sicht des Autors. Er muss sie so ernst nehmen wie seinen Helden, und akzeptieren, dass sie ihn überflügeln wollen. Genrefilme, serielle Produkte, Daily Soaps lassen die Ränder einer Geschichte vage. Und scheitern oft an ihren Nebenfiguren, Heerscharen von Krankenschwestern, mafiosen Gestalten, besten Freundinnen. Ihre Namen sind Lautmalerei und bereits vor Ablauf des Haltbarkeitsdatums verfallen. Jasmin steht für süß und hilfsbedürftig, das männliche Pendant ist Teddie, Trixi ist die Zicke, Tasso ist der Macho… Programmatische Namen behaupten Konflikte zwischen Figuren, statt sie in ihnen selbst zu suchen: Trixi will von Teddie Geld, er ein Kind von ihr. Mehrere Folgen benötigt das Konfliktchen, zu seinem Glück genügt ihm ein Espressoautomat, Beruhigungspillen und ein Strauß zum Muttertag. Es gibt natürlich legendäre Serien, von BERLIN, BERLIN bis SIX FEET UNDER (GESTORBEN WIRD IMMER) und DESPERATE HOUSEWIVES, denkwürdige Genrereihen, vom TATORT bis zu FAHNDER und ABSCHNITT 40: Wenn beste Autoren sich zu *zweiten* und *dritten Figuren* bekennen, Episoden, Folgen wie Unikate behalten, und sich nicht nur von Kalkül leiten lassen, der geliehenen Annahme, was »es braucht«, was »funktioniert«.

Aristoteles hatte mit seiner Tragödie genügend zu tun. Es ist ein bis heute ungelöstes Rätsel, was aus seinem angekündigten, nicht überlieferten Komödienteil wurde: Seine Gedanken zur Komödie sind als bunte Scherben in der POETIK enthalten. Bei ihr fügen Dichter eine Handlung nach den »Regeln der Wahrscheinlichkeit zusammen und geben den Personen erst dann irgendwelche Namen«, hat er empfohlen. Namen orientieren Figuren an bekannten Vorbildern. Der Komödiendichter darf auf sie verzichten. Damit hat Aristoteles das Spiel der Figuren befreit. Die Komödie darf mit dem namenlosen, unbekannten Zuschauer kokettieren und übertreiben, im Reich der Phantasie schwelgen, mit dem Vorteil, dass sich ein Publikum in zweiten, dritten Figuren, dem gleichberechtigten Komödienpersonal, unmittelbar wieder erkennt. Der Gedanke hat Aristoteles überrumpelt, scheint es, er hat ihn sogleich aufs Drama angewandt. Auch bei ihm »muss man nicht unbedingt bestrebt sein, sich an die überlieferten Stoffe, auf denen die Tragödien beruhen, zu halten. Ein solches Bestreben wäre ja auch lächerlich, als das Bekannte nur wenigen bekannt ist und gleichwohl allen Vergnügen bereitet«. Was ist das Bekannte, das nicht bekannt ist? Ein erfundenes Drama mit mehreren zuschauernahen Figuren, motivisch losgelöst vom historischen Abbild. Auch der Tragödiendichter darf sich etwas trauen, sein Personal verbreitern, sein begieriges Publikum dazu einladen, sich in zweiten und dritten Figuren wiederzuerkennen, von ihnen schockiert zu sein, über sie zu lachen, zu jammern oder beides zugleich. Mit seinem Komödien-Bruchstück hat Aristoteles den Dichtern ein feinsinniges Startsignal gegeben: für die langlaufende Lebensserie, mit einer Handvoll verwandter Figuren, die darauf achten, dass keine Sonderrechte besitzt und denoch eine jede der anderen überlegen ist. Die Komödie ist das losgelöste Element der Theaterkunst, schon immer. Vielleicht bekam Aristoteles Respekt vor dem gewagten Gedanken und hat ihn vorsorglich im Kanon der Tragödienregeln versteckt. Aber es ging ihm sicher darum, Freiheit in der Ausgestaltung der Mythen zuzulassen. Er spürte: Seine Tragödien (und Komödien)-Dichter hatten die Sehnsucht, ihren Stoff in selbstbewussten Dramen zu entfalten.

Zweite, dritte Figuren sind ein wichtiger Ermittlungsgrund für Drehbuchautoren. Sie verdichten die Umgebung einer Geschichte, öffnen Schauplätze, geben ihnen ihr Aussehen. Drehbuchautoren grenzen ein konzentriertes Ensemble aus, begegnen an unvertrauten Orten exotischen Gestalten, lernen ihre Sprache kennen und verwandeln sie in das Drama ihrer Figur.

Warum nur zweite und dritte Figuren, was ist mit vierten, fünften…? Die Antwort ist nüchtern: Wer seine erste Figur nicht gefunden hat, wird auch die anderen nicht finden. Also erst einmal diejenigen, die für die eine am dringendsten sind. Das deutsche Kino erlebt seine Renaissance mit Dramen, die um zwei, drei Figuren gruppiert sind, dem Bekenntnis zur konzentrierten Endlichkeit (von Drama, Produktion und Kosten). Ein Stoff entzündet sich in allen Schattierungen, als Kurz- und Langfilm, Unikat oder serielles Produkt, an der Lebenswelt des Autors, seiner nahen, fernen Krise. Am wichtigsten ist mein Stoff, sagt er sich, ohne ihn bin ich verloren, ergibt mein Drehbuch keinen Sinn.

Drehbuchdichter verwandeln sich in ihren Geschichten von gutherzigen Familienvätern in schlachtbereite Monsterhelden, gebärden sich als zynische Einzelgängerinnen, die zu sympathischen Beziehungsretterinnen werden. Weil sie dunkle Energien verspüren, sich verzweifelt woanders hinwünschen und zu diesem Zweck ein Paar fremde Flügel leihen. Fest steht: Wer vor seiner ersten Krisen-Figur die Flucht ergreift, wird auch keiner zweiten, dritten Figur mehr begegnen.

Eine Figur existiert nicht ohne die andere, beide sind aufeinander angewiesen. Drehbuchautoren beginnen einen intimen Dialog mit der einen Figur und machen sie vorsichtig mit einer zweiten bekannt, erst dann (vielleicht) mit einer dritten. Die eine beginnt ein munteres Plauderstündchen in alle Richtungen, vergisst niemals, ihrem Autor jeden Abend Bericht zu erstatten. Es ist eine Essenz des Drehbuchschreibens, ein Drama zu verkleinern, seine Orte, ihr Personal, wann immer es geht. Und ein beliebter Taschenspielertrick des Drehbuchalltags ist es, zwei Figuren zusammenzulegen. Und staunend zu erleben, wie aus zweien mehr wird: eine einzige stabile Heldenfigur. Weitere Taschenspielertricks gibt es in einem besonderen *STOFF*-Kapitel.

Wer sich mit der zweiten, dritten Figur beschäftigt, sich selbst und seine Figur beim Schreiben beobachtet, macht mitunter eine überraschende Entdeckung: Der Held im Zentrum des Dramas gerät, angesichts seiner vorwitzigen Begleiter, unter Strom, er klagt über Stress. Es gibt nur eine Möglichkeit für die beiden, Autor und Lieblingsfigur, ihm zu entkommen: den Stress zu steigern und ihn unerträglich zu machen. Der Dichter Euripides hat seine süchtigen Zuschauer im Theaterrund in Hysterie mit seiner Technik versetzt. Er ist der Erfinder einer bestechenden amerikanischen Tugend im Umgang mit wahren Helden. »Be merciless!«: »Herzlos sein« gilt als Kernstück der Unsterblichkeit, wenn es für eine Figur ums Überleben geht. Damit ist nichts anderes gemeint, als den Druck auf sie zu erhöhen, statt ihn zu verringern. Zweite, dritte Figuren zu verstärken, eine Figur in aussichtslose Situationen zu befördern, ihr die Luftröhre kaltherzig zuzuschnüren. Für Trixi, Teddie und ihre Freundinnen käme jede Hilfe zu spät, nicht aber für eher gewöhnliche Zeitgenossen mit unscheinbaren Namen, Saskia, Julia, Dietrich, Uli, Susan, Sabine, Bettina, diese wunderbar durchschnittlichen Alltagsmenschen, bereit, sofort über sich hinauszuwachsen, bis hoch in den Olymp, dort, wo Euripides gerade eine großartige Party feiert, alle Meere zu seinen Füßen.

Mitunter verlieben sich Drehbuchautoren in zweite, dritte Figuren. Sie finden sich in ihnen wieder, ohne ihr Gleichgewicht zu verlieren. Ein Drama von Figuren, die auf der Schattenseite unserer Gesellschaft zu Hause sind. Und uns, seit der Antike, nicht in Ruhe lassen, mit ihren monströsen Neigungen. Auch bei uns gibt es den Genredichter: Fred Breinersdorfer, der, wenn er sich Mühe gibt, unschlagbar ist, Erfolge feiert und ein schönes, aufregendes Leben führt.

Der Gegenspieler

Im Gespräch mit…

Fred Breinersdorfer

Wir waren vorm Regensturm ins Roma, Münchens Edelitaliener am Maximilian-Platz, geflohen, Mitte Juli, wenige Wochen nach unserem Gespräch in Karlsruhe. Fred Breinersdorfer saß mir gegenüber, war er selbst, flocht seine Pointen ein, hörte zu, lachte. Und doch war etwas anders als sonst. Es fiel mir auf, dass der Autor seinen Blick immer wieder an mir vorbeistreifen ließ. Eine winzige Bewegung nur. Und weil Autoren auffällt, dass anderen etwas an ihnen auffällt, nickte er in eine bestimmte Richtung. Dort saß ein älteres, reiches Paar. Es strahlte etwas Besonderes, seltsam Beunruhigendes aus: Es schwieg. Eine bewegte Dramaturgie – sprachlos und still. Mitunter blickten die beiden sich an, um sich sogleich wieder voneinander abzuwenden. Die Minuten verstrichen. Endlos. Irgendwann gingen sie, ohne ein Wort gewechselt zu haben. Ein Gespensterballett, mitten auf einem von Münchens beliebtesten Marktplätzen.

In dieser Sekunde war Fred sehr nahe bei seinem Stoff. Und dem Grund, der ihn antreibt, Drehbücher zu schreiben. Sie handeln fast ausnahmslos von Gewaltszenarien und begeben sich auf die Suche nach stummen Gründen. Die Welt der Gegenspieler, der Täter, Mörder, Menschenschlächter, ist eine Welt der verschwiegenen Vorgeschichten.

Er ist ein angstfreier Autor. Schonungslos sympathisch, äußerst kritikempfindlich und ein bleibender Schrecken für ausgebildete Jung-Dramaturgen und -Producer. Breinersdorfer spielt eine Rolle im Leben. Ohne sich zu verstellen. In der Kindheit hätte man ihn gerne zum Freund gehabt. Jemanden, der, wie er, virtuos und leichtfüßig Opfer- und Täterrollen vertauschen kann. Er lässt sich mitunter nicht viel Zeit bei seinen Geschichten. Aber seine Kritiker sollten vorsichtig sein: Er verfügt über eine immense Bewusstheit. Die er sich im Vorfeld erzeugt. Indem er erschöpfend in die Welt derer eintaucht, vor denen wir uns gerne schützen. Mit einer Kinoleinwand, dem Fernseher zu Hause.

Es gibt eine Form der Unschuld, die Kapitalverbrecher miteinander teilen. Er ist einer von ihnen. Ein versierter, dogmenfreier Künstler: immer dann, wenn er seinen Laptop aufklappt. Und zu schreiben beginnt.

Ein heller Seminarraum im Hochsommer. Die Luft steht still. Filmstudenten sind da, warten. Fred Breinersdorfer, der Autor, betritt den Raum, hat eine Sonnenbrille auf. Die Glashütten-Uhr an seinem Handgelenk macht einen teuren Eindruck. Was nur Herrmann weiß: Sie stammt von einem dubiosen Markt in Ventimiglia, Italien.

BREINERSDORFER   Heiß hier drin.

HERRMANN   Ja.

Breinersdorfer setzt sich, mustert die Anwesenden.

HERRMANN   Magst du dein Leben pitchen?

BREINERSDORFER   Geboren bin ich in Mannheim, im Jahr des Heils, 1946. Momentan wohne ich in Berlin, habe zwei Kinder *...zu den Studenten...* in eurem Alter. Bin studierter und gelernter Fachanwalt für Verwaltungsrecht. Den ich später entzogen bekommen habe. Ich hatte mich nicht ordnungsgemäß weitergebildet und schon begonnen Drehbücher zu schreiben. Als ordinärer Anwalt habe ich noch die Lizenz zum Töten... 1994 war ich Bundestagskandidat der Stuttgarter SPD, bin aber nicht gewählt worden, zum Glück! Seit dieser nützlichen Niederlage vor zehn Jahren bin ich vor allem Drehbuchautor... Mit einem durchschnittlichen Vorstellungsvermögen, einem schlechten Charakter, aufbrausend, ungeduldig, also den Eigenschaften, die ein guter Drehbuchautor haben muss...

HERRMANN   Dein erstes Drehbuch heißt NOTWEHR: Eine Mutter kämpft ums Überleben ihres Kindes. Einmal schaut sie aus dem Fenster, sagt: »Warum ist der Gott da draußen so streng zu mir?« Glaubst du an Götter?

BREINERSDORFER   Nein, aber an einen Gott.

HERRMANN   Und an Schicksal?

BREINERSDORFER   Auch…

HERRMANN   Was haben Gott und Schicksal mit Drehbuchfiguren zu tun?

BREINERSDORFER   Wenig. Figuren dürfen nicht zu sehr von außen gelenkt sein. Sie sind von innen her zu dem bestimmt, was sie im Film werden. Da liegen die Grenzen der berühmten Sesamstraßen-Dramaturgie. Damit meine ich Dramaturgen, Redakteure, die uns Autoren abverlangen, unsere Figuren bis ins letzte Detail zu erklären. Menschen handeln aber autonom, oft widersprüchlich. Und sind nicht berechenbar. Schon gar nicht mit der Westentaschenpsychologie. Ich will ein Beispiel geben: Für meinem Freund und Regisseur Marc Rothemund habe ich ein Drehbuch über den *11. September* geschrieben. Wir sind gescheitert, nach zwölf Fassungen! An der einfachen Frage, wie ein muslimischer Schläfer auf eine deutsche Frau reagiert: Jeder von uns sah es anders. Ein Teil der Terroristen hatte es mit Frauen und Alkohol noch kurz vor dem Anschlag in den USA krachen lassen. Andererseits hatte ihr Anführer Mohammed Atta in sein Testament geschrieben, dass seinen Leichnam keine Frau berühren darf. Wir haben darüber gestritten…

HERRMANN   …was wir auch gerne tun…

BREINERSDORFER   Du und ich brüllen uns sogar gelegentlich an. Das gehört bei uns zum guten Ton. Nein, Marc und ich waren völlig unsicher… Wir konnten uns nicht auf die Psychologie des Schläfers einigen. Dabei hätten wir gar nicht zwischen den Haltungen entscheiden müssen, beide sind denkbar, bei einer einzigen Figur. Bei Figuren gibt es vielleicht gelegentlich Göttliches, Schicksalhaftes, aber sie sind keine Maschinen, sie werden nicht von außen gelenkt. Sondern von ihrer Seele… Kennst du das nicht? Du stehst da, wunderst dich über dich selbst, warum du etwas getan hast? Logik hingegen ist die Wissenschaft von folgerichtigen Abläufen. Das hat mit Drehbuchfiguren wenig zu tun.

HERRMANN Wie ist dein Blick auf die Welt?

BREINERSDORFER Ich beobachte mich selbst beim Beobachten von Menschen, in spezifischen Situationen. Ich teste meine eigenen Reaktionen. Ich höre sehr genau hin, wie Menschen reden, um einen besonderen Sprachduktus herauszufinden. Lese anders Zeitung, quasi mit einem Viertelauge, ob die Story für einen Film geeignet ist.

HERRMANN Empfindest du dich als dramatische Persönlichkeit?

BREINERSDORFER Das klingt zu gewaltig. Vielleicht, wenn ich 75 bin…

HERRMANN Du schreibst drei bis vier Drehbücher im Jahr, die meisten sind Krimis. Richtest du dich beim Schreiben an der Handlung aus, bist du eher plotdriven?

Zweite, dritte Figur   BREINERSDORFER Im Gegenteil. Ich habe etwas gegen Häkelkrimis. Die der Frage nachgehen, wie eine zerstückelte Leiche ins Kühlfach gekommen ist. Ich habe es nie geschafft, mehr als zehn Seiten von einem Roman von Agatha Christie zu lesen. Was mich stattdessen interessiert, sind Grenzsituationen. Wenn ein Biedermann, eine unschuldige Person, zum Brandstifter wird. Psychologie spielt dabei eine große Rolle – und Unberechenbarkeit. Kriminologen wissen, dass es bei jedem Tötungsdelikt mindestens eine rationale Lösung des Konflikts aus Sicht des Täters gegeben hätte. Dennoch handelt er irrational. Das meinte ich eben: Warum wird eine Figur zum Täter? Was ist das teuflische Geheimnis des Tötens? Ich unterscheide das von dem, was ich als *Hintergrundplot* bezeichne: Der Handlungsablauf in der Vergangenheit, alles was sich vor dem Beginn des Kriminalfilms abspielt. Das muss der Autor genau kennen. Jene Kette von Ereignissen, die dazu führt, dass ein Mann mit einem Messer im Rücken auf dem Büroboden liegt. Auf dem Hintergrundplot basiert die Krimierzählung, die das Publikum sieht. Die Verknüpfungen der Krimierzählung müssen logisch und stringent sein. Die in diesem Netzwerk handelnden Figuren müssen dagegen nicht logisch, sondern glaubwürdig handeln, das ist ein wichtiger Unterschied.

HERRMANN Wie näherst du dich deinen Figuren?

BREINERSDORFER Ich entwerfe kurze Biographien. Eine Art »Klappentext«, den ich, kursiv gedruckt, wie du weißt, direkt ins Drehbuch hineinschreibe, wenn sie auftauchen. Er zwingt mich, eine Figur in drei oder vier Sätzen auf ihren Kern zu reduzieren.

HERRMANN Das kenne ich nur von dir. Warum gehst du diesen Weg?

BREINERSDORFER Weil ich mich so zwinge, meine Figuren aufeinander abzustimmen. Bei meinen Krimis kommen nicht hundert Verdächtige vor, sondern zwei oder drei. Ausgehend von der schlichten Hypothese, dass der Zuschauer wenige Verdächtige spannender empfindet, sich auf sie besser einlassen kann, als auf unzählige Pappkameraden. Mit kurzen Biographien erzeuge ich Konzentration beim Schreiben, vermeide, dass mir meine Figuren aus dem Ruder laufen. Sie werden in ein besonderes Verhältnis zueinander gesetzt.

HERRMANN Benutzt du Drehbuchregeln beim Schreiben?

BREINERSDORFER Nein, ich bin stolz darauf, ein Autodidakt zu sein. Ich habe einmal Syd Field angefangen und ungefähr 50 Seiten geschafft. Mich hat Syd Field sehr amüsiert, wie er ein paar wenige Filme zitiert und daraus schließt, dass es bei allen Filmen so sein muss, wie er bei seinen Beispielen abgelesen hat. Es ist nicht mein Weg.

HERRMANN Warum?

BREINERSDORFER Weil ich mir auf diese Weise mein Hirn verbauen würde. In dem Augenblick, in dem ich mir externe Regeln merke, habe ich eine Schere im Kopf. Und der Schere folgt die Leere... *lacht...*

HERRMANN Krimis sind Genrefilme. Beachtest du keine Plotpoints?

BREINERSDORFER Ich weiß gar nicht, was das ist? Es gibt den schönen Satz von meinem geschätzten Kollegen Märthesheimer: »Plotpoints sind Shitpoints.« Ich mag Korsettstangen weder bei Frauen, noch bei Drehbüchern.

Taschenspielertricks HERRMANN Trotzdem hast du dir Regeln fürs Krimi-Drehbuchschreiben erfunden. Was sind deine Tools?

BREINERSDORFER Dazu gehört in jedem Fall der Hintergrundplot. Krimis sind grundsätzlich retrospektiv. Erst kommt die Leiche, dann der Ermittler, sei es ein Polizist, Privatdetektiv oder Anwalt. Der Vorgang, um den sich alles dreht, liegt aber in der Vergangenheit. Das ist mein Hintergrundplot: Ich schreibe ihn auf. Anfangs habe ich das nie gemacht und dann festgestellt, dass ich mich endlos verheddert habe, nicht in meinen Figuren, sondern im Kriminalfall, der zeitlichen Folge von Ereignissen, die zu einem Mord geführt haben. Sie müssen, wie gesagt, logisch und stringent sein. Es muss im Krimi nicht völlig rational durcherklärt sein, weshalb der Mörder ausgerastet ist. Aber die Tatwaffe darf nicht im selben Film an drei verschiedenen Orten gefunden werden. Ich halte beim Schreiben den Hintergrundplot wie eine Folie hinter meinen dramatischen Hauptplot, die Ermittlungshandlung in der Gegenwart. Diese Arbeitsweise ist eine große Hilfe. Ich könnte nicht mehr darauf verzichten.

HERRMANN   Du hast den Hintergrundplot und die Klappentexte zu deinen Figuren. Jetzt legst du los?

BREINERSDORFER   Mit einem Bildertreatment allerdings, lieber als mit einem Exposé. »Ich bin Drehbuchautor, kein Exposé-Autor«, sage ich immer. Ich gehe so vor, dass ich mir spontan Szenen vornehme, die ich mag… Und die schreibe ich aus. Und dann gibt es noch Szenen, die nenne ich »Verbindungsszenen«. Sie sind noch nicht gefüllt, sind von anderen Szenen abhängig. Bei SOPHIE SCHOLL, woran ich gerade arbeite, sind »Verbindungsszenen« Gänge durch Flure zum Beispiel, Sophies Aufnahme in die Zelle oder das Aushändigen der Anklageschrift. Diese »Verbindungsszenen« werde ich erst zum Schluss ausschreiben. Aus gutem Grund, denn dort muss die Schauspielerin die emotionalen Folgen des bisher Erlebten ausspielen. Die Ursache für die emotionale Situation von Sophie wird in den Gestapo-Verhören begründet, oder im Schauprozess, vor Freisler. Erst wenn ich weiß, wie Sophie aus diesen Hauptszenen emotional herauskommt, kann ich die Verbindungsszenen gestalten.

Von der Straße hört man eine Polizeisirene, die schnell lauter wird und wieder verschwindet.

HERRMANN   Wir haben gestern über die Auflösung am Ende deines TATORT-Drehbuchs gesprochen. Du seiest dir beim Schreiben der letzten fünf Szenen unsicher gewesen, wer Täter sein soll…

BREINERSDORFER   Bin ich mir immer noch!

HERRMANN   Warum?

BREINERSDORFER   Die Frage, wer Mörder ist, ist mir der Frage identisch: »Wie entlasse ich das Publikum aus meiner Geschichte?« Wenn man ein Krimi-Drehbuch solange wie möglich offen führen kann, ist das nur gut, weil spannend. Ich dachte, dass dieser eine, eher unscheinbare, etwas neugierige, ein wenig aufdringliche Mensch, der am Anfang auftaucht, für den erfahrenen Krimi-Zuschauer die verdächtigste Figur ist. Und genau deshalb wollte ich ihn nicht zum Täter machen! Du aber sagtest: »Wir führen die Kommissarin in eine sehr erotische Situation mit dem zweiten Verdächtigen, anschließend wird sie von tiefen Zweifeln erfasst, er lügt sie an, sie ist verletzt. Und vertraut ihm immer noch. Wenn er jetzt auch noch unser Täter ist, wird sie beschädigt werden.« Und da hast du Recht. Es hat mich überzeugt. Zurzeit steht es 60:40, dass deine Figur zum Täter wird. Es sind eben zwei publikumsbezogene Argumente, die wir ausgetauscht haben.

HERRMANN   Ich habe bei unseren Entwicklungsgesprächen den Eindruck, dass ich der Anwalt der Kommissarsfigur bin, während du die Sache des Täters vertrittst.

BREINERSDORFER   Es hängt sicher damit zusammen, dass ich ein guter Mensch bin, der vom Bösen tief beeindruckt ist. Du dagegen bist ein schlechter Mensch, der immerzu vom Guten träumt!

Alle lachen…

HERRMANN   Wie nahe lässt du das Böse an dich heran?

BREINERSDORFER   Das Böse hat eine erschreckende und Stoff eine faszinierende Seite. Das *Tremendosum* und das *Faszino-sum*. So steht es schon bei Aristoteles. Beide Seiten des Bösen fesseln mich. Dem Guten als solchem bringe ich ein gesundes Misstrauen entgegen. Ich bin mir nicht sicher, ob es überhaupt existiert. Wer außer George W. Bush ist überhaupt ein guter Mensch? Noch nicht mal der Papst… Ich kann viel eher an das real existierende Böse glauben, insbesondere in der menschlichen Seele, als an das angenommene Gute.

HERRMANN   Hat es dafür einen Anlass in deinem Leben gegeben?

BREINERSDORFER   Das war direkt nach meiner Geburt, aber daran erinnere ich mich nicht…

HERRMANN   Im Ernst, Fred: Erkennst du eine Art Initialzündung für deine Haltung?

BREINERSDORFER   Vielleicht Erfahrungen aus meiner Erste Figur Kindheit, in Mannheim. Trümmer und Ruinen. Das Nachbarhaus stand noch, aber danach kamen nur Ruinen… *nachdenklich*… In den Ruinen habe ich immer gespielt. Ein seltsamer Geruch von verkohltem Holz, Pisse, feuchtem Laub und süßem Unkraut. Als Kind dachte ich, wenn Krieg ist, wird der Himmel schwarz. Eine Vorstellung von Nacht. Aber auch die Opferrolle, mit der ich aufwuchs. Um uns herum war ja alles kaputt. Das prägte mich. Waren wir deswegen nicht alle Opfer? Bis mich die Erkenntnis beschlich, dass Deutschland am Krieg schuld und für den Holocaust verantwortlich war. Meine Landsleute, die Generation meiner Eltern und Lehrer, haben die gigantischsten Grausamkeiten begangen! Du siehst plötzlich vertrauten Menschen völlig anders in die Augen. Und ein Stück weit hat es mich auch fasziniert… mag sein, dass darin irgendwo die Ursache dafür liegt, weshalb ich mich mit Mord und Totschlag und auch immer wieder in meinen Filmen mit Nazis und ihren Verbrechen befasse.

HERRMANN   War das für dich etwas Unbegreifliches, Monströses?

BREINERSDORFER   Ja, bis heute. Da hilft kein Gang in eine Gedenkstätte, um es zu verstehen.

HERRMANN   Einer deiner jüngsten Stoffe ist DIE HOFFNUNG STIRBT ZULETZT: Die Geschichte von Eddie, einem Hamburger Polizisten, gespielt von Axel Prahl. Er mobbt eine junge Kollegin, treibt sie in den Tod. Deine Geschichte orientiert sich an authentischen Fällen. Du hast dich ihr genähert, indem du eine Woche lang nachts in einem Hamburger Streifenwagen mitgefahren bist.

BREINERSDORFER   Im Rahmen meiner Recherche. Aber die Figur von Eddie, dem Polizisten, ist erfunden. Nicht typisiert. Es gibt einen einfachen Trick dafür: eine Figur zu brechen. Bei Eddie erleben wir seine Brechung in den Szenen mit seiner diabeteskranken, alkoholsüchtigen Ehefrau. Er liest sie auf der Straße auf, verteidigt sie gegen die gemeinen Sprüche des Pflegers in der Klinik, kümmert sich liebevoll um sie. Während sie ihm vorwirft, es mit den Huren vom Revier zu treiben. Eine Figur zu brechen, heißt, Druck auf sie zu erzeugen, glaubhaft zu machen, wie einer, der selbst viel durchmachen muss, zum aggressiven Mobber wird.

Vorgeschichte   HERRMANN   Du bist ein Drehbuchautor, der sich an monströse Figuren heranwagt. Ich denke an den Fall »Jakob von Metzler«. Oder, sehr früh, dein HAMMERMÖRDER, die authentische Geschichte eines Serientäters. Und natürlich ein Stoff, auf den du seit Jahren hinarbeitest: »Dutroux«…Wie nahe traust du dich an diese Figuren heran?

BREINERSDORFER So nahe wie möglich. Wobei es reizvoll ist, gestaltend einzugreifen. Viele Berufsgruppen setzen sich zwangsläufig mit solch traumatischen Ereignissen auseinander: Journalisten, Historiker, Juristen… Sie sagen: »Es war so«. Oder: »Es war nicht so«, oder: »Wir wissen es nicht«. Wenn ich mich dem Traumatischen nähere, bin ich, als Künstler, nicht in diesem Maße rechenschaftspflichtig und an Regeln gebunden. Es geht mir um etwas anderes. Ich nenne es »künstlerische Wahrheit«. Sie existiert jenseits des juristisch, journalistisch oder historisch Beweisbaren.

HERRMANN Wie bist du an SOPHIE SCHOLL geraten? Als ich dir den Stoff vorschlug, lehntest du zuerst ab, sagtest, das sei »Schulfunk«…

BREINERSDORFER Marc Rothemund, der Regisseur, und du: Ihr habt parallel angefragt. Du hast mich bekniet, in die Recherche einzusteigen.

HERRMANN Immerhin hat es genützt…

BREINERSDORFER Sie ist die einzige deutsche Heldin, die wir haben. Ich habe gelesen, gelesen und gelesen. Interviews mit Zeitzeugen gemacht. Ohne sie wirklich zu begreifen. Das hat mich fasziniert. Momentan bin ich so weit, dass ich ein Bild von ihr entwickle. Von einer Figur, in sich schlüssig, mit all ihren Geheimnissen, die einen heldenhaften Weg geht. Authentisch erscheint. Es beginnt ein Ringen um Worte. Es geht darum, die historischen Fakten zu gestalten. Marc und ich haben ein Prinzip: Wenn die Quellenlage eindeutig ist, richten wir uns danach. Und wenn sie widersprüchlich ist, nehmen wir die dramaturgisch geeignetere Variante.

HERRMANN   Historische Recherche wird von Erfindung abgelöst?

BREINERSDORFER   Wir wissen heute, dank der aufgetauchten Gestapoprotokolle, dass Sophie die Flugblätter in den Lichthof der Universität gestoßen hat. Schon bei ihrer ersten Befragung durch den Hausmeister hat sie sich in diesem Punkt vor ihren Bruder gestellt. Und im ersten Verhör hat sie eingestanden: »Ja, ich habe den Blättern einen Stoß versetzt. Aus Übermut, das liegt in meiner Natur.« Dieser Satz erzählt etwas über ihre Motivation. Ich stelle mir vor, dass sie den Stapel im Vorbeigehen heruntergeschubst hat... *macht eine Geste, mit dem Ellenbogen...* Dramaturgisch ist es eine Erfindung. Die aber in ihrer Natur liegt. Wie Julia Jentsch, unsere Schauspielerin, es spielen wird, wissen wir jetzt noch nicht.

HERRMANN   Erfinden ist gleichbedeutend mit Inszenieren?

BREINERSDORFER   Das Drehbuch wird so verfilmt, wie es geschrieben ist. Bis hin zu Blickwechseln und allem Drum und Dran. Marc trägt keinen einzigen Dialogsatz zum Drehbuch bei. Als Autor wünscht man sich das: Ich stehe im Supermarkt, an der Kasse, und er ruft mich vom Set an, wegen gerade einmal zwei Dialogzeilen, die er noch braucht.

Zweite, dritte Figur

HERRMANN   Sophie hat in deiner Geschichte einen einzigen Gegenspieler: den Gestapobeamten, der sie verhört...

BREINERSDORFER   Er verkörpert das System. Und ist eine bizarre Figur. Anneliese Knoop-Graf, eine Zeitzeugin, die Schwester von Willi Graf von der *Weißen Rose*, ist monatelang von ihm verhört worden. Als wir sie nach seinem Charakter befragten, hat sie gesagt: »Man musste sich immer kneifen, dass er nicht der gute Onkel von nebenan ist, sondern ein Gestapo-Beamter.« Sein Sohn aber, den wir mühsam aufgetrieben haben, sagt über ihn: »Zu Hause, im privaten Bereich, war er eiskalt, zynisch, gelangweilt.« Ein Mann mit zwei Gesichtern also. Nach dem Krieg besaß er die Chuzpe, zu den Scholl-Eltern zu gehen und um seine Entlastung im Entnazifizierungsverfahren zu bitten. Wir haben sehr genau seinen Lebensweg recherchiert. Er hatte ein schweres Magenproblem, wäre beinahe an einem Magendurchbruch im Dienst gestorben. Hat sehr viel in sich hineingefressen. Und er hat geraucht. So entsteht eine Figur. Man gestaltet sie nach Erkenntnissen. Du musst aber immer noch entscheiden, wann er raucht, eine Tablette lutscht, seine Hand auf den Magen legt...

HERRMANN   Du suchst das Individuelle, Besondere an der Figur...

BREINERSDORFER   ...ohne zu missachten, für was Mohr, der Gestapobeamte, steht. Und was Sophie ihm entgegenzusetzen hat. Sie sagt: »Mit demselben Gesetz, das vor zehn Jahren noch die freie Meinungsäußerung geschützt hat, rechtfertigen Sie jetzt, meinen Bruder und mich aufs Schafott zu bringen«. Dieser von mir erfundene Satz erinnert an die Positivismus-Debatte der 20er Jahre: Für Sophie gibt es ein Naturrecht, höher als der Gesetzgeber. Die Positivisten aber meinen: Es kann keine unrechtmäßigen Gesetze geben, egal, wer sie erlässt. In der damaligen Welt war die Vorstellung eines illegalen Gesetzes eine sehr ungewöhnliche. Das erklärt Mentalitäten von Leuten wie Eichmann, den Schreibtischtätern und Untertanen. Sophie Scholl aber ist von ihrem Elternhaus geprägt und einer durch Religion erzeugten Haltung von eigenverantwortlicher Charakterbildung, einer selbstbewussten Definition von Gut und Böse. Die unterschiedlichen Welten der beiden prallen in den Dialogen zwischen Mohr und Sophie aufeinander. Hier werden die Haltungen der Figuren sichtbar und emotional erspürbar. Mal sehen, wie das Publikum auf diese dialoglastigen Szenen reagiert?

HERRMANN   Verarbeitest du Biographisches in deinen Geschichten?

BREINERSDORFER   Mein Leben ist zu langweilig für einen Film. Ich ersetze meine Biographie durch Recherche und Phantasie.

HERRMANN   Lohnt es sich denn, alles über seine Figuren zu wissen?

BREINERSDORFER   Auf jeden Fall.

HERRMANN   Überleben deine Figuren mitunter eine Geschichte, tauchen in einer anderen von dir auf?

BREINERSDORFER   Ich finde es leichter, Figuren neu zu erfinden. Ich schreibe Drehbücher genuin. Versuche dabei, das Wort Spaß zu vermeiden. Ein Mittelding zwischen Leidensfähigkeit und »Ausdrucks-Vergnügen«.

HERRMANN   Was ist dein Geheimnis?

BREINERSDORFER   Mein größtes Geheimnis ist, dass ich Legastheniker bin. Ansonsten führe ich, wie gesagt, ein langweiliges Leben, habe aber einen wunderbaren Beruf, der mich Menschen wie dir ausliefert, die mich gnadenlos aussaugen. Und Regisseuren, Schauspielern, Kameraleuten, der ganzen Bande, die mein für sie geschaffenes Werk künstlerisch ausbeuten. Aber dafür habe ich es geschrieben.

Stoff für vier Szenen   HERRMANN   Ich würde gerne abschließend ein kleines Spiel spielen. Vier Situationen, zu denen du Szenen erfindest.

BREINERSDORFER   Wie beim Psychiater...

HERRMANN   Genau. Die erste Situation: eine Mülldeponie, Mittwochmittag, ein Müllfahrzeug fährt die Zufahrt hoch.

BREINERSDORFER Damit assoziiere ich etwas aus meiner Biographie. Ich habe als Kind tatsächlich auf einer Müllhalde gespielt. Wir haben auf Müllautos gewartet, geschaut, was für Sachen herausfallen. Das Tollste waren Schokoladenreklamen von Triumph. Berge von Schokoladentafeln, aus Pappe. Sie regneten auf uns herunter, schossen aus dem Laster. Zu Hause haben wir die Packungen aufgerissen, aber es war nichts drin. Wir haben sie den Nachbarn in die Briefkästen geworfen.

HERRMANN Die zweite Situation: ein weiß gekacheltes Badezimmer. Eine Frau steht vorm Spiegel, mit einer Perücke auf dem Kopf.

BREINERSDORFER Ich würde einen Mann hereinkommen lassen. Er ist angezogen, setzt sich auf den Badewannenrand. Die Frau ist nackt. Sie könnte in einer Krebstherapie sein, aber warum ich sie nackt sehe, das ist sehr eigentümlich. Schutzlos seinen Blicken ausgeliefert. Ein schöner Anfang für einen Krimi: Eine krebskranke Frau, sehr schutzlos, probiert eine Perücke auf. Ein Mann kommt herein, den sie nicht kennt, sie erschrickt sich wahnsinnig. Er schließt das Bad ab, setzt sich zu ihr und fängt an, über irgendetwas mit ihr zu reden. Die beiden haben einen weiten Weg vor sich, zueinander.

HERRMANN Die dritte Situation: eine Großstadtkreuzung um vier Uhr morgens, in einer deutschen Großstadt. Sie ist menschenleer.

BREINERSDORFER Menschenleer? Dazu fällt mir szenisch nichts ein. Ohne Menschen kann ich keine Geschichte erzählen.

HERRMANN Ein großer Vergnügungspark, Sonntagnachmittag, die Sonne brennt herunter, es ist brechend voll…

BREINERSDORFER   …Da sind Leute mit Kindern. Ich stelle mir neben all den Familien einen sehr einsamen Menschen vor, der nur deswegen dort hingeht, um mit Menschen zusammen zu sein. Es gibt Menschen in Deutschland, die weniger als acht oder neun Leute namentlich kennen! Hitze spielt für mich dabei keine Rolle. Jemand, der sich tastend und zögernd diesem Gefühl ausliefert, unter Menschen zu sein.

FRED BREINERSDORFER

Geboren 1946 im Mannheim, hat in Mainz und Tübingen Jura und Soziologie studiert und über »Gleichheit der Bildungschancen in Deutschland« promoviert.

17 Jahre praktizierte er in Stuttgart als Anwalt, spezialisiert auf Hochschulrecht, besonders Numerus Clausus-Prozesse. 1980 erschien sein erster Abel-Krimi bei Rowohlt. *REICHE KUNDEN KILLT MAN NICHT*. Weitere Krimis folgten. Lebt heute in Berlin. Fred Breinersdorfer ist Honorarprofessor, war bis 2005 Vorsitzender des VS (Verband Deutscher Schriftsteller in ver.di), ist Mitglied des P.E.N-Zentrums Deutschland, der Deutschen Filmakademie sowie Mitglied des Verwaltungsrats der VG Wort. Er gründete 1986 die Krimiautorenvereinigung »Das Syndikat«.

Seine Drehbücher und Filme wurden mehrfach für Preise nominiert und ausgezeichnet, darunter mit dem Deutschen Fernsehpreis, dem Adolf Grimme Preis in Gold und der Goldenen Kamera. Zuletzt ist sein Drehbuch für SOPHIE SCHOLL für den Deutschen Filmpreis 2005 nominiert worden.

Filmauswahl:

SOPHIE SCHOLL - DIE LETZTEN TAGE (2005)
Drehbuch, Produzent

GRÜSSE AUS KASCHMIR (2004)
Drehbuch

TATORT: DIE SPIELER (2003/2004)
Drehbuch

TATORT: DER SCHÄCHTER (2003)
Drehbuch

ANWALT ABEL: DER VOYEUR UND DAS MÄDCHEN (2000)
Drehbuch

TATORT: JAGDFIEBER (1998)
Drehbuch

JAGD NACH CM 24 (1996/1997)
Drehbuch

ANGST (1993/1994)
Drehbuch

DER HAMMERMÖRDER (1989/1990)
Drehbuch

Wunsch und Not des Autors

Die Krise eines Autors manifestiert sich beim Schreiben. Wenn seine Figur anhält, so tut, als ob sie nicht mehr weiter wüsste, und ihn in leise Panik versetzt. Was er übersieht: Seine Figur wird mit schöner Regelmäßigkeit in der Mitte seines Stoffs, des Drehbuchs und seiner Vorbereitung, mit einer unscheinbaren, äußerlich unspektakulären, eher ereignislosen Mitte-Szene ihren Konflikt annehmen. Sie ist im Begriff, sich von ihrem Autor zu emanzipieren, ihn zu überraschen (und zu beglücken), indem sie selbständig und lebendig agiert. Sie hat ihren Wunsch begraben, ihre Not entdeckt, um sie als Klimax für sich zu lösen, am Ende des Drehbuchs. Es gibt den Gang der Ereignisse, und es gibt den selbstbewussten Weg einer Figur, in Gemeinschaft mit ihrem Autor. Autoren trauen keinen Plotpoints und anderen Wegmarkierungen beim Schreiben, allenfalls später, wenn sie zu Lesern ihres Buchs werden, es prüfen, und sich an die zweite Drehbuchfassung machen. Bei der ersten verlassen sie sich auf ihren Instinkt: Ihre Krise ist Programm, ihre Figur agiert für sie, sie kann es nur, wenn sie es zulassen.

Es ist ein offenes Spiel der beiden: Ein Autor adoptiert eine fremde Figur, macht sie zu seiner eigenen. Dafür adoptiert die Figur den Stoff ihres Autors: Indem sie seinen Wunsch erkennt. Denn auch Autoren besitzen einen Wunsch und eine Not, werden beim Schreiben in Bewegung gehalten, arbeiten sich, wie ihre Figur, eifrig daran ab.

Hans Weingartner erzählt in unserem Gespräch (Kapitel *Konflikt der Figur*) von einem biographischen Motiv, seinem Wunsch, der ihn antreibt: Wut und Sehnsucht nach Veränderung. Daneben hat er mit der unschuldigen Geschichte von Jan und Jule, in DIE FETTEN JAHRE SIND VORBEI, etwas anderes gestellt: Überwindung von Einsamkeit, die Frage, ob Liebe, in der Entscheidung der Helden füreinander, eine Lösung ist. Nachdem sie Hardenberg, den Unternehmer, bei dem Jule Schulden hat, entführt haben, entdecken sie ihre Not: Aus sich herauszutreten, Liebe in Freundschaft, und Unschuld in Aufruhr zu verwandeln. In einer der »stoffreichsten« Szenen der Geschichte, in der Mitte des Drehbuchs, verknüpfen die drei Helden eindringlich den Wunsch ihres Autors, seine Wut, mit ihrer Not: Sie sind mit sich alleine, Jan, Jule und Peter, halten ihre Freundschaft, eine Liebe zu dritt, in Händen, ihr Vertrauen, das sie Hardenberg überlegen macht, und haben dennoch keine Ahnung, wie es mit ihnen weitergeht? Sie greifen nach dem Wunsch ihres Autors und rücken noch enger zusammen, statt auseinanderzugehen. Entscheiden sich, ihre politischen Träume nicht zu opfern. Hans Weingartner hat seine WG-Revolutionäre Hardenberg überleben lassen. Er möchte nicht nur eine Geschichte über Liebe erzählen, aber zugleich spürt er: Es ist sein Stoff, er muss es tun. Seine jungen Helden arbeiten sich munter daran ab, stellen ihr brüchiges, geteiltes Leben neben das selbstgefällige von Hardenberg. Der Autor leidet Selbstzweifel, stellt seine Wut, seine Mission, in Frage und ist erleichtert, wenn seine Figuren ihn an die Hand nehmen, sich von ihm befreien, ihm zeigen, dass Wut und Liebe miteinander streiten, weil sie zusammen gehören. Es ist fast so, als ob sie ein Stück gewachsen sind, am Ende der Geschichte. Vielleicht werden sie dafür Weingartner ein winziges Mosaikstück seiner Not zeigen, wer weiß: Auf dem Teppich in Cannes hat er seine Freunde längst gefunden.

Lajos Egri hat für seine Schule des DRAMATISCHEN SCHREIBENS das Diktat der *Prämisse* als nützliches Instrument entdeckt. Eine Prämisse ist für den Autor der schlichte »Zweck«, den er mit seinem Drama verfolgt, eine stabiler Sinnzusammenhang für seine Figur, zum Beispiel: »Die große Liebe trotzt sogar dem Tod«, für zwei leidenschaftlich Liebende, in ROMEO UND JULIA, oder »Blindes Vertrauen führt zur Vernichtung« für die Verblendung des alten Patriarchenkönigs in *King Lear*. Der Prämissensatz drittelt sich in einen Charakter (Subjekt), einen Konflikt (Prädikat) und seine Auflösung (Objekt). Subjekt-Prädikat-Objekt: Mit wunderbar schulmeisterlicher Attitüde hat Egri den Wirkungskreis einer Figur beschrieben. Sie ist eine treibende, damit beschäftigt, eine fremde Mission zu erfüllen. Urheber des Manövers ist der Autor, seine Prämisse ist sein »Tyrann, der nur einen einzigen begehbaren Weg erlaubt – der des absoluten Beweises.« Ein Charakter entwickelt sich, nicht aber der Autor und seine Botschaft.

Für Robert McKee (*STORY*) ist der unverrückbare Autor ein Ding, das eine Figur herausfordert, zu ungewohnten Entscheidungen zwingt, indem er ihr seine Überlegenheit demonstriert: »Denken Sie daran: Sie sind der Gott Ihres Universums. Sie kennen Ihre Figuren, ihre Gedanken, Körper, Emotionen, Beziehungen, ihre Welt.« Drehbuchlehrwerke neigen dazu, Autoren Mut zu machen, indem sie ihnen die Herrschaft über ihre Figuren, Charaktere übertragen. In der Praxis geht es stattdessen für beide, Autor und Figur, eher darum, sich in einem günstigen Augenblick loszuwerden. Eine Prämisse ist beweglich, man braucht eine, hat aber keine Erfüllungsgarantie. Ein Autor hält seinen Stoff in Händen, nimmt sich etwas vor, hat einen Wunsch, den einfachen Plan, ist sterbensglücklich darüber. Und wird mit hübscher Regelmäßigkeit gezwungen ihn aufzugeben, verwandelt ihn in seine Not, den bescheidenen Traum, den er hat und nicht auszusprechen wagt. Muss hilflos und beglückt miterleben, wie sich seine Figur, von ihm gestärkt, tapfer an ihrem Wünschlein abarbeitet, und die erste Gelegenheit nutzt, sich davonzustehlen. Das Geheimnis dieses subversiven Dialogs: Sie ahnt den übermächtigen Wunsch des Autors, seine verborgene Not, übernimmt sie und zögert keine Sekunde, sich von ihrem Autor zu befreien und ihn zu überraschen.

Die Ohnmacht des Helden tritt in der Mitte des Drehbuchs zu Tage. Sie begegnet dort einem guten alten Freund: der Ohnmacht des Autors. Zu seiner persönlichen Heldenreise gehört eine Portion Leichtsinn: seine Figur zu entlassen. Mit der vagen Hoffnung, dass sie ihm eine Antwort zurückbringt: auf die eine große, private Lebensfrage, die sein Stoff ist.

Sofia Coppola, Tochter eines berühmten Vaters, erzählt im Interview, wie ihr Leben nach der College-Zeit seine Perspektive verlor und zum Stillstand kam. Ihre Krise begegnete ihr in zwei Figuren, Bob, Anfang fünfzig, und Charlotte, Ende zwanzig, in Lost in Translation. Zwei Gestrandete in einem Hotel in Tokio, die, dank der Investition ihrer Autorin, Zuneigung füreinander entwickeln. In der Mitte der Geschichte, an der Bar des Hotels, treffen die beiden Figuren eine Entscheidung: sich nicht zu küssen, keine Liebesbeziehung miteinander zu beginnen. Sie emanzipieren sich von der Erwartungshaltung des Zuschauers, greifen den Wunsch ihrer Autorin auf: Aus dem turbulenten Midlife-Krisendrama wird eine ruhig fließende, tiefsinnige Komödie. Charlotte und Bob sind ein Spiegel des anderen, zwingen den anderen hineinzuschauen, erkennen sich wieder. Und weisen ihrer Autorin, mit einem eleganten Genrebruch, den Weg zu ihrer Not: Man darf seinen berühmten Vater in den Arm nehmen und dennoch aus seinem Schatten treten, etwas eigenes sein, eine gefeierte Regisseurin zum Beispiel.

Autoren suchen den Ausdruck ihrer Figur nicht umsonst. Das eine ist es, mit einem Drehbuch Geld zu verdienen, ein anonymes Publikum im Fernsehen, oder ein vertrautes, kleineres im Kino zu erreichen. Sich von Kindesbeinen an mit einer Vielzahl fremder Eindrücke, täglicher Rezeption von Filmen, guten Ratschlägen zu wappnen. Seine Kreativität an bewährten Vorbildern zu messen, sie mit der eigenen Geschichte nachzuahmen, selbst ein Vorbild zu werden.

Ein anderer, bescheidener Teil des Lohns, den sich der Autor auszahlt, besteht in seinem Glück, sein unvollendetes Drama über viele Geschichten auszubreiten. Kein Drehbuchautor erwartet ernsthaft, dass seine Figur ihn aus seiner Krise befördert. Aber sie hilft ihm immerhin mit ihrem ungeklärten Konflikt, ein wenig Neuland zu entdecken. Er lässt sich gerne von ihr ablenken und entführen. Mitunter gibt sie ihm, am Ende des Drehbuchs, ein paar unschuldige Träume zurück, zu seiner eigenen Überraschung. »Du tauchst in eine fremde Welt ein und es ist trotzdem deine eigene. Es ist eigenartig und gespenstisch«, sagt Susanne Schneider, eine der Drehbuchautorinnen in diesem Buch: Ihr habe ich den Hinweis auf ein subtiles Buch über die Erfindungskunst des Autors zu verdanken (und vielleicht das schönste überhaupt, weil es das unehrgeizigste von allen ist). Darin werden zwei Gebote aufgestellt (Autoren sind bescheiden, brauchen keine zehn, scheint es). Das erste Gebot ist: »Am wichtigsten ist die Erkenntnis, dass der Autor anfangs eine ebenso falsche Vorstellung von einer oder mehreren Figuren hat wie der Leser.« Der Satz stammt von Stephen King, dem Horrormeister (*DAS LEBEN UND DAS SCHREIBEN*, 2000).

King beschreibt sein Scheitern und Triumphieren. Am Beispiel von *Carrie*, seiner ersten Romanfigur, die ihn weltberühmt gemacht hat. Wunsch und Not einer Figur, ihre Inhalte setzen und lösen (»Want« und »Need«, »Planting« und »Pay-Off«) sind Begriffspaare, die die Entwicklung des Stoffs als eine gemeinsame Bewegung von Autor und Figur beschreiben: Eine Figur entdeckt *sich selbst*, weil ihr Autor sie *für sich* erfunden hat. Seine Prämisse, der vornehme Zweck, den er anfangs mit seiner Geschichte verfolgt, wird von seiner vorlauten Figur hinweggefegt. Sie verführt ihn mit ihrer Geschichte, es ist immer noch seine, aber eben auch eine andere. Deshalb kann er ihr (und sich) vertrauen. Oder er gibt auf, dazwischen gibt es nichts, was ihm helfen könnte.

Auch Autoren begreifen ihre Not. Am Ende, wenn sie ihre Arbeit am Drehbuch abgeschlossen haben, machen sie einen kleinen Sprung, nicht anders als ihre Figur es immer in der Mitte des Drehbuchs tut, unauffällig, aber mit Folgen. Drehbuchschreiben ist wie Topfschlagen: Der Autor zieht sich die Binde über die Augen und wird von seiner Figur mit ein paar vagen Zurufen geleitet. »Heiß!«, »Lauwarm!«, »Kalt!«, sind ihre Kommandos. »Ich weiß nicht weiter«, sagt er. Und sie: »Bisschen wärmer!« Oder, um mit Stephen King und seinem zweiten Gebot zu sprechen: »Knapp dahinter auf Platz zwei liegt die Einsicht, dass es keine gute Idee ist, ein Werk aufzugeben, nur weil es sich als emotional oder imaginär kompliziert erweist. Manchmal muss man einfach weitermachen, auch wenn man keine Lust hat, und manchmal leistet man sogar gute Arbeit, wenn man den Eindruck hat, sich immer tiefer in die Scheiße zu schaufeln.« Man kann es auch rücksichtsvoller ausdrücken und behaupten, dass es den besten Autoren nicht um Erkenntnis geht. Sie haben sich, wie der kleine Stephen damals in den Fünfzigern, nicht auf das brachliegende, von Unkraut überwucherte Grundstück hinterm Haus getraut. Und holen endlich nach, was sie versäumt haben. Mehr Not muss nicht sein in einem Autorenleben.

Drehbuchautoren üben sich in der Strategie des Loslassens, im Vertrauen darauf, dass sie ihren Stoff und seine besondere Forderung (ihre Not) erfolgreich ihrer Figur übertragen haben. Prämissen sind beweglich, Figuren auch. Barbara Albert, die junge österreichische Filmemacherin, hat den ersten Looping hinter sich, ohne dass ihr dabei schwindlig wurde. Sie ist eine Autorin mit einem genauen Wunsch. Und beginnt ihn inzwischen als eine Frage an sich selbst zu begreifen, ihren Stoff als ein Spiel, für das sie eine selbstbewusste Figur braucht.

Dialog mit meinen Helden

Im Gespräch mit…

Barbara Albert

Sie hat eine starke Annahme von der Struktur einer Geschichte, wenn sie ein Drehbuch zu schreiben beginnt. Sie ist eine reflexive, analytisch versessene Autorin. Ihr Stoff kreist um die wache, tastende Lust auf Veränderung. Sie ergreift Partei. Oder, mit Reinhard Hauff: »Stil ist, wenn man etwas zu sagen hat.«

Ihre Heldinnen suchen ihre Gegenwart. Sie tauchen in ihre Vergangenheit ab, bestaunen den Verlust ihrer Identität und wagen einen unsicheren, zweifelnden Ausblick auf das, was kommen könnte. Dazwischen spielen ihre Lebensgeschichten, in Wien und um Wien herum, in einer Zeit, unserer eben, die in den Augen der österreichischen Autorin keineswegs resignativ wirkt, einen vagen Aufbruch verspricht.

Was ist radikal? Nicht die Qualität der Aussage ihrer Geschichte, vielmehr die entschiedenen, ernsten Fragen, die sie an sie richtet. Dahinter entfaltet sich ihr aufrüttelnder Zauber.

Sie ist von Zuneigung zu ihren Figuren erfüllt, mit ihrem unruhigen Gerechtigkeitssinn erinnert sie an streitbare Heldinnen unserer Geschichte, Ulrike Meinhof zum Beispiel, als sie BAMBULE (1970) schrieb. Sie ist in der Lage, Abschied zu nehmen, sich von Vertrautem zu trennen, aber weit davon entfernt, sich vor der Welt zu verstecken und im Untergrund zu verschwinden.

Barbara Albert, Autorin, Regisseurin, Produzentin, zelebriert die Gründe, die sie in eine ihrer Geschichten treiben, berechnet sie präzise. Ihre Heldinnen sind Manuela, Birgit, Ursula, haben schöne, gewöhnliche Namen, in Geschichten, die NORD-

RAND (1999), BÖSE ZELLEN (2001), FALLEN und ANOTHER WORLD (beide in Planung) heißen.

Eine Autorin in Bewegung, zielgenau. Fragt sich nur, wo sie herkommt, an einem kalten Februarmorgen in Berlin. Sie wird es gleich erzählen, auf Wienerisch, was die Zimmertemperatur sogleich ein paar Wärmegrade hochhüpfen lässt.

PRODUKTIONSBÜRO, BERLIN, LEHRTER STRASSE INNEN/TAG

Ein kalter Februarmorgen, zur Zeit der Berlinale. Ich warte im Büro eines Produzentenfreunds. Die Autorin kommt nicht. Eine dreiviertel Stunde vergeht.

HERRMANN   Was ist passiert?

ALBERT   Ich war auf einer Filmparty, habe bei einem Mitbewohner aus Wien übernachtet. Ich habe verschlafen, mein Handy nicht gehört, wegen der ungewohnten Umgebung wahrscheinlich.

HERRMANN   War die Party gut?

ALBERT   Es waren nicht solche Massen, das war angenehm: Es war nicht »sooo« voll.

HERRMANN   Du hast mir einmal gesagt, dass du ein Problem damit hast, Menschen und Gesichter zu erinnern.

ALBERT   Es fällt mir schwer. Ich habe gerade gelesen, dass die Forschung ein kleines Eck im Gehirn gefunden hat. Es soll für das Erinnern von Gesichtern zuständig sein. Es gibt eine eigene Krankheit: Erwachsene können sich nicht an die Gesichter ihrer Kinder erinnern. Da müssen die Kinder immer sagen: »Ich bin deine Tochter, dein Sohn«. Auch ich muss Menschen zweimal ansehen, mir bewusst sagen: »So, jetzt merkst du dir dieses Gesicht, diese Situation«. Dann funktioniert es.

HERRMANN   Gibt es Figuren, die diesen Defekt haben, in deinen Geschichten?

ALBERT   Ich habe darüber nachgedacht. Aber es gibt bereits Geschichten dieser Art, zum Beispiel MEMENTO. Ich habe etwas anderes vor: Ich möchte eine Geschichte über eine besondere Figur schreiben: Sie ist eine Zahlenfanatikerin, wie ich es bin. Ich mag Zahlen sehr gerne – kann sie mir mühelos einprägen. Namen und Gesichter sind furchtbar, Zahlen gar nicht. Meine Figur ist zahlenbesessen, hält sich an Zahlen fest.

HERRMANN   Geben Zahlen einen Halt?

ALBERT   Glaube schon. Sie haben mit Struktur zu tun.

HERRMANN   Eine deiner Geschichten, an der du gerade arbeitest, ist ANOTHER WORLD.

Wunsch der Autorin   ALBERT   Eine Geschichte über Vergangenheit, Gegenwart und Zukunft. Es ist meine »politische Geschichte«, in Anführungszeichen. Meine Filme folgen Lebensphasen: Zuerst kam die »Muttergeschichte«, dann die »Vatergeschichte«, die »Todesgeschichte«, eine »Lebensgeschichte«, und jetzt, aktuell, meine »politische Geschichte«: Eine Studentin stößt in Wien auf ihre Vergangenheit, entdeckt, dass ihr Großvater bei der SS war. Andererseits ist es auch eine große, wechselvolle Liebesgeschichte. Hier ist mein Knackpunkt: Was will ich damit ausdrücken? Es geht um netzartige Verbindungen von Figuren, um Liebe und Schrecken. Um Auschwitz. Ich weiß, es wird schwierig werden. Leider bin ich eine Anti-Pitcherin!

HERRMANN   Mischa, deine Heldin, entdeckt die Nazivergangenheit ihrer Familie, gerät in eine Krise, verliebt sich. Der Alltag, das Gewöhnliche um sie herum, entgleitet ihr. Sie wird politisiert, verliebt sich in politische Kontexte. Und diese Kontexte stehen für unterschiedliche Männerfiguren…

ALBERT   Genau!

HERRMANN   Tim ist eine der Männerfiguren, und Jonathan, ein politischer Aktivist, der in Warschau lebt und arbeitet. Deine Geschichte spielt in Wien, Warschau und Italien, es geht in ihr um Globalisierung und darum sich einzumischen, Partei zu ergreifen. Am Ende der Synopsis schreibst du: »Ist der Mensch moralisch? Existiert eine Moral ohne gesellschaftliche Regeln? Was bedeuten für uns die Grausamkeiten des 21. und des 20. Jahrhunderts? Können wir vergessen? Gibt es ein Vergeben?« Das sind gesellschaftliche Fragen, die du mit deiner Geschichte aufwerfen möchtest. In deinen persönlichen Aufzeichnungen stellst du Fragen an dich selbst, notierst private Gedanken. Ein konzentriertes Tagebuch. An einer Stelle beschreibst du deine Heldin: »Sie geht und geht und auf einmal lacht sie…« Eine Figur für sich, unbeobachtet, jenseits der großen Geschichte von Schuld, Verbrechen und Verantwortung, um die es dir auch geht. Der Satz ist ein feines Liebesbekenntnis. Liebst du deine Figuren?

ALBERT   Alle! Ich habe als Kind und Jugendliche oft gedacht, dass ich die ganze Welt liebe. Natürlich habe ich inzwischen dazugelernt, aber trotzdem: Ich kann Figuren nur schreiben, wenn sie mich interessieren… und dazu muss ich sie mögen.

HERRMANN   Was ist das für ein Zustand? Zu gehen und zu lachen. Deine Figur lacht gegen die Stimmung an, in die du sie versetzt hast.

Emanzipierte Figur

ALBERT   Aber das ist ja ein Grund, warum Geschichten interessant sind: Weil wir so sind, eben unlogisch. Deshalb halte ich das ganze Getue um Motivationen von Figuren für übertrieben. Die kleinen, überraschenden Momente sind es, worüber ich mich freue, wenn ich einen Film sehe: kleine Gesten, wenn sich ein Schauspieler vielleicht nur einen Schuh zubindet, obwohl es nichts mit der Szene zu tun hat. In 70er-Jahre-Filmen, vor allem den amerikanischen, sind die Schauspieler so frei! Es gibt so viele Schnörkel, dahinter spürt man das Leben.

HERRMANN   In deinem Tagebuch rüttelst du dich wach: »Einen ganz eigenen Kosmos schaffen, eine Bewegung selbst vorgeben!!!!!!« schreibst du. Und den Satz: »Nimm es selbst in die Hand, hab Mut, Mut, Mut!« So könnte auch Mischa, deine Heldin, sprechen. Sie ist eine Heldin, die politisch agiert, sich von den Schatten ihrer Familiengeschichte zu befreien versucht. Auch von dir als Autorin?

Not der Autorin   ALBERT   Es gibt mein Thema, die letzten Fragen, die ich an mich stelle, und es gibt meine Figur. Sie muss dem Thema gerecht werden. Bei Böse Zellen, meinem letzten Film, bewegten sich die Figuren in einem geschlossenen System, es gab nur wenige Auswege scheinbar, sie führten ins Nichts. Bei Another World besitze ich selbst das Bedürfnis nach mehr Freiheit. Meine Figur soll nicht nur meinem Thema gerecht werden. Ihre Geschichte soll ein offenes System werden, dahin zielen meine Fragen. Meine Figur darf überraschen und einfach irgendwo hingehen. Die Dramaturgie folgt einem Zufallsprinzip, ich lasse mich von den Figuren treiben. Sie wissen ja selbst nicht, warum sie irgendwo hingehen. Trotzdem habe ich das Bedürfnis, am Schluss Dinge zusammenzubringen. Dieses Bedürfnis gibt es, genauso wie ein intuitives Gefühl dafür, wann eine Geschichte zu Ende ist, sich Kreise und Bögen schließen. Darunter verstehe ich aber etwas anderes, als eine Geschichte nachzuerzählen. Wenn jemand sagt: »In der Geschichte *passiert* erst das, dann das…«, wie langweilig! Wenn mir jemand aber sagt: »Da *geht es um* das und das«, wunderbar!

HERRMANN   In Böse Zellen erzählst du die Geschichte von Manuela. Du lässt sie einen zweifachen Tod sterben: Sie stürzt am Anfang mit einem Verkehrsflugzeug ab und, nachdem sie es als Einzige überlebt hat, wird sie kurze Zeit später bei einem Autounfall getötet. Die Geschichte handelt von der

Unmöglichkeit der Nachwelt, mit ihrem Tod zurechtzukommen.

ALBERT Der Gedanke des zweifachen Tods hat mich tatsächlich angetrieben. Meine Überlegung war: Wie zynisch ist das Schicksal? Es lässt dich auf spektakuläre Weise überleben und auf banale Weise sterben.

HERRMANN Welche Figur war dir beim Schreiben am nächsten? Manuela, die Tote?

ALBERT Nein, zuerst war es Andrea, ihre beste Freundin, mit ihren Eifersuchts- und Beziehungsdramen. Sie ist ungefähr in meinem Alter. Aber dann fiel mir auf, dass sie mir am fremdesten ist, und ich das blonde Mädchen, Manuelas Tochter, bin, die fast autistisch durch die Welt geht und sehr viel mit mir zu tun hat. Mit den Gefühlen meiner Kindheit. Ein »Nicht-Teil-sein«, »Sich-nicht-auskennen«, »Nicht-Verstehen«.

HERRMANN Und Manuela?

ALBERT Sie war die Figur, von der ich ausgegangen bin, aber sie war mir nicht nahe. Dazu weiß ich zu wenig von ihr.

HERRMANN Wie war es, die Geschichte einer toten Heldin zu schreiben?

Dramatische Person

ALBERT Sehr heftig. Ich hatte vor den Bösen Zellen meine Unterlagen der letzten fünf Jahre durchgesehen, in der Suche nach einem Stoff, und hatte immer das Gefühl: »Das habe ich schon erzählt, das auch…« Ich wollte etwas Neues finden. Da hatte ich die Idee der toten Hauptfigur. Sie stirbt und ist dennoch präsent. Das Geisterhafte faszinierte mich, ich wollte eine Geistergeschichte erzählen. Mit dem Ergebnis, dass ich beim Schreiben selbst Geistererlebnisse hatte. Einmal bin ich mitten in der Nacht aufgewacht und dachte, dass da irgendetwas über mir ist. Alles war schwarz, und ich konnte mich nicht bewegen, war wie gelähmt. Das hatte ich mehrmals, zum ersten Mal in Triest in Italien, der Totenstadt überhaupt.

HERRMANN   Kleine Empfehlung an Autoren mit Schreibblockade, dort hinzufahren...

ALBERT   Ich war in einem kleinen Hotel, es passierten dort eigenartige Dinge, ich bekam richtig Angst. Ich schrieb etwas und blickte in einen Spiegel, in dem das, was ich geschrieben hatte, gerade geschah. Mich überfiel der Gedanke: »Wie hängt es zusammen?« Er hat mich beängstigt.

HERRMANN   Manuela stirbt. Ihre Freunde, Verwandten suchen einen Weg zueinander, ohne ihre Lücke schließen zu können. Deine tote Heldin ist präsent, lebt auf rätselhafte Weise weiter, stellt sich zwischen die Lebenden.

ALBERT   Aber nicht psychologisch, eher esoterisch. Ich sage nicht: Weil Andrea ihre tote Freundin vermisst, bildet sie sich ein, dass sie da noch irgendwo ist. Sondern ich behaupte: Sie ist noch da.

HERRMANN   Deine Figuren bewegen sich kaum.

ALBERT   Sie können nicht aus ihrem Gefangensein, ihrem System heraus. Können sich allenfalls bei anderen anlehnen. Inzwischen sind sie weniger gefangen. Ich möchte zeigen, dass sie sich bewegen! Sie stoßen auf Schwierigkeiten, aber sie geben nicht auf. Am Ende von ANOTHER WORLD, meiner aktuellen Geschichte, scheitert nur Silvia. Sie ist die manische Figur.

HERRMANN   Silvia ist Jonathans Freundin. Als sie verhaftet wird, verbringen Jonathan und Mischa die Nacht zusammen.

ALBERT   Silvia stirbt am Ende. Die fanatischste der Frauen. Mit ihrem Tod möchte ich nicht ausdrücken, dass alles ausweglos ist. Vielleicht ist es gefährlich, sie sterben zu lassen? Es scheint der einfachste Weg zu sein, und davor habe ich Angst. Silvia ist unglücklich und manisch, aber gleichzeitig will sie etwas und brennt dafür. Wenn ich sie sterben lasse, wirkt es zu einfach, vielleicht sogar gemein, weil es sie entmachtet. Wir haben uns vor kurzem über Drehbuchfiguren unterhalten. Sie wollen sich emanzipieren, werden aktiv...

HERRMANN   Wenn du genügend in sie investiert hast... es geschieht häufig in der Mitte einer Geschichte: In der Mitte von Nordrand liegt Jasmin, deine Heldin, leblos auf einer Schneewiese, wie festgefroren. Deine Figur hält an, beginnt sich von dort zu bewegen und einen eigenen, überraschenden Weg zu gehen.

ALBERT   Dazu ist mir eingefallen, dass Another World nicht voraussehbar enden darf. Vielleicht muss Silvia weiterleben, trotz der Schwierigkeiten, die sie hat. Ich darf bei meiner »politischen Geschichte« nicht alles »rund« zu Ende bringen. Sonst verpufft alles.

Not der Autorin

HERRMANN   Was mit Silvia geschieht, wird sich beim Schreiben entscheiden, vorher nicht?

ALBERT   Das glaube ich.

HERRMANN   Deine aktuelle Geschichte ist Fallen. Wie weit bist du damit?

ALBERT   Ich habe die große Fallen-Krise gerade!

HERRMANN   In der Geschichte geht es um mehrere junge Frauen deines Alters, also Mitte bis Ende 50... *beide lachen...* Nein, du bist ja erst Mitte... wie alt bist du jetzt?

ALBERT   34.

HERRMANN   In der Geschichte geht es um vier Frauen deiner Generation. Sie kommen nach Jahren zusammen, weil einer ihrer Lehrer gestorben ist. Sie hatten früher sehr viel miteinander vor, waren enge Freundinnen, wollten alles teilen. Inzwischen sind sie desillusioniert von ihrem Leben. Sie haben sich in kleine Lügengeschichten verstrickt, geben etwas anderes vor zu sein, als sie sind. Am Grab des Lehrers werden sie gezwungen, ihre Lebensentwürfe zu überprüfen. Früher hatten sie eine schöne Utopie, wollten auf einem Bauernhof gemeinsam etwas beginnen, allerdings nicht mit »Gitarrenmusik aus den 70ern«, sondern nach ihren eigenen, besonderen Vorstellungen. Sie sind daran gescheitert, aber immerhin existiert der Bauernhof noch. Beim Lesen dachte ich: Schade, dass sie sich dort nicht noch einmal treffen, nachdem sich ihre Wege endgültig trennen.

ALBERT   Das genau ist meine Krise. Mir ist das Ende zu brav: ein Verrat ihrer Träume. Warum müssen sie alle in ihr altes Leben zurück? Warum können und dürfen sie nicht ausbrechen, warum müssen sie Gefangene in ihrem System bleiben?

HERRMANN   Die Utopie leben, nachholen?

ALBERT   Nicht in der Art, dass die Fünf sich an die Hand nehmen und in den Sonnenuntergang hineinlaufen. Ich muss es schreiben! Die Utopie am Ende umwandeln, heutig, durchführbar. Ein Lebenskonzept vielleicht nicht für alle, aber für drei oder auch nur für zwei von ihnen. Sie nehmen es in Angriff, als einen vorsichtigen Neubeginn und eben nicht in Resignation.

HERRMANN   Es gibt eine Lehrerin. Sie lebt als einzige noch in der Kleinstadt, ist nicht von dort weggekommen. Vielleicht wohnt sie, ohne es den anderen zu sagen, alleine auf dem Bauernhof.

ALBERT   Stimmt, es könnte über diese Figur gehen... Meine Geschichte bewegt sich gerade sehr! Auch formal: Ich möchte sie in drei Drittel strukturieren: Das erste Drittel ist der Tod, sie stehen am Grab des Lehrers und gehen zum anschließenden Leichenschmaus. Das zweite Drittel ist die Hochzeit von Norbert, ihres ehemaligen Schulfreunds. Sie geraten zufällig dorthin. Und als letztes eine Utopie, die sie sich zurück erobern. Ich möchte mit meiner Geschichte mutig sein und dahin gehen, wo ich mich nicht auskenne.

HERRMANN   In FALLEN erzählst du ein Ensemble mit gleichberechtigten Figuren. Ist es schwierig, ihnen allen gerecht zu werden? Benutzt du eine besondere Technik dafür?

ALBERT   Es gibt Zeiten, wo ich mehr über Figuren nachdenke, und Zeiten, wo ich die Struktur bearbeite. Es passiert parallel. Mein Problem ist, dass ich der Auseinandersetzung mit Figuren ein wenig umschiffe, stattdessen die Struktur, das System begreifen möchte: Wie meine Geschichte gebaut ist? Ich weiche aus, das ist das Gefährliche bei mir. Figurenarbeit mit fünf starken Figuren empfinde ich als sehr anstrengend...

HERRMANN   Wie schreibst du?

ALBERT   Am Anfang trage ich meine Geschichte mit mir herum, sie ist in meinem Kopf verborgen. Dinge, die zu ihr passen, tauchen auf, ich sammle unentwegt. Nebenher arbeite ich als Produzentin, ich verhindere mich auf diese Weise als Autorin! Irgendwann wird der Druck so groß, dass ich mich hinsetze, und in kurzer Zeit schreibe. Es heraushämmere!

HERRMANN   Warum hast du eine Abneigung dagegen, deine Geschichten anderen zu erzählen?

ALBERT   Ich möchte sie beschützen, gebe sie lieber schriftlich heraus. Mit anderen Geschichten entwickeln, mündlich, ver-

Erste Figur

bal, macht mir keinen Spaß. Manche wollen darüber reden, es spornt sie an. Ich habe schreckliche Angst davor, dass es zu schnell geht, will es lieber mit mir selbst ausmachen... Ich habe Angst vor Menschen, tue vieles im Leben, damit ich keine habe. Auch bei meinen Geschichten ist es so. Wenn ich sie erzähle, liefere ich mich aus. Wenn ich sie aufschreibe, auf Papier, kann der andere sie in Ruhe lesen. Ich bin auch überfordert, wenn andere mir ihre Geschichten erzählen. Es ist, als ob die Geschichten nicht da sind! Aus dem gleichen Grund telefoniere ich ungern: Der andere ist nicht da, ich kann ihn nicht anfassen, nicht »lesen«.

HERRMANN   Erinnerst du dich an die erste Geschichte in deiner Kindheit?

ALBERT   Mein Vater hat extrem lustige, eigenartige Geschichten erzählt, mit erfundenen Figuren und verstellter Stimme. Ich hatte als Kind immerzu Alpträume. Meine Schwester hat mir früh Schreiben beigebracht. Meinen ersten schönen Traum habe ich mit fünf aufgeschrieben: Ich gehe in einen Wald, in eine Höhle und treffe dort einen Zwerg. Der Zwerg gibt mir einen Stein, der irrsinnig schön ist. Er gibt ihn mir, ich gehe aus der Höhle heraus, zum Waldrand. Und sehe eine Lichtung, glaube ich.

Stoff für vier Szenen

HERRMANN   Ich möchte dir vier Situationen anbieten, und du sagst mir, was du damit verbindest: Die erste Situation ist eine Frau in einem Badezimmer. Sie hat eine Perücke auf, schaut in einen Spiegel.

ALBERT   Ein Foto meiner Mutter. Sie trägt eine rote Perücke, lacht und hat einen Lippenstift in der Hand. Ein ungewohntes Bild, sie war für Fasching verkleidet. Ein anderes Bild, das nichts damit zu tun hat, sind Scherben: Jemand haut mit seiner Hand in den Spiegel.

226

HERRMANN Eine Großstadtkreuzung an einem Sonntagmorgen, um vier Uhr früh. Es ist Nacht, kein Mensch ist zu sehen...

ALBERT Eine Verabschiedungsszene zwischen einem Mann und einer Frau. Sie steigt in ein Taxi.

HERRMANN Ein Vergnügungspark, an einem Feiertag im Hochsommer. Die Sonne brennt auf die Menschenmassen herunter.

ALBERT Ein Kind mit Zuckerwatte... und ein Bild aus meiner Erinnerung: Ich sitze mit anderen Jugendlichen auf einer rasenden Drehscheibe, am Rand, wir versuchen uns festzuhalten. Einige stehen in der Mitte, balancieren, machen Kunststücke. Ich habe es nicht geschafft, die anderen aber beobachtet und bewundert.

HERRMANN Ein Mülllaster, an einem Mittwochmittag. Er fährt eine riesige Müllhalde hoch.

ALBERT Viele Krähen... und coole Männer hinten auf dem Laster, rauchend, links und rechts...

BARBARA ALBERT

Geboren 1970 in Wien. Sie studierte Germanistik, Publizistik und Theaterwissenschaften, bevor sie 1990 ein Regie- und Drehbuchstudium an der Wiener Filmakademie begann. Während ihres Studiums arbeitete sie als Regieassistentin, Script und Schauspielerin. Ihr Kurzfilm DIE FRUCHT DEINES LEIBES wurde 1996 in Venedig im offiziellen Programm FINESTRA SULLE IMMAGINI uraufgeführt und gewann anschließend zahlreiche Preise.

Ihre folgenden Kurzfilme SOMEWHERE ELSE und SONNENFLECKEN waren ebenfalls im Programm mehrerer europäischer Filmfestivals. 1999 realisierte sie ihren ersten langen Spielfilm NORDRAND und gründet die Firma Coop 99.

Filmauswahl:

CRASH TEST DUMMIES (2004/2005)
Darstellerin

BÖSE ZELLEN (2002/2003)
Regie

ZUR LAGE. SITUATION REPORT. DOLORES, HATICE, NURTEN UND MARTINA (2002)
Drehbuch, Regie

LOVELY RITA (2000/2001)
Herstellungsleitung

NORDRAND (1998/1999)
Drehbuch, Regie

SLIDIN' – ALLES BUNT UND WUNDERBAR. 1. EP: Tagada. (1998)
Drehbuch, Regie

SONNENFLECKEN (1998)
Drehbuch, Regie

SOMEWHERE ELSE (1997)
Drehbuch, Regie

FRUCHT DEINES LEIBES.(1996)
Drehbuch, Regie, Schnitt

TWINNY (1994)
Regie

NACHTSCHWALBEN (1993)
Drehbuch, Regie, Schnitt, Produzentin

DER ANDEREN EINE GRUBE GRÄBT (1991)
Regie

Taschenspielertricks

Geben Sie es einfach zu: Sie haben dieses Kapitel zuerst aufgeschlagen. Warum den Umweg nehmen, wenn es eine Abkürzung gibt? Andererseits: Nur wer die Straßenführung kennt, begreift, was ein Schleichpfad ist. Wenn Sie damit einverstanden sind, lesen Sie los.

Der erste Taschenspielertrick erfahrener Drehbuchautoren ist: Sie schützen ihre Figur vor eiliger Rezeption, sorgen dafür, dass sie ihnen nicht von anderen weggeredet wird. Ihr Dialog mit ihrem Helden ist intim. Er beginnt nicht mit dem Akt des Szeneschreibens. Aristoteles hat ihn über die Grenzen des Dramas reichen lassen. Eine Figur lebt in ihrem Autor, bevor sie sinnlich für andere erfahrbar wird. Er ist der Handwerker ihres Charakters, damit beschäftigt, ihn zu finden und aufzulösen: »Jede Tragödie besteht aus Verknüpfung und Lösung«, erzählt Aristoteles, der Charakterlehrer, seinen Schülern. Die *Verknüpfung* umfasst für ihn die »Vorgeschichte und einen Teil der Bühnenhandlung«, vom Anfang bis zur »Wende ins Glück oder Unglück«, *Lösung* den »Abschnitt vom Anfang der Wende bis hin zum Schluss.« Eine Figur bewegt sich, im Auftrag des Dichters, auf die Mitte ihres Dramas zu, den Ort, an dem sie ihre Stimme erhebt. Bis es soweit ist, investiert er unermüdlich in sie. Während er über seine erste Figur nachdenkt, sie mit einer auslösenden, fremden Figur bekannt macht, eine Vorgeschichte bestimmt, Attribute seiner immer vertrauter werdenden, symbiotischen Figur festlegt, ihren Konflikt benennt, ihren Wunsch und ihre Not, sie mit zweiten, dritten Figuren in Kontakt bringt, bemerkt er etwas Sonderbares: Er ist seit Wochen, Monaten mit einem Charakter beschäftigt, ohne dass sich irgendjemand dafür interessieren würde. Wie ein Geheimagent ist er mit ihm unterwegs, anfangs schüchtern, ein paar Minuten am Tag, inzwischen zu jeder Tages- und Nachtzeit. Autor und Figur werden zu einer reizenden Belastung für ihre Umgebung mitunter. Und geben erst dann Ruhe, wenn sie sich in einen Raum mit vier Wänden und einem schimmernden Notebook zurückziehen.

Damit sind wir beim zweiten Taschenspielertrick: Drehbuchautoren berechnen einen langen Anlauf, bevor sie mit dem Drehbuchschreiben anfangen. Manch einer entwickelt sich zum Monster, mit einer Festplatte im Kopf, ein anderer zieht hastig an der Bushaltestelle sein Moleskine aus der Gesäßtasche und kritzelt hastig ein paar Zeilen hinein. Drehbuchautoren haben keine Eile, wenn sie mit ihrer Figur leben. Sie sammeln Bilder, schnappen Dialogfetzen auf, nehmen Menschen wie zweite, dritte Figuren wahr. Die Länge des Anlaufs hat gestimmt, wenn ein Autor, nach Niederschrift der ersten Szene, sagt: »Dialoge sind einfach, sie fallen mir überhaupt nicht schwer.« Oder, mit den Worten von Lajos Egri (*DRAMATISCHES SCHREIBEN*): »Ein gelungener Dialog ist nur möglich, wenn er eindeutig dem Charakter entspringt.«

Kein Taschenspielertrick und schon gar nicht Zauberei ist die Gewissheit: Dialoge sind einfach und ein kurzweiliger Spaß. Kein Drehbuchautor quält sich mit ihnen herum. Seine bewegungslose Figur ist noch kein Grund für eine Panikattacke. Ihr Verstummen muss ihn nicht sorgen. Eine Krise beim Schreiben, mit Turbulenzen, Denkpausen und Warteschleifen, ist etwas anderes, als eine letale Schreibblockade. Vielleicht möchte eine Figur einfach nur in Ruhe gelassen werden – um selbständig für sich zu lösen, was ihr Autor vorher geknüpft hat. Nicht weiterzuwissen, mit einem starken Helden im Zentrum, ist etwas anderes, als betäubt zu sein, seine Sprache zu verlieren.

Allerdings: Blindflüge beim Drehbuchschreiben, ohne Kapitän (Figur) und Kopilot (Autor), gibt es nicht. Wenn bei Dialogen Sätze kopflos im Raum flattern, wird es Zeit für den Kopiloten,

May-Day zu rufen und unter den Schreibtisch zu kriechen. In Drehbuchführern werden der Szenengestaltung bibellange Strecken gewidmet, zum Beispiel des Inhalts, dass eine Szene nicht am Anfang beginnt (also in der Mitte) und aufhört, bevor sie zu Ende ist (am höchsten Punkt, also immer noch in der Mitte). Damit Zuschauer in Atem gehalten werden, soll jede Szene so stark wie ihre vorherige und die nachfolgende sein. Viele Bruchstücke ergeben ein Ganzes. Aber manche Szenen haben einen ruhigen Anfang und ein weit reichendes Ende, stehen für sich, halten die Zeit an, um ihre Geschichte aus dem Sog der Rezeption herauszulösen und den Stoff ihres Autors zu befreien. Figuren sind mitunter präsent, wenn sie sprachlos sind, sich daran erinnern, dass ihr Konflikt ohne Worte auskommt, die Krise ihres Autors spiegelt.

Der beste Taschenspielertrick kommt von Aristoteles. Er kannte eine einzige Regel für den Mikrokosmos eines Drehbuchs: »In den Dramen sind die Szenen kurz«, meint er. Mehr gibt es von seiner Seite nicht dazu zu sagen, der Rest ist Schauspielkunst, sind Jamben, Trochäen und viele andere Dinge, die ein Drama versüßen. In diesem großartigen Taschenspielertrick sind ein paar andere enthalten. Beim Drehbuch sind nicht nur Szenen knapp und übersichtlich, sondern auch Dialoge, Namen und Anzahl von Figuren, Motive (Orte), an denen es spielt, Attribute. Es gibt nur eine Sache, die ausufernd geraten darf, und einen Drehbuchautor, im Angesicht seiner glücklichen Krise, dazu bringt, sich erwartungsvoll zurückzulehnen: Die Mitte seines Drehbuchs. Sie fordert Zeit von ihm. Ohne sie hat sein Drama keine Figur, bleibt es ohne Charakter.

Ein anderer Taschenspielertrick: Keine Figur sagt zur anderen »Ich liebe dich«. Eine Emotion zu benennen ist etwas anderes, als sie in ein offenes, spannungsvolles Fragezeichen zu verwandeln. Wenn zwei verliebt sind, bemerken sie es nicht. Und wenn sie's doch tun, plappern sie schüchtern oder lautstark über etwas anderes. Oder machen etwas viel Wichtigeres als davon zu reden. Aus dem gleichen Grund ist von Klappentexten zwischen Figurennamen und Dialogstücken abzuraten: SILVIA (WÜTEND), HEIKE (ZÄRTLICH), MUTTER (VERSTÄNDNISVOLL)... Klammerzusätze streichen! Figuren sprechen für sich, brauchen keine Zierleisten.

Noch ein Taschenspielertrick: Wer sein Drama vollendet, oder, etwas lieblos ausgedrückt, seine erste Fassung »hinter sich« hat, beginnt den Dialog mit seinen Helden in alle Richtungen zu führen. Hält das Buch zwei sinnlose Tage (»Ich lass es ruhen...«) zurück, um dann doch nichts zu verändern und es anderen zum Lesen zu geben. Dabei gilt folgende Regel: Am schnellsten lesen Mütter (drei bis vier Stunden), drei Tage braucht die »beste Freundin«, zwei Wochen der freundliche Nachbar, drei Monate die gestresste Fernsehfilmredakteurin, knapp zwei Jahre der verunsicherte, depressive Kinoproduzent. Es lohnt sich daher, es allen gleichzeitig (statt hintereinander) zu schicken, mit einem rätselhaften Foto als Deckblatt (Autobahnschilder sind immer gut). In der Zwischenzeit geschieht etwas Erstaunliches: Der Autor liest sein Drehbuch wie ein fremdes, was ein gutes Zeichen dafür ist, dass es nicht übel ist, und auf seine zweite Fassung wartet.

Eine erste Drehbuchfassung zu bearbeiten, bedeutet das Drama zu verkleinern (und das konzentrierte Wenige zum Glänzen zu bringen). »Kill your darling!« (töte deinen Liebling), ist ein Schlachtruf (und genialer Taschenspielertrick), der bitterernst genommen werden sollte. Die Kunst des Abschiednehmens ist eine schwere, aber notwendig. Dabei geht es um vierte, fünfte Figuren, redundante Attribute, das Räderwerk der Szenen, wozu falsche Plotpoints und Katastrophen zählen.

Ein Drehbuch ist beweglich, wie Autor und Figur es sind. Wenn es sich wandelt, hilft es, in meiner Erfahrung, an drei Dinge zu denken: Attribute bewegen – Konflikte vergrößern – Figuren vertiefen. Man könnte auch sagen: Ein geklautes Auto landet auf dem Kopf, mitten auf dem Schulhof (Attribut bewegen), die Polizei ist stinksauer und auf dem Weg (Konflikt vergrößern), während unsere sympathischen Helden in den Gurten hängen und ein Schwätzchen halten (Figuren vertiefen). Der Kern der Szene: Zwei Helden, die ein Schwätzchen halten. Nur haben sie es in der ersten Fassung auf einer bunten Frühlingswiese getan.

Kein Trick, ein Rat: Es lohnt sich immer zu argumentieren. Begabte Autoren verteidigen ihren Stoff, als ob es um ihr Leben ginge, geben nichts zu, keine noch so kleine Verfehlung. Nachgedacht wird später (und mit nüchternem Kopf geändert). Eine geschickte Entgegnung auf harsche, völlig ungerechtfertigte Kritik an dem Meisterwerk der ersten Fassung ist das Zauberwort: »Interessant.« Damit werden Dramaturgen ruhig gestellt, und mit einem »Ich denke darüber nach« ins Koma versetzt. Wenn ihr Produzent ihnen das Auto wegnimmt, mit seinen Kosten argumentiert, gibt es nur eine Antwort: »Das leuchtet mir ein, lass uns das Auto behalten und Drehtage reduzieren«. Drehbuchautoren sind es gewohnt, den Job der anderen mitzuerledigen, am günstigsten ist es, Antworten *vor* der kritischen Frage, nicht *hinterher*, zu geben. Wer seinen Stoff in ein Drehbuch befreit, hat ein starkes Argument: seine Substanz. Oder, wie Lajos Egri es schon vor fünfzig Jahren wusste: »Es geht darum, Figuren zu entwerfen, deren Handeln durch »Notwendigkeit geprägt ist, und Sie werden feststellen, dass Ihre Chancen, das Stück zu verkaufen, drastisch ansteigen. Schreiben Sie nicht für den Produzenten oder das Publikum. Schreiben Sie für sich selbst.«

Es gibt keine Abkürzung, es sei denn, man kennt die anderen Wege, ist sie bereits gegangen. Von daher kann kein Taschenspielertrick Erfahrung ersetzen. Ohne sie löst er sich in Nichts auf. Ein Beispiel: Es gibt einen Filmtitel, der zu jeder Drehbuchgeschichte passt, auf magische Weise, scheint es. Ein Zaubertricktitel. Seit vielen Jahren nebelt er Dramaturgen- und Autorenköpfe ein. Er klingt machtvoll und unwiderstehlich. Und heißt: »Verdacht auf Liebe«. Wer ihn prüft, stellt fest: Er passt zu jedem Film im aktuellen Kinoprogramm. Ein echter Taschenspielertricktitel also. Mit dem Nachteil, dass er ein bisschen blass geraten ist. Wer ihn anpiekst, wird feststellen, dass er kraftlos in sich zusammensinkt. Wer bewahrt uns vor ihnen, dem »Verdacht auf Liebe« und anderen Versuchungen? Ein entspannter Herr, das beste Copyright, das wir uns erfinden können: unser Stoff.

Mitunter agieren Figuren so vital, dass sie einen Autor über Jahre beschäftigen, zumal, wenn sie Produzenten begeistern. WAS TUN WENN'S BRENNT? ist ein Stoff mit einer großen Idee. Sie einer Figur anzuvertrauen, mit ihr einen Dialog zu beginnen, war nur anfangs ein Zweipersonenstück. Stefan Dähnert, Drehbuchautor, hat seine Geschichte mit wechselnden Produzenten geteilt. Und eine besondere Odyssee mit ihr erlebt. Nebenbei hat er seinen Stoff geschützt. Und im Stillen weiterentwickelt.

Am Anfang kommt die Idee

Im Gespräch mit…

Stefan Dähnert

Er ist ein entspannter Autor, seine Helden sind gute Helden. Wie kann das sein? Indem er das Leben seiner Figuren lebt. Er verkörpert seine Geschichten. Sein auffälligstes Attribut, sein markantes Requisit, ist das gutmütige Wüstenschiff, das ihn ankündigt, auf allen Straßen und Strecken des Lebens. Ein kaffeebrauner, gewaltiger Oldtimerjeep mit Berliner Kennzeichen und Anarchostern auf der Haube. Damit ist er unterwegs, zwischen polnischer Grenze und Mittelmeerinsel. Er ist immer in Bewegung. Ein sozialer Autor, der das Alleinsein sucht und dabei Figuren, Ideen, seinem Stoff begegnet.

Stefan Dähnert ist ein Drehbuch-Amerikaner. Er denkt in großen Bögen. Ist ein Meister der Pointen und Ideen. Mit kraftvollen Dialogen, mutigen, glückssuchenden, unverwundbaren Helden.

Er ist ein entspannter Autor, aber nicht krisenfest. Erlebt mitunter die erstaunliche Verwandlung seines Stoffs. In etwas, das andere, Mächtigere als er, zu ihrer Chefsache erklärt haben. Er selbst ist hin- und hergerissen, wenn es um WAS TUN WENN'S BRENNT?, seinen »12-Millionen-Kinofilm«, geht…bis zu diesem Tag, an einem stickigen, schwülen Sommerabend. Unterm Dach.

Es ist schwül, stickig. Weiße Wände, breite Tische. Schwitzende Studenten. Der Autor ist fast zwei Meter groß, zwängt seine Beine unter den Tisch, setzt sich umständlich. Er hatte einmal einen sehr großen Verkaufserfolg, von dem er gleich erzählen wird.

HERRMANN   Nenn mir doch mal zwei, drei Frauennamen, die dir gefallen, Stefan…

DÄHNERT   Namen für Frauen? Pepsi, Anne…

HERRMANN   Und Männernamen?

DÄHNERT   Nils ist okay. Ich habe ein File mit Namen, auf meinem Computer… *lacht*… Das müsste ich jetzt aufmachen…

HERRMANN   Du hast eines der teuersten Kinodrehbücher geschrieben und verkauft. Ist Schreiben Kalkül?

DÄHNERT   *überlegt kurz*… Kalkül? Nein. Ich schreibe, was ich mag. Es kommt aber unterschiedlich an. Bei WAS TUN, WENN'S BRENNT?, meinem Kinofilm, habe ich eine Erfahrung im Berliner York-Kino gemacht: Bei einer besonders hintergründigen Szene war großartige Stimmung im Kino. Als ich die gleiche Szene in den Multiplexen sah, haben der Gerüstbauer und seine Freundin nur Bahnhof verstanden.

HERRMANN   Das war bitter: Die Szene kam nicht an.

DÄHNERT   Noch mehr als das: Ich habe mit meiner Geschichte die *Tonality* (»*Tonart*«, Anm. Herrmann) eines Massenpublikums nicht getroffen. Die Lehre, die ich daraus ziehe, ist nicht: »Man muss nach unten korrigieren« oder »Du musst populärer und breiter werden«. Die Lehre ist: »Das ist kein Stoff für ein Millionenpublikum«.

240

HERRMANN   Ist es dein Traum, populär zu schreiben?

DÄHNERT   *stöhnt...* Ja, leider.

HERRMANN   Hast du ein Beispiel für einen populären Film, bei dem du sagst: »Da wäre ich gerne Autor gewesen?«

DÄHNERT   KIR ROYAL fällt mir ein. Oder GOOD BYE LENIN. Mich interessieren politische Stoffe. Mein Ziel ist es, sperrige Stoffe zu transportieren. Aber auch viele Zuschauer damit zu erreichen.

Stille.

HERRMANN   Welches war das erste Drehbuch, das vor dir Bestand hatte?

DÄHNERT   Ein Drehbuch für die TATORT-Krimireihe: TOD IM HÄCKSLER. Nico Hofmann war Regisseur. Ich habe mir seine Professionalität geliehen. Wir haben es innerhalb von nur 14 Tagen im Englischen Garten geschrieben. Es wurde nahezu unverändert verfilmt. Das ist mir noch nie passiert, auch später nicht mehr … einfach aus Gründen des Zeitdrucks heraus…

HERRMANN   Wie viele Fassungen?

DÄHNERT   Eine!

HERRMANN   Nur eine einzige Fassung? Heißt »Professionalität« nicht Entwickeln von vielen Fassungen?

DÄHNERT   *ernst...* Ja, stimmt. Würde ich unterstreichen… Normalerweise schreibe ich ein sehr präzises Bildertreatment und nicht mehr als drei Fassungen. Ich halte es mit den Amerikanern, die behaupten, dass ein Autor nach drei Drehbuchfassungen »ausgeschrieben« ist.

HERRMANN   Wie verliert eine Idee ihre Unschuld, wie sind deine Arbeitsschritte?

DÄHNERT   Wenn ich die kontrollierende Idee zu einer Geschichte habe, mache ich eine Sammlung: *Mind-Mapping*. In der Mitte auf einem Blatt steht zum Beispiel »Hochzeit«. Ich ziehe von da aus Linien, notiere alles, was mir einfällt: »Hochzeitstorte, Bäcker der Hochzeitstorte, Mutter, die sie bestellt hat, Tochter will etwas ganz anderes...«. Eine inspirierende Landkarte, auf die ich später, beim Szenenschreiben, zurückgreife. Eine geniale Methode.

HERRMANN   Kennst du da schon den Schluss deiner Geschichte?

DÄHNERT   Immer sofort. Wenn ich ihn nicht kenne, habe ich keine Geschichte.

HERRMANN   Du giltst in der Branche als ein exzellenter Verkäufer deiner Stoffe.

DÄHNERT   Ich pitche meinen Stoff immer wieder, bevor ich ein einziges Wort schreibe. Ich erzähle ihn, und es gibt ein paar Opfer: Meine Autorenkollegen im Büro kriegen den Pitch jeden Mittag zu hören. Dafür muss ich mir leider auch ihren anhören...

HERRMANN   Das ist der Nachteil daran...

DÄHNERT   *lacht...* Genau. Wenn ich einen Stoff lange genug erzählt habe, spüre ich, wo seine Schwächen sitzen, verändere ihn. Und wenn ich ihn fünf- oder sechsmal erzählt habe, bräuchte ich im Prinzip nur ein Band mitlaufen zu lassen... und es wäre das Exposé. Das Exposé ist mein Verkaufspapier. Entweder erhalte ich den Auftrag oder nicht. Mitunter trickse ich herum, bei »weichen Stellen«. Bei uns im Büro ist das Bild dafür die große »Nebelmaschine«. Das sind so Sätze in der

Art, dass alles wunderbar wird, ein paar vorlaute Versprechungen...

HERRMANN   Bei WAS TUN, WENN'S BRENNT? hattest du keine Versprechungen nötig. Der Pitch ist wasserdicht. Ich kann ihn im Schlaf, so einfach ist er. Es geht um einen Regierungsbeamten, der eine leer stehende Villa in Berlin-Grunewald besichtigt. Er drückt gegen die Haustür, sie klemmt. Er haut dagegen, und eine Bombe geht hoch. Sie stammt von einer Ex-Anarchogruppe. Aus der inzwischen, nach zehn Jahren, brave, erfolgreiche Berliner Bürger geworden sind. Bis auf zwei Unverbesserliche: Hotte und Timmy. Sie trommeln ihre Freunde zusammen...

DÄHNERT   Dieser Pitch ist aber nicht in zwei Wochen im Englischen Garten entstanden. Anfangs wollten Anne Wild, meine Koautorin, und ich eine Clique in den 8oern zeigen. Bis wir den Erzähltrick gefunden haben: Es geht nicht um Vergangenes, sie sitzen nicht zusammen und tratschen: »Hey, was war das für ne Klasse Zeit damals!«, sondern heute wiederholt sich, was damals war, es wird zur Gegenwart. Das waren drei Jahre harte Arbeit, auf diesen Ansatz zu kommen. Professionalität bei Ideen bedeutet, alte Ideen zur Seite schieben, Platz für neue schaffen.

HERRMANN   Du trägst ein kleines schwarzes Buch bei dir: Schreibst du dort deine Ideen auf?

DÄHNERT   Wenn ich unterwegs bin. Ansonsten arbeite ich sie in mein Computer File ein. Das benutze ich jeden Tag. Wenn ich Leuten begegne, etwas Auffälliges sehe. Manchmal nur zwei, drei Wörter. Eine permanente Recherche: »Was macht ein Autor den ganzen Tag...?«

HERRMANN   Du bist heute Zug gefahren. Hast du eine Idee gehabt?

DÄHNERT   Nein… ich habe geschlafen.

HERRMANN   Wie wichtig sind Figuren, um zu Ideen zu kommen?

DÄHNERT   Ich muss gestehen, dass ich nicht jemand bin, der von Figuren ausgehend Stoffe entdeckt und entwickelt. Wenn ich über Figuren nachdenke, helfen mir Schauspieler. Bei Klara Blum, der TATORT-Kommissarin, die ich entworfen habe, habe ich mir Eva Mattes angesehen. Mein erster Gedanke war: »Ein spätes Mädchen«. Um diesen Grundgedanken geht es mir! Gerade habe ich eine Kommissarsfigur fürs ZDF konzipiert. Die Krimireihe heißt LUTTER, eine Figur, gespielt von Joachim Król. Und Król ist in meiner Vorstellung: »ein konservativer Ermittler«. Für mich als linker Autor ist es spannend, einen Konservativen zu schreiben! Den das Publikum nicht gleich ans Herz drückt, ein Beamtentyp, der sich in jeder Folge verbiegen muss. Eine Streikgeschichte wäre schön. So kann eine Figur einen Stoff, eine Geschichte generieren. Ist bei mir aber eher die Ausnahme… Meine Ideen kommen von überall her.

HERRMANN   Sind Figuren nicht ein Art Diebstahlschutz… *nach kurzer Stille*… Verstehst du die Frage?

Emanzipierte Figur   DÄHNERT   Ich denke nicht darüber nach, wie ich meine Ideen schützen kann. Figuren sind ein langes und weites Feld. Sie fordern Zeit: Bis man sie einmal soweit hat, dass sie anfangen zu leben… Und wenn sie zum Leben erweckt sind, entwickeln sie ein Eigenleben. So dass ich ihnen als Autor hilflos gegenüber stehe.

HERRMANN   Wie verhälst du dich?

DÄHNERT   Sich in einer Geschichte zu verirren ist etwas Normales. Ich verliere meinen Fokus, meine Hauptfigur. Ich lege sie weg, für zwei Wochen, und es fällt mir wie Schuppen von den Augen. Ich schraube daran herum, spreche mit Freunden darüber.

HERRMANN   Liebst du dein Autorendasein?

DÄHNERT   Ich schreibe jeden Tag, mit Disziplin, stehe morgens um sechs Uhr dreißig auf und los geht's. Wenn du mir im Urlaub den Füller wegnimmst, bin ich todunglücklich.

Stille.

HERRMANN   Was ist die größte Freude beim Schreiben?

DÄHNERT   Die erste Fassung… Die letzte Fassung ist »Rette sich wer kann«. Ein, zwei Wochen vor Drehbeginn drehen alle durch, und es geht nur noch darum, den Kern zu retten.

HERRMANN   Bei WAS TUN, WENN'S BRENNT? war eine bestechende Idee der Garant für die Geschichte. Sie hat mit einer besonderen Figur zu tun: Dir selbst.

DÄHNERT   Es ist meine Zeit. Ich bin heute 43, bin 1981 nach Berlin gekommen, in ein besetztes Haus. Für mich ist der Stoff »Natur-Recherche«!

HERRMANN   Was habt ihr mit der Idee gemacht? Wie hast du sie verkauft?

DÄHNERT   Wir haben den Stoff ohne Geldgeber entwickelt. In einer ziemlich späten Drehbuchfassung, die bereits recht unangreifbar war, haben wir ihn an drei Produktionsfirmen geschickt. Und immer gleich dazu geschrieben, wem wir sie alternativ geschickt haben. Alle drei haben sich sofort gemeldet, wollten ihn machen. Bernd Eichinger, Chef der Constantin, hat die anderen überboten.

HERRMANN   Wie viel hat er gezahlt? Magst du's verraten?

DÄHNERT   Viel... sehr viel.

HERRMANN   Dein Stoff war verkauft...

DÄHNERT   ...und der Streit begann. Wegen der politischen Aussage. Wir waren ein wenig störrisch. Es ging ums Ende: Unser Held verrät seine Freunde. Das war uns wichtig. Eichinger sagte: »Man kann auch älter werden, ohne ein Arschloch zu werden«. Im Sinne von: »Guckt mich an!«... *Gelächter...* Auf jeden Fall arteten unsere Sitzungen in Diskussionen über die chinesische Kulturrevolution aus, es passierte lange Zeit nichts. Bis Andrea Wilson von Columbia den Stoff in die Finger bekam. Sie hat das Vertragswerk kurzerhand übernommen, und wir sind bei ihr gelandet. Es war meine erste Erfahrung mit amerikanischen Produzenten. Und es war toll! Wir kamen in Sitzungen: Sechs Leute saßen da, topp vorbereitet, zwei haben jedes Wort mitgeschrieben. Es wurde erwartet, dass das, was besprochen wurde, präzise geändert wird. Also nicht solche Larifari-Sitzungen: »Verändern wir mal hier etwas...« – »...Hey, das ist ja immer noch nicht drin!«... *allgemeine Erheiterung...* Also nicht so »naturtrüb« wie bei uns, sondern sehr professionell alles.

HERRMANN   Gab's Probleme mit dem politischen Charakter der Geschichte?

DÄHNERT   Hauptsache war, dass es funktionierte. Darum ging es ihnen, es war erstaunlich. Vorher hatte ich gedacht: »Jetzt haben wir den Klassenfeind.«

HERRMANN   Immerhin seid ihr zwischenzeitlich gefeuert worden, oder?

DÄHNERT   Oh ja. Das war 14 Tage vor Dreh...

HERRMANN   Erzähl!

DÄHNERT   Es war so: Die Amis haben uns einen Regisseur angeschleppt, Gregor Schnitzler, von dem wir gar nicht wussten, dass es ihn gibt. Er hatte noch keinen Langspielfilm gemacht, war uns sympathisch, Berliner. Der Film ging in die Finanzierung, sollte 12 Millionen kosten. Die Amis finanzieren so etwas aus irgendwelchen Portokassen. Eine Woche vor Drehbeginn kam die Nachricht: »Es muss eine Million raus!« Eine Million aus einem Buch heraus streichen, ist schwierig! Wenn du bedenkst, Till Schweiger kostet alleine eine Dreiviertelmillion. Wir warteten auf die Regiefassung, aber sie kam nicht. Als ich sie schließlich las, bin ich rückwärts vom Stuhl gefallen. Was wir nicht wussten: Sie hatten amerikanische *Scriptdoktoren*, die das Buch mit der Zimmermannsaxt zerlegt haben, engagiert. Anne, meine Koautorin, hat sehr entschieden mit denen geredet, in allen schwierigen Situationen hat das eh immer sie gemacht... auch bei Eichinger, wo ich »reihenweise« umgefallen bin. Sie hat die Fahne hochgehalten, wunderbar! ... *lacht*... Es war am Wochenende in Frankfurt. Der Drehplan stand, falls du weißt, was das heißt: Ausfallzeiten der Schauspieler, Flüge. Ich habe zu Andrea, der Produzentin, gesagt: »Pass auf, hier ist der Deal: Du schickst mir den Drehplan, wir schreiben übers Wochenende eine Fassung, die auch eine Million weniger ist, aber die von uns stammt.« Wir haben in zwei Tagen umgeschrieben. Am Morgen kam der Anruf: »Okay, so drehen wir das.« Später haben wir erfahren, warum sie so willig waren: Weil die Schauspieler aussteigen wollten. Sogar Herr Schweiger, was ich ihm hoch anrechne.

HERRMANN   Ist das, was auf der Leinwand zu sehen ist, noch deine Geschichte?

DÄHNERT   *schnell*... Ja. Mit allen Schwächen.

HERRMANN   Wie sähe deine Geschichte im Arthouse-Kino aus?

DÄHNERT   Der Schluss wäre anders, nicht so, wie er jetzt ist: Die Freunde befreien Hotte, der im Rollstuhl sitzt. Sie gehen friedlich davon, ein *Happy Ending*, pure Konfektion. Einen 12-Millionen-Deutschmark-Film musste man bunt verpacken. Bei WAS TUN, WENN'S BRENNT? ging es um Freundschaft. Was aber herausgekommen ist, am Ende: Ein »Action-Ding«, mit ein bisschen »lustig«... Es sollte für jeden was dabei sein.

HERRMANN   Es gab im Exposé eine Liebesgeschichte, von Timmy und Emer, einer jungen Nordirin. Emer hat nichts mit der Geschichte der Ex-Anarchos zu tun, sie ist jung und ungebunden. Eine starke Figur: Sie steht für die Vision, die Timmy verloren hat.

DÄHNERT   Emer ist aus der Geschichte herausgefallen...

HERRMANN   Schade...

DÄHNERT   Sie liegt in meinem Zettelkasten, im File. Von dort wird sie irgendwann wieder auferstehen!

Wunsch des Autors   HERRMANN   Gibt es ein Motiv, das deine Figuren verbindet?

DÄHNERT   Ich persönlich bin kein besonders couragierter Mensch, aber mich interessiert so etwas wie »Mut« bei Menschen extrem. Leute, die Courage haben...

Stoff für vier Szenen   HERRMANN   Ich möchte dir abschließend vier Situationen vorstellen, Stefan. Du sagst mir, was du mit ihnen assoziierst... Eine Großstadtkreuzung, Sonntag früh um vier Uhr, kein Mensch ist zu sehen...

DÄHNERT   Was ich damit verbinde? Auf der Kreuzung taucht ein Reh auf...

Stille.

HERRMANN   Mittwochmittag, eine Mülldeponie. Ein Müllwagen fährt die Auffahrt zur Deponie hoch. Vögel kreisen,
Krähen schreien.

DÄHNERT   Selbstverständlich wird eine Leiche abgekippt!

HERRMANN   Eine Frau steht vor einem Spiegel in einem Badezimmer, sie hat eine Perücke auf, schaut in den Spiegel.

DÄHNERT   Sie sieht nichts, weil der Spiegel beschlagen ist.

HERRMANN   Und dann?

DÄHNERT   Abblende?

Alle lachen.

HERRMANN   Das grenzt an Verweigerung, Stefan. Wobei der
beschlagene Spiegel sehr schön ist, wenn man genauer darüber nachdenkt. Als letztes ein Vergnügungspark: Unfassbar
viele Menschen, ein Feiertag, die Sonne brennt herab, brül-
lende Hitze.

DÄHNERT   Da fällt mir nichts ein.

HERRMANN   Danke, Stefan, das war's!

STEFAN DÄHNERT

Geboren 1961 in Bonn. Lebt in Berlin und Polen. 1981-84 Studium Theaterwissenschaft, Kunstgeschichte und Philosophie in Wien und Berlin. 1985-87 Regieassistent am Schauspiel Köln und am Deutschen Theater in Berlin bei Ernst Wendt, Jürgen Gosch, Jürgen Flimm. 1987-89 Haus-Autor am Thalia-Theater Hamburg, drei Theaterstücke: ERBE UM ERBE, HERBSTBALL, FRAUENBAD IN DIEPPE.
Theater-Inszenierungen am Staatstheater Kassel und am Thalia-Theater Hamburg.
Seit 1989 erste Filme als Autor und Regisseur. Seit 1993 arbeitet der Wahlberliner als freier Autor und Regisseur sowie als Dozent für Drehbuch an der DFFB und der Filmakademie Baden-Württemberg.

Filmauswahl:

DER SOMMER DER BAGAUDEN (zus. mit Anne Wild)
Buch in Entwicklung

LUTTER UND DER GOTT DES TODES
Buch in Entwicklung

KÄTHCHENS TRAUM (2004)
Drehbuch

WAS TUN, WENN'S BRENNT? (2001)
Drehbuch

ZEHN WAHNSINNIGE TAGE (2001)
Drehbuch

TATORT: SCHLARAFFENLAND (2001)
Drehbuch

DAS LETZTE SIEGEL (1993)
Drehbuch, Regie

TATORT: TOD IM HÄCKSLER (1991)
Drehbuch

NACH ERZLEBEN (1991)
Drehbuch, Regie

ENGRAZIA (1989/1990)
Drehbuch, Regie, Produzent

Die dramatische Person

Eine Figur ist so unfertig wie ihr Autor. Sie hat Vorlieben, falsche Sehnsüchte, tritt auf der Stelle. Wie ihr Autor. Sie entschließt sich, etwas zu unternehmen, wird aktiv und tritt in die Falle, nicht anders als ihr Autor. Ihre Ratlosigkeit verwandelt sich in Ohnmacht, ihre Verzweiflung in Wut. Und plötzlich ist sie nicht mehr zu bremsen, agiert ohne sich noch ein einziges Mal umzuschauen. Nach wem? Nach ihrem Autor. Wo stürmt sie hin? Wie heißt das unbekannte Land, das sie lockt? Ihre Geschichte. Es gibt keine Gewissheit über das, was sie dort erwartet, aber Verlässlichkeit, dass sie es selbstbewusst betreten wird. Denn sie hat den Stoff ihres Autors im Gepäck.

Ist sie ein Abbild ihres Autors, sein Stellvertreter? Eher das Gegenteil: sein unterhaltsamer Gegenspieler. Autoren sind allerdings nicht davor geschützt, unfreiwillig das Aussehen, den Charakter ihres Helden anzunehmen. Als Stephen King an seiner Schreibbibel sitzt, tut er sich, in der Mitte, immer schwerer, resigniert und hört einfach auf damit. Nach ein paar Monaten Pausierens geht er spazieren, auf seinem Lieblingsweg, und wird von einem Dodge-Lieferwagen angefahren. Der Bestsellerautor wird meterweit durch die Luft geschleudert und wacht als Held in einer seiner Geschichten auf, scheint es, mit zerbrochenen Gliedern und einem Alptraum im blutenden Kopf. Irgendwann gelingt es ihm, seine Krise zu überwinden und weiterzuschreiben. Die ersten Überlebenszeilen – nach seinem Unfall und in der Mitte von DAS LEBEN UND DAS SCHREIBEN – sind: »Meines Erachtens setzen sich Geschichten und Romane aus drei Elementen zusammen: Die Erzählung spinnt den Faden von A zu B und schließlich zu Z, die Darstellung erschafft für den Leser eine sinnlich wahrzunehmende Welt, und der Dialog haucht den Figuren mittels

Sprache Leben ein. Vielleicht fragen sie sich, wo denn die Handlung bleibt? Die Antwort lautet (meine wenigstens): Nirgends. Ich werde nicht versuchen, Sie zu überzeugen, dass ich noch nie eine Handlung entworfen habe, genauso wenig wie ich Sie zu überzeugen versuche, dass ich noch nie gelogen habe, aber ich tue beides so selten wie möglich.«

Die Vorstellung der emanzipierten Figur ist eine ernste Forderung an Autoren, auch ohne ihr Leben dafür aufs Spiel zu setzen. Sie sind, wenn sie ein Drehbuch aus einer Idee entwickeln, gezwungen sich zu verwandeln, wie ihre Figur: Sie werden zu einer dramatischen Person. Der Dialog mit ihrem Helden ist weder ein zeterndes Streitgespräch noch eine trockene Lehrstunde: Er ist lebhaft und wechselseitig, beginnt sehr früh, meistens an einem verregneten Sonntagnachmittag. Und endet mit der selbständig agierenden, überraschenden, symbiotischen Figur des Autors. »Jede Figur, die irgendetwas übertreibt, ist wunderbarer Stoff für eine Geschichte«: Mit dieser feinsinnigen Maßregelung lässt Lajos Egri seine Schule des *Dramatischen Schreibens* ausklingen. Eine Figur darf übertreiben, weil ihr Autor dramatisch empfindet, den Alltag seiner Figur teilt, ihre Vorgeschichte kennt, sich in ihre Attribute verliebt. Und ihr alles Erdenkliche zutraut. Irgendwann wird er, im Einverständnis mit seiner Figur, ein Exposé schreiben. Es ist kein Vorgriff auf die Handlung, nur eine bescheidene, genaue Frage an seine Figur, deutet ihren Konflikt, lässt ihn so reizvoll erscheinen, dass andere in sie investieren, dem Autor einen Drehbuchauftrag erteilen.

Aristoteles hat seine Dichter ermutigt, ihre Freiheit zu nutzen. Das eine sind Mythen, Handlung, Nachahmung, sind verlässliche Muster, die er zitiert. Das andere ist seine geöffnete Sprache, womit er spielerisch an den Eckpfeilern der Dichtkunst nestelt, probeweise einen herauszieht und das Gebäude lustvoll zum Einstürzen bringt: Er steigert seine Rede, schwingt sich vom

Angemessenen zum Glaubwürdigen, vom Wahrscheinlichen zum Unmöglichen, bis ihm am Ende alle Mittel recht sind, Hauptsache sie taugen. Die strenge POETIK löst sich in eine Lehre des Wohlgefallens auf. Das Drama ist der Erzählkunst überlegen, dank seiner Kunst des »stärker Zusammengefassten«. Schon für Aristoteles sind Dichter expressive Wesen gewesen, scheint es, mit einem Hang zur maßlosen Übertreibung. Ihnen ein paar Gitterstäbe vor die Nase zu setzen, bedeutete gleichzeitig, sie gewähren zu lassen: »Dreht euch um«, hat er ihnen zugeraunt. Sie haben es vorsichtig getan. In ihrem Rücken, auf der anderen Seite des Gitters, entdeckten sie eine weite, endlose Landschaft.

Geschichten, Dramen, Drehbücher biegen sich in Raum und Zeit. Autoren tun es auch, solange, bis sie Rückenschmerzen bekommen. In seinem Stoff zu leben, nicht aufzugeben und über den kritischen Punkt hinwegzuschreiben, ist die beste Medizin dagegen. Sie legen einen frühen Wunsch für ihre Geschichte fest, und werden von ihrer Not genauso überrumpelt wie ihre Figur. Sie verlieren sich in den Tiefen ihres Stoffs, bilden sich in ihm aus. Der Katalog der Fragen, die ihn ausmachen, ist zentnerschwer: Wut, Ohnmacht, Überleben, Glück und Vergeblichkeit, Liebe, Tod, Abschied, Mutter und Vater, Verrat und Vertrauen, Mut und Feigheit, Lüge und Verstellung, Sex und Schüchternheit, Altsein, Gewalt, Krankheit, Isolation und Unrecht, Aufruhr, Unschuld, Verlust... Gäbe es Antworten, müssten keine Drehbücher geschrieben werden.

Eine dramatische Person zu sein, ist keine emotionale, unüberlegte, sondern eine professionelle Entscheidung. Immerhin geht es um einen Berufsstand, den des Drehbuchautors. Inspiration und Kalkül sind im Alltag des Drehbuchschreibens, bei allen Autoren dieses Buchs, ein Geschwisterpaar. Sie bewegen sich zielsicher auf ihre Krise zu, lösen eine Figur aus, die sie überwindet. Dazu gehört kein Gottvertrauen, nur Erfahrung, mehr nicht.

Wer mit sich selbst herzlos umspringt, darf auch mit seiner Figur herzlos sein. Sie wird mehr aushalten als einen Strauß am Muttertag. Vielleicht nimmt sie ihn, und erschlägt den Boten damit, wer weiß. Wir werden sie sehr sympathisch finden, erstaunlicherweise, und keine Sekunde daran zweifeln, dass sie das einzig Richtige getan hat.

Wer sich als dramatische Person, still oder lärmend, durch seinen Alltag bewegt, zwischen Büro und Supermarkt, wird den Tag in drei Akte teilen, und sich selbst als aktiver Held, auch ohne Drehbuchseiten, wahrnehmen. Später, am Schreibtisch, werden sich Teile wundersam zusammenfügen. Zwei Ideen verschmelzen zu einer, zwei Figuren tauchen überraschend in einem Bild auf, ein Bild zielt auf einen einzigen Dialogsatz hin. Dabei geschieht etwas Besonderes: Der Stoff wird sinnlich erfahrbar, seine Nebelbänke verziehen sich. Das Drehbuch besticht mit Genauigkeit. Sein Autor empfindet es als intimer und persönlicher denn je, zugleich ist es sein »Schattenmund« geworden. Der schöne Begriff ist eine von Victor Hugo inspirierte Erfindung von Jean Claude Carrière (ÜBER DAS GESCHICHTENERZÄHLEN, 1999), der viele berühmte Drehbücher für viele berühmte Regisseure (von Godard bis Milos Forman) verfasst hat. Der Schattenmund lässt den Erzähler (und Dichter) hinter sein Werk zurücktreten. Oder, wie Carrière es mit leisem französischem Pathos ausschmückt: »Deshalb, so scheint es mir, gehören die schönsten Geschichten nicht einem bestimmten Menschen. Niemand kann sagen: Diese Geschichte gehört mir. Der Schattenmund spricht für alle, selbst wenn ihn nicht alle hören. Die unermessliche Popularität als höchster Ruhm bedeutet letztlich Anonymität.«

Man könnte auch sagen: Ein Drehbuchautor wird zur dramatischen Person, er sucht die Nähe einer fremden, vertrauten Figur, verlässt seine Lebenswelt, sie verführt ihn mit ihrer Geschichte. Der Autor lehnt sich entspannt zurück, schreibt losgelöst, wartet das Ende ab. Es ist sein Stoff, das stimmt ihn ruhig, aber die Geschichte ist eine fremde, andere. Wenn er nicht weiterweiß, befragt er seine Figur. Er ist ihr wacher Konfliktmanager, entwickelt Strategien, sie vorm Exitus zu bewahren, hört auf zu schreiben und wartet einfach ab, wenn es nicht weitergeht, oder schließt die Augen und tippt wild darauf los.

Oder er macht es wie Sascha Arango, der Erfinder von Eva Blond, nimmt die kritische Drehbuchmitte und fährt mit ihr in Urlaub. Drehbuchautoren führen ein erholsames Leben. Sie haben ihre Medizin immer bei sich: sich selbst. Eine unruhige, seltsam entspannte, dramatische Person. Sie lebt in ihrem Stoff, vom Anfang bis zum Ende ihrer Karriere. Ist es gewohnt, sich nicht allzu wichtig zu nehmen, lenkt sich täglich vom Ernst des Lebens ab: mit einer guten Geschichte.

Der Geschichtenerzähler

Im Gespräch mit …

Sascha Arango

Er lebt in vielen Geschichten, folgt einem Lebensentwurf, der über drei Akte hinausreicht. Einen Tag nach unserem Gespräch besuche ich ihn in seiner Berliner Wohnung, versinke in einem hohen marokkanischen Sessel und frage mich, ob ich jemals wieder herauskomme. Er erzählt von einem Handschlag des Vertrauens. Ein Berliner Drehbuchautor drückt einem Schreiner in Marokko viel Geld in die Hand. Zwei Monate später steht der Schreiner vor dem Mietshaus am Chamissoplatz, mit einem verschmierten Adresszettel in der Hand. Er hat die in Auftrag gegebenen Möbel auf seinem klapprigen Kleinlaster durch halb Europa transportiert. Hat den Staub der Wüste, den Geruch von tausend Kilometern Asphalt an den Kleidern.

Was ist erfunden, was wahr an seinen Geschichten? Der Unterschied spielt für ihn keine Rolle. Sie sollen überzeugen, Erzählen ist Verführungskunst. Dazu ist ihm jedes Mittel recht. Er gilt als düsterer und zugleich sehr komischer Autor, produziert überraschendste Wendungen. Man könnte ihn heimtückisch nennen. Einen unberechenbaren Strategen, vor dem man auf der Hut sein sollte. Oder gerade nicht, denn seine wechselhafte Kunst ist unser Vergnügen.

Arangos Figuren, Opfer, Täter und Komödienhelden, zu denen auch EVA BLOND, seine Serien-Kommissarin, gehört, sind süß und grausam. Benebeln die Sinne, locken den Zuschauer in ihren Abgrund. Er ist ein Risikoautor. Der es sich leisten kann, offen seine Beipackzettel zu erläutern. Seine Unberechenbarkeit hat ein System: Darüber lässt sich reden.

Ein verhangener Novembertag. Wir sind im achten Stock, blicken auf die Glaspyramide des Sony Centers. In der Tiefe des Innenhofs eine Handvoll Touristen. Kalter Regen tropft auf sie herab. Wir sitzen in einem schräg geschnittenen Raum und warten, Filmstudenten der DFFB und ich. Der Autor kommt und ist gut gelaunt. Er verrät, warum...

ARANGO   Ich habe nur zwei Stunden, muss zum Baumarkt. Mein Sägetisch...

HERRMANN   Sägetisch?

ARANGO   Ich bin professioneller Heimwerker, wie du weißt.

Stille.

HERRMANN   Wir sind beide Jahrgang 59, Sascha. Zu jung für die 68er, zu alt um ihre Kinder zu sein. Bist du unpolitisch erzogen worden?

ARANGO   Ich musste auf alle Vietnam-Demos! Mit meiner Mutter, auf dem Ku'damm: »Ho-Ho-Ho-Chi-Minh«, ich kann mich genau erinnern. Wir fassten uns an den Händen und fingen an gemeinsam zu laufen. Ich war zehn Jahre alt: Das hat mich geprägt.

HERRMANN   Hast du als Kind Geschichten erzählt bekommen?

ARANGO   Mein Vater kommt aus einem Land, in dem Geschichtenerzählen zum Alltag gehört. In Kolumbien gibt es ein eigenes Fernsehprogramm: Kurzgeschichtenerzähler treten im Fernsehen auf und können sehr berühmt damit werden. Erzählen und Fabulieren haben dort Tradition. Mein Vater war ein großartiger Erzähler. Er konnte improvisieren.

HERRMANN   Gibt es eine Urgeschichte?

ARANGO   Der Ritt meines Vaters auf einer riesigen Schildkröte, über einen Fluss. Ich weiß nicht, ob die Geschichte
stimmt, aber sie ist grandios! Sie hat zu meinem größten Er-
folgserlebnis in der Grundschule geführt: Ich ritt auf einer
Schildkröte und fiel herunter...

HERRMANN   Ein kleiner Geschichtenerzähler. Wie ist daraus
ein großer geworden?

ARANGO   Mit Ende zwanzig habe ich beschlossen, davon zu
leben und nichts anderes mehr zu machen. Vorher war die
Möglichkeit, damit Geld zu verdienen, reine Utopie für mich.
Ich habe Romane geschrieben und wurde immer leiser und
bescheidener. Irgendwann schrieb ich Hörspiele. Sie wurden
allesamt abgelehnt. Mehrseitige, sehr gewissenhafte Antwort-
schreiben, die mit »Tut mir leid« endeten. Eines Tages sagte
mir jemand: »Sag mal, Sascha, das Wort *Dramaturgie*, kennst du
es?« Ich war wütend, bin nach Hause gerannt und habe ein
Hörspiel nach den Gesetzen der »Dramaturgie« geschrieben
– was zu einem Fernsehfilm wurde. Und das war's dann!

HERRMANN   DER LETZTE KOSMONAUT... Dafür gab es viele
Preise.

ARANGO   Nico Hofmann führte Regie. Wir glaubten an das
Schöne, Wahre, Gute, waren sehr idealistisch.

HERRMANN   Wie hast du den Stoff entdeckt?

ARANGO   Ich traf mich mit meinem Bruder zum Essen, und
er sagte: »Hast du gehört, dass auf der Mir-Station ein Kosmonaut die Welt umrundet, ohne zu wissen, dass der Sozia-
lismus untergegangen ist?« Das war der Auslöser. Ich war
Deutschlehrer für Ausländer, schrieb in meinen Mittagspau-
sen die Geschichte vom Kosmonauten Schukov auf: Er repa-

riert im Weltraum seine uralte Weltraumstation und spricht mit Gott. Als plötzlich eine Stimme zu ihm sagt: »Towarisch, es ist vorbei. Niemand wird kommen und dich abholen, es ist vorbei.« Er beginnt einen Kampf gegen die Erde. Er sagt: »Gut, wenn ihr mich hier oben lasst, werde ich alle Satelliten abschießen. Ich werde eure Welt ins Dunkel stürzen.« In der Mitte der Geschichte stellt sich heraus, dass die Stimme, die er hört, von der attraktiven Leiterin des Raumfahrtszentrums stammt. Sie will den armen Typen da oben nicht sterben lassen. Er verspricht ihr: »Wenn ich herunterkomme, heiraten wir.« Es kommen auch Bush senior und Jelzin vor. Sie beraten darüber, was man mit dem verrückten Russen, der die Nachrichtensysteme stört, sich in Fernsehnachrichten live zuschaltet, machen soll: Am Ende wird beschlossen, ihn herunterzuholen. Er geht nach Kuba, und die Geschichte ist aus.

HERRMANN   Heiratet er die Stimme aus dem Raumfahrtzentrum?

ARANGO   Na hör mal, das ist Barbara Auer, natürlich! Ich muss doch sehr bitten!... *Lachen...* Als Günter Lamprecht und Dominique Horwitz, die Schauspieler, mich trafen, dachte ich, ich werde verrückt... und dann... Jetzt habe ich den Faden verloren.

HERRMANN   Das kann beim Geschichtenerzählen passieren. Hast du dich von deinem ersten Erfolg erholt?

ARANGO   Nicht ganz... Es war äußerst überraschend alles. Ich bekam Angebote, man schickte mir Tickets, damit ich irgendwo hinfliege. Die UFA rief an. Die Produzentin sagte: »Schreib etwas über die Treuhand.« Und ich antwortete: »Einen so langweiligen Vorschlag habe ich in meinem ganzen Leben noch nicht gehört! So eine dumme Idee... Was? 3.000, nur fürs Exposé?«... *lacht...* Ich bin in die Treuhand gegangen, und nach zehn Minuten saß ich in Görings Büro, an seinem Schreibtisch, und sagte mir: »Okay, es wird eine Geschichte. Sie gefällt mir.« Der Chef der UFA lehnte sie ab, sie wurde trotzdem gemacht, bekam den Grimme-Preis und anschließend bin ich...

HERRMANN   ...durchgedreht?

ARANGO   Fast.

HERRMANN   Wie hast du dem Stoff die Langeweile ausgetrieben? Mit Hilfe von Görings Schreibtisch?

ARANGO   Es gibt keine langweiligen Themen: Ein Land kauft ein anderes, Liquidatoren schwärmen aus um Betriebe zu schließen – das ist eine spannende Geschichte! Ich habe gewisse Dinge erfunden: Ein marodes Nähmaschinenwerk in Thüringen. Es wird kurzerhand in ein hypermodernes Werk imaginärer Maschinen verwandelt. Ein kollektiver Betrug der Arbeiter um die Liquidatorin zu täuschen. Sie wurde mit Sophie von Kessel, in die ich mich sofort verliebte, besetzt. Meine Liebe beflügelte mich und ich schrieb und schrieb...

HERRMANN   Du hattest deinen Stoff gefunden: der Mut der Ohnmächtigen, ihr Kampf gegen dunkle Mächte.

Stoff,
emanziperte Figur

ARANGO   Gegen die dunklen Mächte in uns. Das ist ein unvermeidliches Motiv in meinen Geschichten. Anfangs, bei meinen ersten Drehbüchern, habe ich Situationen genommen und Figuren hineingesetzt. Heute bevorzuge ich das umgekehrte Verfahren: Ich stelle die Figur als Idee in den Mittelpunkt. Meine Geschichte ergibt sich zwangsläufig daraus.

HERRMANN   An welcher hast du mit größtem Vergnügen gearbeitet?

ARANGO   ...immer die letzte, aktuelle! Zurzeit plane ich eine Kinogeschichte, für Matthias Glasner, meinen Freund und

Regisseur. Er wird 40, ich bin 45. Es wird Zeit etwas über uns zu schreiben. Die Geschichte heißt: THE SEXIEST MAN ALIVE. Die Figuren habe ich schon, aber ich komme nicht weiter. Es gibt einen Punkt in der Mitte: Dort hört die Geschichte einfach auf. Ich trage sie mit mir herum, erzähle sie immer wieder, warte, bis ich über den Punkt in der Mitte gelange. Irgendwann wird es weitergehen.

HERRMANN   Erzähl sie, vielleicht gelingt es dir heute, über die Mitte zu gelangen.

ARANGO   Der Held ist ein Mann in meinem Alter: Ein Psychiater, sehr erfolgreich. Er hat eine Villa am Wannsee, fährt mit dem Boot zur Arbeit. Empfängt seine Patienten, gibt ihnen schlechte Ratschläge...

HERRMANN   Und weiter?

Stille.

ARANGO   ...Dir ist klar, dass ich dir das Geheimste und Wichtigste, das ich habe, erzähle: Meine Geschichte? ...*denkt kurz nach*... Lieber nicht.

HERRMANN   Erinnerst du dich an unsere erste Begegnung, Sascha?

ARANGO   Oh ja!

HERRMANN   Ich las ein Exposé von dir, und wir haben uns gestritten...

ARANGO   ...Du meinst: angeschrieen.

HERRMANN   Du sagtest: »Schreib deine eigenen Geschichten!« Und ich: »Lern du, wie's geht!« Daraus ist einer der erfolgreichsten Filme der TATORT-Reihe geworden: DER KALTE TOD. Die Geschichte eines Pathologen, der seine Geliebte aus Eifersucht tötet, seziert und in Einmachgläsern entsorgt.

ARANGO   Ein Krimi mit offen geführtem Täter. Ich wollte
mich auf den Pathologen und die Kommissarin konzentrie-
ren. Ihre Aufgabe ist es, ihn und keinen anderen zu überführen.
Er sagt: »Mein Gebiet ist der Tod. Ihres ist das Böse.
Lassen Sie uns zusammenarbeiten. Machen Sie Ihre Arbeit.
Ich schaue Ihnen dabei zu.« Bei meinem letzten EVA BLOND-
Drehbuch für SAT 1 habe ich einen *Whodunit* geschrieben.
Das wirft für mich Schwierigkeiten auf: Bei einem *Whodunit*
darf ich die komplexe und interessante Täterfigur nicht erzäh-
len. Beim KALTEN TOD ist sie von Anfang an bekannt. Die
Frage ist hier nicht: »Hat der Pathologe es getan?« Sondern:
»Wie ist er, warum hat er es getan? Schafft sie es, ihn zu be
siegen?« Ich möchte unbedingt wieder zu dieser Erzählweise
zurückkehren.

HERRMANN   Notierst du Alltagserlebnisse?

ARANGO   Peinlich viele. Ich lese täglich Zeitungen, bin ein
akribischer Sammler von interessanten Figuren oder Situationen. Gestern zum Beispiel: dieser arme Engländer, der in seinem Kleiderschrank ertrunken ist… *lacht*… Er war in seinem
begehbaren Kleiderschrank, als ein anderer Schrank gegen die
Schranktür fiel. Er kam nicht mehr heraus, riss ein Kupfer-
rohr aus der Wand, um die Tür aufzustemmen. Daraus lief
Wasser in den Schrank. Sieben Tage nach seinem Tod wurde
er gefunden. Er starb an Erfrierungserscheinungen, durch-
nässt in seinem Kleiderschrank. Solche Geschichten faszinie-
ren mich! Am liebsten sind mir extreme Situationen, in die
Menschen geraten. Zum Beispiel die Geschichte von dem
Boot, das sich 60 Spanner in den USA gemietet hatten. Erotik
und Sex sind in den USA ein… *zögert*… »interessantes« Thema. Die Spanner sind mit ihrem Boot vor dem einzigen
Nacktbadestrand Kaliforniens gekurvt, haben sich alle auf
eine Seite gelehnt, um zu schauen. Und dabei ist das Boot ge-

kentert. Viele sind ertrunken. Nur weil eine nackte Frau vorbeiläuft... Eine äußerst komische Situation.

HERRMANN   Wie wird daraus eine Geschichte? Lässt du die Ehefrauen der Spanner am Strand auftauchen?

ARANGO   Wenn daraus eine Geschichte werden soll, überlege ich zuerst, wo das Bild sitzt: Am Anfang der Geschichte, in der Mitte oder am Ende? Ich stelle Fragen: Was ist an dem Bild das Reizvolle? Die Komik der Situation? Der Tod? Seine Lächerlichkeit? Oder das Thema »Prüderie«? Und: Wie ist die Bootsfahrt zustande gekommen? Ich suche nach einer organisatorischen Figur, die die Männer aufs Schiff bringt. Ich vereinfache. Nehme meine Erinnerungen zu Hilfe: Mein siebenstündiger Arrest in einer Zelle in den USA, weil meine Badehose zu kurz war...

HERRMANN   Zu kurz?

ARANGO   Der Sheriff, der mich verhaftet hat, bekam später zehn Jahre wegen illegalen Bordellbetriebes. Ach, es ist unglaublich, was für Geschichten es gibt... Auf keinen Fall setze ich mich in dieser Phase hin und schreibe etwas auf. Das verdirbt alles!

HERRMANN   Wann ist eine Geschichte reif für dich, wann beginnst du mit dem Schreiben?

ARANGO   Wenn ich sie erzählen kann: Jedem x-beliebigen Menschen.

HERRMANN   Von Anfang bis zum Ende?

ARANGO   Nicht unbedingt: Auch der andere darf sie zu Ende erzählen. Ich schwöre auf *Serendipity*. Ich kann den englischen Begriff nur empfehlen. Ein Wort ohne Entsprechung im Deutschen. Es meint eine Art »Glücksfund«: Man sucht etwas und findet etwas anderes. Ein richtungsloses Suchen im Dun-

Wunsch und Not des Autors

267

keln. Und je richtungsloser mein Suchen ist, desto größer ist die Wahrscheinlichkeit des Fundes. Je mehr ich mich aber einenge, desto geringer ist die Wahrscheinlichkeit, meine Geschichte zu finden.

HERRMANN   Hilft dir bei deiner Suche die Entscheidung für ein Genre?

ARANGO   Ich halte es mit Billy Wilder, der sagt: »Ein Mann geht über die Straße und fällt hin. Steht er auf, ist es eine Komödie, bleibt er liegen, ist es eine Tragödie.« Ich kann mich zu jedem Zeitpunkt entscheiden, welche Art von Geschichte ich erzählen will. Für meine Suche aber, und das, was ich finde, spielt es keine Rolle.

Dramatische Person

HERRMANN   Bedeutet richtungsloses Suchen: Du wirst zum Teil deiner Geschichte?

ARANGO   Wie eine »Hose«: Meine Geschichte habe ich immer dabei, sie wetzt sich ab, wird bequem oder zu eng, je nachdem.

HERRMANN   Wie gestaltet sich dein »richtungsloses Suchen« in den kommenden Wochen?

ARANGO   Ich werde bis März nichts mehr machen, nur Urlaub. Und dann, wenn ich im März wiederkomme, ist die Geschichte in meinem Kopf so weit, dass ich sie aufschreiben kann. Sie entsteht, ohne dass ich die Ursache dafür kenne. Es ist mysteriös! Was mir dabei hilft, sind nautische Regeln: Lenken, nicht formen! Wenn ich sage: »Je mehr ich meine Suche eingrenze, desto unwahrscheinlicher wird es, dass ich etwas finde« – dann ist der Satz die Quintessenz von etwas, das ich begriffen habe. Ich halte meine Geschichte offen, solange es geht! Sobald ich ein Stück davon mir erzählt habe, erzähle ich

es jemand anderem. Und dabei kommen meine Glücksfunde
heraus.

HERRMANN   Wie sie endet, spielt keine Rolle. Wie gestaltest
du Exposés?

ARANGO   Es können drei Seiten sein, sind aber meistens
eher zehn Seiten. Ich erzähle die Geschichte als Prosa-
version, in Bildern. Mit dem Ziel, dass der Leser Geschichte
und einen Charakter kennen lernt, nicht in der Art: »Peter
ist ein toller Mann, er hat viel Sport gemacht…« Das
sollte aus der Geschichte hervorgehen. Sie sollte nach dem
»Was du siehst, bekommst du auch«-Prinzip geschrieben sein.

Taschenspielertricks

HERRMANN   Wie umschiffst du kleine Klippen?

ARANGO   Ich greife auf den Satz zurück: »Um Ihnen unwich-
tige Details zu ersparen, komme ich gleich zum Ende«, lege
meine Schwächen offen auf den Tisch, in möglichst unterhaltsamer Form, mühelos. Mein Ziel ist es, dem Literaten wie
dem Elektroschweißer Klarheit über die Geschichte zu vermitteln. Beide sollen sie begreifen.

HERRMANN   Kann Unsicherheit in diesem frühen Stadium
auch eine Qualität sein?

ARANGO   Unsicherheit ist das einzige, was zählt.

HERRMANN   Schreibst du nach dem Exposé ein Bildertreatment?

ARANGO   Auf keinen Fall, das ist eine Unsitte!

HERRMANN   Noch beim Drehbuchschreiben willst du dich
von deinen Figuren überraschen lassen…

ARANGO   Dialoge schreibe ich ohne Namensangaben. Ich
weiß ja, wer was sagt! Manchmal drehe ich sie einfach um,
lasse eine Figur den Dialog der anderen sprechen. Und stelle

fest, dass eine tiefere Wahrheit dabei herauskommt. So ist es mit meiner Geschichte. Ich drehe sie willkürlich um, lasse mich davon überraschen, was geschieht?

HERRMANN   Ein Akt gezielter Gewalt also.

ARANGO   Ich frage mich beim Schreiben nie, ob eine Szene gut, richtig oder falsch ist. Ich frage mich nur, ob sie mir klar oder unklar ist. Das alleine zählt für mich.

Stoff für vier Szenen

HERRMANN   Ich möchte dir abschließend vier Situationen vorstellen, und du sagst mir, was du mit ihnen assoziierst? Die erste ist ein Vergnügungspark. Es ist ein Feiertag im Sommer. Menschenmassen, die aneinander vorbeidrängen…

ARANGO   Lärm, Enge… Alles, was ich hasse.

HERRMANN   Eine Müllkippe am Mittwochnachmittag: Ein Müllauto fährt eine Auffahrt hoch.

ARANGO   Alles, was die Geschichte ausmacht, ihr Geheimnis und der Grund sie zu erzählen, ist im Innern des Müllwagens verborgen…

HERRMANN   Eine Großstadtkreuzung, vier Uhr morgens. Kein Mensch ist zu sehen.

ARANGO   Gespenster gehen über die Kreuzung. Menschen, die tagsüber auf der Kreuzung waren, treffen sich im Traum wieder, morgens um vier. Auf der Kreuzung…

HERRMANN   Das letzte Bild ist eine Frau in einem Badezimmer. Sie schaut in einen Spiegel, hat eine Perücke auf.

ARANGO   Ist sie nackt?

HERRMANN   Das ist deine Entscheidung.

ARANGO   Eine nackte Frau, die vor dem Spiegel steht, und langsam die Perücke abnimmt, ist eine gute Idee, ein sehr starkes Bild.

SASCHA ARANGO

Geboren 1959 in Berlin, wo er auch lebt. Seit 1989 Arbeit für Funk, Fernsehen und Kino, journalistische Arbeiten, Script Doctoring. Seit 1994 Lehrtätigkeit als Dozent an der Filmakademie Baden-Württemberg und der dffb. Romane, Theaterstücke, Hörspiele.
Zahlreiche Preise, u.a. Grimme-Preis, Prix Futura, Ernst-Schneider-Preis.

Filmauswahl:

TATORT – BOROWSKI IN DER UNTERWELT (2005)
Drehbuch

BLOND: EVA BLOND! – DER SCHWARZE MANN (2004)
Drehbuch

BLOND: EVA BLOND! – CHILI CON CARNE (2004)
Drehbuch

BLOND: EVA BLOND! – DER ZWERG IM SCHLIESSFACH (2003)
Drehbuch

BLOND: EVA BLOND! – DAS BUCH DER BELEIDIGUNGEN (2002)
Drehbuch

LIEBE.MACHT.BLIND. (2001)
Drehbuch

LIEBE UND VERRAT (zus. mit Klaus Hüttmann) (2001)
Drehbuch

BLOND: EVA BLOND! - DER MÖRDER SPRICHT SEIN URTEIL (2001)
Drehbuch

TOR DER FEUERS (1996)
Drehbuch

TATORT – DER KALTE TOD (1996)
Drehbuch

ZU TREUEN HÄNDEN (1995)
Drehbuch

DER LETZTE KOSMONAUT (1993)
Drehbuch

Stoff für viele Geschichten

Warum träumen Drehbuchautoren davon, eines Morgens aufzuwachen und stolze Literaten zu sein, gefeierte Romanautoren, legitime Mitglieder literarischer Runden? Die Antwort ist: weil sie bei jeder Gelegenheit vergessen werden, glauben sie zumindest. Wenn ein Film in Kritik gerät, hat ein Drehbuch gute Chancen, Aufmerksamkeit zu erfahren. Wird er in den Feuilletons gefeiert, bleibt das Drehbuch unerwähnt. Es gibt ein Wahrnehmungsproblem für die Kunst der Drehbuchautoren. Sie haben es von ihren antiken Vorfahren geerbt. Die Tragödienkultur war eine schnelllebige, flüchtige. Aristoteles hat seine Dichter im letzten erhaltenen Kapitel der *POETIK* glühend verteidigt. Für ihn sind ihre Tragödien epischen Werken überlegen. Der Vorwurf, Tragödien seien »vulgär«, dürfe, wenn überhaupt, nicht »gegen die Dichtkunst, sondern gegen die Kunst der Interpreten« erhoben werden. Aristoteles trennte das unfertige Spiel von seiner unbestechlichen Vorlage. Er schließt mit der Bemerkung: »Zudem tut die Tragödie auch ohne bewegte Darstellung ihre Wirkung, wie die Epik. Denn schon die bloße Lektüre kann ja zeigen, von welcher Beschaffenheit sie ist.« Sie teilt mit der Epik Melodik und Versmaß, übertrifft sie mit »Eindringlichkeit« und »geringerer Ausdehnung«.

Drehbuchautoren leben davon, dass ihre Bücher verfilmt werden. Und haben niemanden an ihrer Seite, der ihre Kunst, ihre unverwechselbare Art, einen Stoff zu gestalten, verteidigt. Dabei gibt es nur eine verlässliche Konstante angesichts von Drehtagen, Cast und Kosten: Das Drehbuch. Es ruht in sich, ist ohne Industrie und Sachzwänge wahrnehmbar.

Zur Zeit der tragischen Dichter waren Zuschauer hysterisch vernarrt in ihre Kunst. Mythen waren ein bewährtes Mittel,

Schreikrämpfe auszulösen. Daneben gab es den ein oder anderen wütenden Dichter, der unruhig seinen Ausdruck suchte. Ihn in sich selbst fand, seinem Temperament und seiner Herkunft. Und schutzlos war, wenn sein Werk im Zirkus der Emotionen landete. Ich vermute: Aristoteles wollte trockene Spreu von Weizen trennen. Er wies auf die Substanz einer Tragödie hin: ihren Verstext, dem die bewegte Darstellung untergeordnet ist. So hat er die Tragödie aus ihrer Zeit, ihrem Theaterrund, befreit. Dank seiner Intervention kennen wir die Namen von Sophokles, Euripides, Aischylos, Aristophanes. Das preisgünstige Remake, die Liste der Kopisten, ist verschwunden. Ihre Papyrus-Rollen wurden dazu benutzt, das Feuer im Herd zu entfachen, nicht in Köpfen. Aristoteles wollte seine Zuhörer auf die Originale aufmerksam machen und hat einen der großen Texte über die radikale Kunst des Dichtens produziert, indem er den Wert der Regeln erkannte und sogleich widerlegte.

Drehbuchautoren sind keine Literaten. Ihre Kunst ist populär. Man muss sich nicht weiter um sie kümmern, zugegeben. Sie zitieren sich gegenseitig, klauen von anderen, beuten sich aus. Das Medium, dem sie dienen, ist lästerlich. All das hätte man damals, im Jahr 433 vor Christus, an einem heißen Sommernachmittag, über den genervten Dichter Euripides sagen können. Kein Vers wollte ihm gelingen, er griff den Federkiel, schrie die Götter mit ihren dämlichen Vorgaben an. Irgendwann rutschte ihm der Stift aus, und es gelang ihm etwas Sonderbares: eine ungelenke Zeile. Er stellte fest, dass sie von ihm stammte, und er versteckte sie eine Zeitlang vor der Welt, so wie Drehbuchautoren es machen, wenn sie sich selbst in einem Stoff begegnen, überrascht ihre Figur um Rat fragen und mit ihr in den Untergrund gehen. Um ein paar Monate später mit einem für sich stehenden, rätselhaften Drehbuch ihren Regisseur in Entzücken, den Produzenten in einen angstvollen Fieberschub zu versetzen.

Es wäre vielen genützt, allen Beteiligten an dem Ereignis Filmkultur, wenn das besondere Drehbuch unabhängig von seiner Verwertungskette wahrgenommen würde. Der Stoff eines Autors verleiht einem Drehbuch literarischen Wert, schützt vor Diebstahl, taugt fürs Überleben. Ehrgeizige Theatertexte bestehen den Abend ihrer Uraufführung nicht. Wenn sie sich in Schulklassen verirren, lösen sie Gähnattacken aus. Würden die Drehbücher von NIRGENDWO IN AFRIKA, BÖSE ZELLEN, WAS TUN WENN'S BRENNT? (dritte, nicht zwölfte Fassung), SOPHIE SCHOLL, DIE FETTEN JAHRE SIND VORBEI und andere Stoff-Geschichten durch die Fenster der Klassenzimmer flattern, wäre die Neugierde groß. Ein, zwei Schüler würden sich beschweren: »Da schau ich mir lieber den Film an!«, aber ihr Lehrer würde ihnen sicher die einzig richtige Antwort geben: »Zwei Stunden Nachsitzen mit Drehbuchlesen, morgen früh Spiel mit verteilten Rollen...«.

Wer den *Stoff für vier Szenen*, das Ende der Interviews mit dreizehn Drehbuchautoren besieht, wird feststellen: Auf einer Müllhalde, im Vergnügungspark, auf einer Großstadtkreuzung oder im Badezimmer, irgendwo lauert immer der Stoff eines Autors. Er löst eine rätselhafte Szene aus, sie wiegt schwerer als alle Ideen. Ein Stoff ist größer als eine Geschichte. Sie bildet ihn ab, er sucht sich zwingend in ihr seine Szenen. Darin begegnen Autoren ihren Helden: Sie schlagen mit der blanken Faust auf einen Spiegel ein, befestigen ein Klavier auf zarten Rollen an einem Müllwagen, laufen verheult durch einen Vergnügungspark, setzen sich frech auf den Badewannenrand und beginnen ein Gespräch mit einer nackten Frau. Oder sie verwandeln sich in ein Kind, ein neugieriges Mädchen wahrscheinlich, das morgens um vier Uhr im Schlafanzug an einer leeren Straßen-Kreuzung vorbeikommt. Eine kleine Verwandte des dicken, mondsüchtigen Jungen, in dem sich Emir Kusturica (PAPPA IST AUF DIENSTREISE, 1985) wieder entdeckt hat.

Das Drehbuch zu dieser Szene ist noch nicht geschrieben. Aber der Stoff ist schon da, er stammt von Ruth Toma. Ihre Drehbücher bieten inhaltsschweres Handwerk und hätten sicher den munteren Zuspruch des Alt-Dramaturgen Aristoteles gefunden. Ruth Toma ist eine komplette Autorin. Sie hat es nicht nötig, einen Roman zu schreiben. Mit ihrem Stoff besteht sie vor sich und anderen. Das genügt ihr.

Sie ist eine glückliche Drehbuchautorin.

Auf der Höhe des Handwerks

Im Gespräch mit...

Ruth Toma

Sie thront auf ihrer Kommandobrücke: einer Dachgeschoss-Empore, in einer Altbauwohnung im Hamburger Schanzenviertel. Dort oben, am höchsten Punkt, hat sie ihren Schreibtisch positioniert. Und alles im Blick. Den Hafen, die Hansestadt, die Möwen und das Licht. Und ihren kleinen Sohn im Juventus-Trikot, der unten ganz still ist, wartet, bis alles vorüber ist.

Auf eine Weise lebt sie noch immer unter der Kuppel eines Zirkuszelts – wie damals, als sie Mitglied eines Theaterkollektivs war, Dialoge und Szenen für die Fliegenden Bauten schrieb. Ihr Leben steht für große Sprünge. Das Programm dazu hat sie präzise ausgearbeitet.

Sie ist geübt, von großer Disziplin. Drehbuchschreiben fällt ihr leicht. Strenge, genau berechnete, gleichwohl spielerische Fingerübungen, wenn es einmal soweit ist, und sie *Bild 1* oben auf eine Seite setzt. Sie beginnt einen Dialog mit sich selbst, dirigiert ihre Figuren durch eine Geschichte. Selbst die Arbeiter auf dem Baugerüst, die während unseres Gesprächs vor den Fenstern auf- und abgehen, in schwindelnder Höhe, scheinen ihrem geheimen Taktstock zu folgen.

Die Autorin gibt ihren Stoff nicht aus der Hand, sobald sie ihn in einer Geschichte entdeckt hat. Schützt ihn vor schneller Niederschrift. Bringt ihn zum Glänzen, wie sie sagt. Diese frühe Phase scheint die wichtigste zu sein. Wenn sie abgeschlossen ist, unterzieht sie ihn einigen ehrgeizigen Härtetests, wie wir gleich erfahren werden. Frisch aus der Antike.

Ihre Geschichten taugen für Kino und Fernsehen gleichermaßen. Sie hat feste Allianzen mit Regisseuren gebildet, von Lars Büchel bis Ralf Schübel. Und wer, wie der junge Regisseur Sven Taddicken, von ihr ein Drehbuch zur Verfilmung erhält, möchte sofort ein zweites. Sie ist auf der Höhe des Drehbuchhandwerks angelangt, erntet Preise, mehr als andere, und findet immer wieder einen Gipfel, der sie anspornt. Mit anderen Worten: Sie ist eine Trapezkünstlerin, die ihre Kunst ausdauernd und hart trainiert, solange, bis sie schwerelos und spielerisch aussieht.

Fragt sich nur: Wie machen Sie das, Frau Toma?

Eine Altbau-Dachwohnung, mit einer hohen, schmalen Empore, zu der eine Wendeltreppe führt. Dort sitzen Toma und Herrmann, vor und hinter einem Schreibtisch. In der Ferne die Kräne des Hafens. Frisch versiegelter Parkettboden, der Geruch von frischem Wachs. Draußen, vor den Fenstern, ist ein Gerüst aufgebaut. Ab und zu tänzelt ein Arbeiter an uns vorbei. Immer wieder hört man Hämmern während des Gesprächs. Herrmann schenkt Wasser ein.

HERRMANN   Sie auch?

TOMA   Ja, gerne.

HERRMANN   Eine Hamburger Wohnung: Aussicht nach allen Seiten der Stadt.

TOMA   Ich wusste nicht, dass Hamburg eine so dunkle Stadt ist. Hier schaut man in die Innenstadt, und da ist es relativ düster, abends und nachts. Nur der Hafen ist erleuchtet. Man denkt: »Mein Gott, dort ist die Hölle am Laufen.«

HERRMANN   Sie sind in einem Dorf in Bayern aufgewachsen. Haben Sie die vielen Kirchgänge erschöpft?

TOMA   Die natürlich sowieso. Gegen den Katholizismus habe ich eine große Resistenz aufgebaut, später. Unser Dorf war nahe der tschechischen Grenze. Aber erst vor zehn Jahren bin ich mit meiner Mutter einmal hinübergefahren.

HERRMANN   Sie durften nicht über die Grenze? Das hat Sie sicher geprägt…

TOMA   …Weiß man's?… *lacht…* Ich glaube, die Menschen dort, und vielleicht überhaupt in Bayern, haben einen großen Bezug zu ihren Wurzeln, positiv und negativ. Achternbusch hat gesagt: »Dieses Land hat mich kaputt gemacht, und ich bleibe so lange hier, bis man ihm das anmerkt« ...*beide lachen*... Der kommt auch aus meiner Gegend.

HERRMANN   Aber dann haben Sie einen großen Satz gemacht.

TOMA   Das war mit unserer Theatergruppe, den Fliegenden Bauten. Wir hatten im Allgäu einen billigen Landgasthof gefunden, unsere Wohnwagen aufgestellt. 1984 waren wir dann bei einem Gastspiel in Hamburg, hier auf Kampnagel, beim Sommertheater. Wir sind einfach geblieben, haben in unseren Wohnwagen gelebt, bis 1990. Zehn Jahre ist ein ehrwürdiges Alter für eine freie Theatergruppe... Für Leben und Arbeiten in einem sozialen Zusammenhang...

HERRMANN   ...Lieben und Arbeiten auch, oder?

TOMA   ...Lieben auch, ja... *lacht*... Ich habe dort meinen Mann kennen gelernt, stimmt. Anfangs hatten wir den Gedanken: »Wir machen das beste Theater der Welt« und noch mehr als das: »Wir verändern die Welt«. Aber das letzte Stück war einfach nicht besser als das vorletzte. Und da haben wir aufgehört, denn dafür kostete unser Leben uns einfach zu viel. Zu viel Privatsphäre, die man aufgeben musste, zu viele Entbehrungen – es war sehr karg, wie wir gelebt haben.

HERRMANN   Erinnern Sie sich noch an den Tag des Abschieds?

TOMA   Nein. Aber an einen schwer depressiven Tag. Es war bei einem Gastspiel in München, als mir klar wurde: »Es ist zu Ende.« Ich bin in eine Existenzkrise gestürzt. Plötzlich fragte ich mich: »Wer bin ich denn alleine?« Wir hatten es alle versäumt, an unserer privaten Karriere zu basteln. Und an diesem Tag habe ich mir die Frage gestellt: »Mein Gott, wo soll es hinführen?«

HERRMANN   Wussten Sie da schon, dass Sie schreiben werden?

TOMA   Ich hatte schon für die Fliegenden Bauten ab und zu Szenen geschrieben. Nicht unbedingt am Schreibtisch. Wir haben mit Improvisationen gearbeitet, und ich habe dabei sehr viel über Dialoge gelernt. Figuren sprechen weniger aus ihrem Charakter. Eher aus der jeweiligen Situation. Das prägt einen Menschen mehr, als was er ist.

HERRMANN   Und Sie kennen die Situationen genau…

TOMA   Darum bemühe ich mich. Schwieriger als Dialoge zu schreiben, ist es herauszufinden, worum es in einer Szene geht, und in der Geschichte… Das ist das Allerschwierigste. Wo steuert eine Szene hin und was will jede der Figuren? Wenn ich es weiß, schreiben sich Dialoge von allein.

HERRMANN   Sie haben hier einen großen Block vor sich liegen, da sind viele Zeilen durchgestrichen. Hat es Ihnen nicht gefallen, was Sie geschrieben haben?

TOMA   *lacht…* Nein, das Durchgestrichene bedeutet, dass ich schon ziemlich weit mit meiner Arbeit bin. Ich habe immer solche Blätter, die ich herausreißen kann. Da schreibe ich querbeet alles hinein, was mit einfällt. Eine *To Do*-Liste. Gedanken zum Stoff, hier zum Beispiel zu den BRANDSTIFTERN. Was ich durchstreiche, ist eingearbeitet und erledigt. Mein Arbeiten an einer Geschichte ist ungeordnet. Mir fällt hier etwas zu einer bestimmten Szene ein und drei Tage später wieder etwas. Indem ich etwas durchstreiche, arbeite ich meine Notizen systematisch ab.

HERRMANN   Haben Sie den Block immer bei sich?

TOMA   Ich habe keine Eingebungen, die ich mir sofort aufschreiben müsste. Ich denke systematisch über einen Stoff nach, und wenn mir zwischendurch etwas einfällt – mein Gott, wenn es gut ist, werde ich es nicht vergessen!

HERRMANN Wann schreiben Sie?

TOMA Zu festen Stunden, diszipliniert, zu genauen Zeiten. Mein Sohn geht aufs Gymnasium inzwischen. Und diese ersten beiden Stunden am Schreibtisch sind die besten. Ungestört, in der Stille… mit dieser Aufgeräumtheit im Kopf, das genieße ich mittlerweile sehr.

HERRMANN Wie beginnen Sie die Arbeit am Drehbuch?

TOMA Am Anfang steht natürlich die Idee. Sie kann von mir kommen, oder von Produzenten, Regisseuren an mich herangetragen werden. Ich beginne eine recht lockere und ungeordnete Sammlung. Mit speziellen, besonderen, schillernden Momenten. Situationen, die tragisch und komisch und absurd sind. Ich versuche, die Idee zum Glänzen zu bringen. In diesem Stadium habe ich immer das Gefühl, ich darf das auf keinen Fall festklopfen. Ich schreibe noch nichts in den Computer, schreibe nur halbe Sätze ins Heft. Meine Idee trägt noch alles in sich, man kann sich so vieles vorstellen! Wenn ich jetzt mit *Bild 1* beginnen würde, zerfiele sie in Staub. Deswegen bin ich bemüht, diesen Raum lange zu erhalten. Indem ich nichts festlege, nichts eintippe, keine Szenen benenne. Irgendwann ist die Sammlung so reichhaltig, dass ich schräg darüberschaue. Aber vorsichtig! Ob sich vielleicht schon ein Bogen andeutet? Ich frage: Wie ist die Reise der Hauptfigur, was ist ihre Entwicklung? Wenn ich zu schnell ein Ergebnis suche, passiert es, dass ich in erwartbare Muster verfalle, Dinge, die man so schon gesehen hat, erzähle… die banal sind.

HERRMANN Sie wollen am Anfang einer Geschichte vor allem eines: sich überraschen lassen?

TOMA   Genau! Wobei ich eine gewisse These für meinen Stoff
schon mitbringe. Es gibt bereits einen Grund, weshalb mich
ein Stoff anzieht. Ich kann mir nicht vorstellen, dass mit der
ersten Sammlung eine andere Geschichte, ein neue Idee herauskommt. Vielleicht gibt es das, aber mir ist es noch nicht
passiert. Und wenn ich den Bogen…

Ein Telefon klingelt, laut und aufdringlich.

TOMA   Hört gleich auf. Oder stört es die Aufnahme?

*Sie steht auf, geht zu einer Pinnwand, mit einem großen Blatt. Darauf
sind Bleistift-Markierungen, handschriftliche Eintragungen.*

TOMA   Das ist der Bogen…

HERRMANN   Sieht aus wie Vorstudien Leonardos.

Kurzer, stiller Moment. Beide lachen.

HERRMANN   Beschreiben Sie, was wir sehen.

TOMA   Es ist der Bogen meiner Geschichte, der BRANDSTIFTER.
Hier… *zeigt es…* ist die Hälfte vorbei, das sind meine Plotpoints

HERRMANN   Aha, sie benutzen Plotpoints…

TOMA   Zur Kontrolle nur, für die Umarbeitung der alten Fassung. Dies ist nicht der erste Zugang zu einem Stoff… *setzt
sich wieder…* sondern ein späterer.

HERRMANN   Die BRANDSTIFTER sind eine freie Theatergruppe in den 80ern. Sie lieben und streiten. Künstler, die alles
teilen… und nebenbei versuchen ihr Leben zu meistern. Es
gibt noch die Figur eines Kleinkriminellen. Der von der

Gruppe aufgenommen wird. Und alles in Frage stellt. Was ist Ihr Grund, warum erzählen Sie die Geschichte der BRAND-STIFTER?

Zweite, dritte Figur   TOMA   Ich selbst wäre nicht auf die Idee gekommen, meine eigene Gruppe, die Fliegenden Bauten, zu einem Film zu machen. Lars Büchel, einer meiner Regisseure, von JETZT ODER NIE und ERBSEN AUF HALB SECHS, sagte: »Das ist doch eine Welt, die unglaublich bilderreich und interessant ist…« Seitdem hat es mich nicht in Ruhe gelassen. Es ist schwierig, weil es so speziell ist, und ich diese Welt dem Zuschauer erst mal erklären muss. Bei einem Zirkusfilm wäre das anders, einen Zirkus kennt jeder. Und weil es so speziell ist, behaftet mit den Ideologien der Zeit, bin ich gefordert, ein universelles Thema zu finden. Für mich sind das Figuren, die hoffnungsvoll sind, und sagen: »Ich halte mir meine Zukunft offen, jeden Tag will ich neu erfinden, will die Welt verändern.« Das ist ein universeller Gedanke, erzählenswert, interessant. Und auch, woran die Utopien der Figuren scheitern: Dass Privates, Liebe, Lüge und Eifersucht, wichtiger werden als das große Ziel, die Ideologie. Die Figur des Kriminellen war ein Kunstgriff: Er schaut die Welt meiner Brandstifter mit den Augen des Publikums an, sagt: »Was für ein Haufen Irrer! Das kann doch nicht angehen!« Zugleich ist er ein unbehauster, heimatloser Kerl. Er findet bei ihnen ein Zuhause. Und er denkt später: »Irgendwie ist da was dran, wofür die alle leben, es auf sich nehmen.«

HERRMANN   Ist eine These für einen Stoff, wie Sie es nennen, bei einer biographisch anmutenden Geschichte schwerer zu ermitteln, als sonst?

TOMA   …Vielleicht, weil man sein eigenes Leben am schwersten überblickt, es in Einzelheiten zerfällt. Man will sich ja selbst nicht einordnen lassen, unter so einer einfachen These.

286

HERRMANN   Und die Pinnwand hilft Ihnen bei der Überprüfung der Geschichte...

TOMA   Ich nehme Stecknadeln, und dann geht der erste Akt
eigentlich bis hier... *zeigt es*... und der zweite bis hier und der
dritte bis hier. So kann ich überprüfen, dass ich 14 bis 20 Szenen im ersten Akt, 40 im zweiten und wieder 14 bis 20 Szenen im dritten Akt habe. Ich erkenne Löcher, sehe, wo es ein
Ungleichgewicht gibt.

HERRMANN   Haben Sie fürs Drehbuchschreiben Kurse besucht, sich eingelesen?

TOMA   Ich hatte nach der Auflösung der Fliegenden Bauten
Lehrbücher gelesen und ein Drehbuch geschrieben. Es erhielt
Drehbuchförderung. Das war eines der Signale. Und 1992
wurde ich an der Hamburger Filmschule aufgenommen.

HERRMANN   Benutzen Sie Begriffe aus der Drehbuchliteratur?

TOMA   *lacht*... Wenn ich über ein Drehbuch rede, verwende
ich diese »Wörter« nicht. Es ist wie eine Entzauberung. Ein
Drehbuch hat zwar mit Handwerk zu tun, aber nicht nur.
Plotpoints, Regeln dienen der Überprüfung. Diese Bücher
gleichen doch Milchmädchenrechnungen: »In der Exposition
muss man den Helden vorstellen und erklären, was sein Ziel
ist. Dann muss es etwas geben, das in sein Leben eintritt...
seine Situation verändert... Nach zwanzig Minuten kommt
der Wendepunkt...« Aber es geht auch einfacher: »Von wem
handelt meine Geschichte? Worum geht es in ihr? Und wenn
mir langweilig wird, sollte etwas Neues passieren.« Das ist nun
wirklich kein Geheimnis!

HERRMANN   Wenn Sie Ihre »Idee zum Glänzen bringen«,
wie Sie sagen, denken Sie nicht über Plotpoints nach...

TOMA   Absolut nicht. Sondern über Figuren und Ereignisse. Manchmal sind Ereignisse so schön, das man fieberhaft darüber nachdenkt, wo man sie unterbekommen kann, man dreht und wendet sie, solange, bis man einen Ort für sie gefunden hat.

HERRMANN   Sie schreiben Drehbücher fürs Fernsehen und fürs Kino. Was ist der Unterschied?

TOMA   Die Dramaturgie der Geschichten ist dieselbe, auch die Mühe, die man hineinsteckt. Fernsehfilme sind vielleicht eher themenorientiert. Und das Kino fordert größere Bilder dafür. Und vielleicht größere Emotionen. In Hinblick auf die Zuschauer.

Wunsch und Not der Figur

HERRMANN   Wie machen Sie eine Geschichte groß? So groß, dass sie auf die Kinoleinwand passt?

TOMA   Mit Subtext. Je mehr unter einer Szene liegt, je mehr man spürt… was gar nicht präzise sein muss, was vage sein darf… alles, was mehr ist, als Worte, mehr, als Dinge, die meine Figuren tun: Das macht eine Szene, eine Geschichte groß.

HERRMANN   Ist bei einem Kinofilm ihr Verhältnis zum Regisseur ein anderes?

TOMA   *denkt lange nach…* Bei Fernsehfilmen wird relativ spät ein Regisseur bestimmt. Das mag ich nicht, aber es ist so. Beim Kino hingegen tut man gut daran, von vorne herein im Team zu beginnen. Witzigerweise war es bei meinem Kinofilm SOLINO nicht so. Ein Originalstoff von mir, der schon sehr weit war. Da rief mich Fatih Akin, der Regisseur, an und sagte: »Tschuldigung, aber ich muss das machen! Ich bin das, ich bin Giggi!« Und gut, bei so einer Liebeserklärung…

HERRMANN   SOLINO ist die Geschichte von zwei jungen italienischen Brüdern, in Deutschland in den Siebzigern. Der eine, Giggi, gibt seinen Traum vom Filmemachen auf, geht zurück nach Sizilien…

TOMA …Aber dennoch scheitert er nicht. Seine angedachte Karriere scheitert. Aber im Grunde ist er der glücklichere Mensch, findet seine Heimat in sich selbst.

HERRMANN Könnten Sie auf Ihre Karriere verzichten, zugunsten eines privaten Glücks?

TOMA An die Frage glaube ich nicht. Sie ist hypothetisch. Man ist ja der, der man ist… und da gehört die Karriere dazu.

HERRMANN Kennen Sie Schreibkrisen?

TOMA Krisen hat man immer. Es gibt oft heftige Probleme und die schlimmsten sind unlösbar. Weil sie im Stoff begründet sind – und dann muss man es aufgeben.

Mitte des Stoffs

HERRMANN Sind Sie schon auf diese Weise gescheitert?

TOMA *denkt nach. Summt, lacht kurz…* Müsste ich bei den abgelegten Drehbüchern nachschauen. So ein ganzes Projekt aufgeben? Nein, ist mir noch nicht passiert. Ich bleibe einfach dran, kann eine Geschichte nicht liegen lassen, mir sagen: »Vielleicht fällt mir nächste Woche etwas ein.«… Ich beiße mich lieber fest, schreibe eine verkrampfte, mittelgute Lösung hin, um etwas zu haben, von dem aus ich etwas Besseres finde…

HERRMANN Sie schreiben über die Blockade hinweg…

TOMA Ja.

HERRMANN Schreiben Sie Exposés? Treatments?

TOMA Exposés schreibe ich äußerst ungern. Aber ich muss es leider machen. Redaktionen lesen eben gerne fünf Seiten. Man denkt immer, es sind nur fünf Seiten, und man bekommt vielleicht sogar gesagt: »Wir brauchen nur drei Seiten!« Aber ich muss meine Geschichte sehr genau kennen, um sie auf drei Seiten erzählen zu können. Das heißt, ich habe eigentlich schon einen Handlungsablauf, ein Treatment... und schreibe von dort aus auf ein Exposé zurück.

HERRMANN   Wie viele Fassungen schreiben sie?

TOMA   Unterschiedlich, zehn vielleicht?

HERRMANN   Gibt es eine Schmerzgrenze?

TOMA   Bei Gloomy Sunday waren es, glaube ich, siebzehn, davon sechs oder sieben »ernsthafte«. Mit dem Begriff »Fassung« sollte man vorsichtig sein, oft sind es nur kleine Überarbeitungen, ein Hin- und Hergehen zwischen verschiedenen Fassungen.

HERRMANN   Ihr letzter Kinofilm ist Erbsen auf halb sechs. Die Geschichte von zwei Blinden. Eine Liebesgeschichte. Er sagt über sie: »Ihre Haare fallen langsam, ihr Geruch ist wie der Wind und ihre Stimme, die ist blau...« Wie sind Sie auf diesen schönen Dialogsatz gekommen?

TOMA   *lacht*... Der kam von Lars Büchel, dem Regisseur. Aber ich war durchaus damit einverstanden.

Stoff   HERRMANN   Und was ist Ihr Copyright? Gibt es eine Handschrift, die für das Besondere steht?

TOMA   *überlegt, Stille*... Eine bestimmte Haltung vielleicht, wie ich die Welt sehe, ein Ton. Existentielle Dinge mit Humor aufmischen und verunsichern... eine Haltung, die ich mag, mir liegt, in allen meinen Filmen ein bisschen aufscheint. Und mich sogar zu Stoffen führt. Ich weiß nicht, ob sie Romeo kennen, einen Fernsehfilm, den Hermine Huntgeburth gedreht hat. Die Idee hatte Martin Bach, ein Produzent, den ich zum Frühstück traf. Er erzählte, dass es Ost-Agenten, die Bonner Sekretärinnen verführt haben, gab. Ich habe in der gleichen Sekunde zugesagt, habe sofort die Absurdität des Stoffs gespürt... *Handyklingeln, es wird ignoriert...* Ein großes politisches Thema, bedeutungsvoll, das zu absurden, komischen Szenen führt. In einem Buch zu diesem Thema habe ich gelesen, dass ein Spionagechef gar die falschen Geburtstage seiner Agenten feierte. Großartig... *wieder Handyklingeln... und ein zweites noch, irgendwo im Haus...* Ich sollte wohl mal rangehen.

Toma geht ans Handy, verspricht einen Rückruf. Gerade, als sie aufgelegt hat, klingelt das Festnetztelefon im Haus. Aber das Gespräch geht weiter...

HERRMANN   Hatten Sie bei ERBSEN AUF HALB SECHS die Idee zur Geschichte?

TOMA   Es gab einen Satz von Lars Büchel, dem Regisseur, aus heiterem Himmel: »Stell dir vor, zwei Leute können sich nicht sehen und verlieben sich.« Das war nur ein Satz, aber ich habe sofort gesagt: »Stimmt. Und die Blinden fahren durch halb Europa«. Es gibt ein Buch, in dem ein Blinder berichtet, dass er einmal auf Kreta mit Freunden war, am Strand, und pinkeln musste. Seine Freunde sagten: »Mach's doch da hinten.« Und er ging los, pinkelte auf den einzigen schlafenden Rucksacktouristen am Strand... *lacht...* eine wunderbare Szene. Die ich übernommen habe...

HERRMANN   Sind Sie selbst eine Zeit lang blind durch die Welt gelaufen?

TOMA   Nein, das habe ich nicht gemacht, keine Selbstversuche...

HERRMANN   Aber Sie haben darüber nachgedacht, wie es ist, blind zu sein?

TOMA Dieses Phänomen, dass es keine Kontinuität gibt, außer der von Geräuschen. Allein und still ist dann, wenn kein Geräusch da ist. Oder dass Dinge verschwinden, wenn man sie aus der Hand legt, sie nicht mehr da sind. Im Blindenverein hat uns eine Frau empfangen, von der wir gedacht haben: Sie ist sehbehindert. Sie führte uns durch das Gebäude, sprach uns an, wusste genau, wer wo stand – und nachher stellte sich heraus: Sie ist blind. Es war sehr überraschend für uns.

HERRMANN Kommt es vor, dass Sie unzufrieden sind, mit sich selbst und Ihrer Geschichte?

TOMA Wenn ich am nächsten Tag Szenen lese, denke ich oft: »Na, da hast du es dir aber wieder sehr leicht gemacht.« Und auch bei fertigen Filmen gibt es Kritikpunkte, die ich nicht unbedingt dem Regisseur anlaste, sondern sage: »Da war das Buch nicht gut. Das hätten wir anders machen müssen.« Aber ich ärgere mich nicht darüber. Das ist beim Film eben so. Manches sieht man erst hinterher.

HERRMANN Wo sind Sie besonders fehlbar?

TOMA Was ich bei mir nicht mag, ist eine Tendenz, es am Schluss zu rund zu machen. Ich verknüpfe alle Fäden, dieser Faden sollte noch ein Ende haben, diese Figur auch – so ein Hang zur Harmonie, der für Autoren nicht gut ist.

HERRMANN Mögen Sie Ihre Figuren?

Vorgeschichte TOMA *denkt kurz nach…* Ja, sicher… Ich glaube, mein Umgang mit Figuren ist etwas, was ich immer noch nicht so ganz begreife… Es gibt ja die Vorstellung, dass man für eine Figur, um sich ihr zu nähern, eine Biographie schreibt… man sehr viel über sie wissen sollte. Das mache ich nie, wäre mir viel zu ausgedacht. Ich versuche stattdessen einen Zipfel ihrer Seele zu erreichen. Einmal habe ich gelesen, dass es etwas sehr

Eigenes mit dem Gesichter-Erkennen auf sich hat. Man sagt sich nicht: »Der hat blaue Augen, eine große Nase und einen besonders geformten Mund: Also muss es Hans sein.« Sondern man fasst das Gesicht zusammen, konzentriert es aufs Wesentliche und erkennt jemanden. Man verwechselt jemanden, weil einiges stimmt, anderes nicht. Und so ein Gefühl habe ich bei Figuren, dass man einen etwas groben Blick auf sie wirft und sie im Ganzen trifft.

HERRMANN   Leuchtet ein.

TOMA   Beim Kriminellen in BRANDSTIFTER hatte ich Probleme, weil ich so eine Figur nicht kenne. Die Figur schwankte: Zuerst war sie schüchtern, in der fremden Umgebung der Theaterleute. Dann nur wütend. Ich habe den Fehler begangen, ihr eine einzige Eigenschaft gegeben zu haben, über alle Szenen hinweg. Das lässt einen Charakter starr und vorhersehbar erscheinen. Es dauerte eine Weile, es zu begreifen. Inzwischen habe ich das Gefühl sie zu haben – ohne allerdings genau beschreiben zu können, woran es liegt.

HERRMANN   Vielleicht muss man seinen Figuren vertrauen…

TOMA   Ich glaube, es hat tatsächlich viel mit Improvisation zu tun und wie Schauspieler es machen. Ein Schauspieler überlegt nicht: »Wie würde diese Figur sprechen?«, sondern er begibt sich einfach in sie hinein. Und so mache ich es auch…

HERRMANN   Einerseits sollte man mit ihr vertraut sein, andererseits nicht zuviel von ihr wissen…

TOMA   Ich habe nur Angst vor Wissen, das man sich zusammenklaubt. Ich kriege einen Schrecken, wenn in Lehrbüchern steht: »Sie müssen wissen, wo der zur Schule gegangen ist und welches sein Lieblingsfach war?« So ein Wissen würde mich durcheinander bringen.

HERRMANN Ich möchte Ihnen abschließend vier Situationen vorgeben. Und Sie sagen mir, was ihnen dazu einfällt? Einverstanden?

TOMA Na gut!

HERRMANN Ein Vergnügungspark an einem Sommertag. Es ist sehr heiß, ein Feiertag, und tausende Menschen sind da...

Toma zögert, denkt nach, Stille.

TOMA Eine Person, die auf unkonventionelle Weise versucht, sich aus der bedrückenden Situation zu befreien...Vielleicht klettert sie auf die Achterbahn, erobert sich einen Picknickplatz. Wo man sich erst einmal hintrauen muss, um alleine zu sein.

HERRMANN Eine Frau steht vor einem Spiegel in einem Badezimmer, sie schaut in den Spiegel, hat eine Perücke auf.

TOMA Eine Perücke?... Ich dachte gerade, dass sie sie abnimmt und noch eine darunter hat... *beide lachen*...Und dann noch eine darunter. Und sie legt sie alle auf verschiedene Töpfe...

HERRMANN Eine Müllhalde an einem Mittwochnachmittag. Ein Müllauto fährt die Auffahrt zu einer Deponie hoch. Man sieht Vögel kreisen...

TOMA ...Die Klappe vom Laster geht auf. Er verliert verschiedene Dinge. Wenn man seiner Spur folgt, kann man eine Geschichte verfolgen, anhand der einzelnen Gegenstände, die da liegen...

HERRMANN ...Und: Eine Großstadtkreuzung, morgens früh um vier. Kein Mensch ist zu sehen...

TOMA ...Ein Kind kommt im Schlafanzug auf die Kreuzung gelaufen, barfuß und bleibt stehen.

RUTH TOMA

Geboren 1956 in Kötzting (Niederbayern). 1979-81 Studium an der Akademie der Bildenden Künste München. 1981-90 Co-Autorin und Schauspielerin beim Theater *Fliegende Bauten*. 1992-94 Aufbaustudium Film der Universität Hamburg bei Peter Steinbach. Lebt heute als Autorin (auch Musicals und Theaterstücke) in Hamburg.

Zahlreiche Preise, u.a. Grimme-Preis, Deutscher Filmpreis, Bayerischer Filmpreis.

Filmauswahl:

BRANDSTIFTER
Drehbuch in Entwicklung

EMMAS GLÜCK (2005)
Drehbuch

KEBAB CONNECTION (2004)
Coautorin am Drehbuch

ERBSEN AUF HALB SECHS (2003)
Drehbuch (zus. mit Lars Büchel)

ROMEO (2000)
Drehbuch

SOLINO (2001/2002)
Drehbuch

JETZT ODER NIE: ZEIT IST GELD (2000)
Drehbuch (zus. mit Lars Büchel)

LIEBESLUDER (1999/2000)
Drehbuch (zus. mit Detlev W. Buck)

EIN LIED VON LIEBE UND TOD – GLOOMY SUNDAY (1998/1999)
Drehbuch

STOFF: Eine Übersicht

Jeder Drehbuchautor wünscht sich, seine Geschichte verfilmt zu sehen. Sie ist dafür gemacht, sehnt sich nach Bildern und Zuschauern. Ihre professionellen Leser, Redakteure, Produzenten, werden sie finanzieren und sind besonders kritisch. Es gibt ein einfaches Mittel, sie für sich zu gewinnen: Unschuld. Alle Autoren in diesem Buch definieren einen geschützten, genauen Raum, in dem sie vor sich selbst bestehen. Auf der Suche nach einem unverwechselbaren Drehbuch, das anderen gefallen soll.

STOFF beschreibt seine Entwicklung aus der Sicht des Autors und seiner Figur. Er führt einen Dialog mit ihr. Seine Reise hat Stationen, denen er, mit unterschiedlichem Ehrgeiz, einen Besuch abstatten wird.

Die Übersicht vermittelt einen Eindruck des Dialogs von Autor und Figur. Pfeile stehen für seine Richtung, weisen nicht nur in eine, auch in die andere: Autor und Figur werden zu gleichberechtigten Gesprächspartnern, sind einander so vertraut, dass sie kein Problem damit haben, die Position am Steuer eine Zeitlang dem anderen zu überlassen.

90 bis 120 Bilder, in dreieinhalb Monaten: Das ist die Aufgabe. Nebenbei erfährt der Autor das Glück des Drehbuchschreibens. Es beginnt frühzeitig, lange bevor andere es wahrnehmen. Als Einstein sechzehn Jahre alt war, stellte er sich vor, auf einem Lichtstrahl zu reiten, und fragte sich erstaunt, ob die Zeit dabei stillsteht. Später schrieb er eine Geschichte über sich, nannte sie Relativitätstheorie und wurde zum Mythos. Auch wenn wir Lichtjahre davon entfernt sind, unsere Geschichten können durchaus Mythen neu beleben: wenn sie sich in Raum und Zeit biegen, vorbildliche Filme zum Einsturz bringen und neu erfinden. Dank eines starken, intimen Dialogs, zwischen Autor und

Figur. Und einer Frage, die sie an ihn hat: »Hast du einen Stoff? Ja? Dann lass dich überraschen«.

Hier ist ein Vorschlag für die Wundertüte des Drehbuchschreibens.

AUTOR   ←←←**DIALOG**→→→   **FIGUR**

KRISE: ERSTE FIGUR

VORBEREITUNG DES
DREHBUCHSCHREIBENS

WUNSCH DES AUTORS   begegnet→→→   AUSLÖSENDE FIGUR

                                    setzt→→→   ATTRIBUTE

                                    findet→→→   VORGESCHICHTE

                                    bestimmt→→→   KONFLIKT

                                    entdeckt→→→   WUNSCH UND NOT DER FIGUR

BEGINN DES
DREHBUCHSCHREIBENS

SCHREIBENDER AUTOR   heizt an→→→   WUNSCH DER FIGUR/
                                                       INNERER KONFLIKT

MITTE DES STOFFS   ←←←Stillstand→→→   MITTE DES DREHBUCHS

KRISE DES AUTORS   ←←←Spiegelung→→→   KONFLIKT DER FIGUR

WUNSCH DES AUTORS   ←←←greift auf   EMANZIPIERTE FIGUR/
                                                       AHNUNG IHRER NOT

WUNSCH DES AUTORS   ←←←verwandelt   ÄUSSERER KONFLIKT
                                                       (AKTIVE FIGUR)

NOT DES AUTORS   ←←←bietet an   KLIMAX: NOT DER FIGUR

BEENDEN DER ERSTEN FASSUNG UND …

Glossar

Attribute Attribute sind markante, sinnliche Details, die eine Figur charakterisieren. Sie gehören nur ihr persönlich, kennzeichnen ihre Lebenswelt.

Auslösende Figur Eine authentische Figur, die entfernt ist von der *ersten Figur*. Ein Autor begegnet seiner *auslösenden Figur* gezielt oder zufällig. Sie liefert ihm die Energie für seine Geschichte, ist ihm fremd. Sich auf sie einzulassen, zwingt ihn Distanz aufzugeben: seine erste Figur zu verrücken, in Bewegung zu versetzen. Autoren investieren in auslösende Figuren: Mit einer *Vorgeschichte*, *Attributen*, einem *Konflikt*.

Emanzipierte Figur Eine selbständig, überraschend und befreit agierende Figur, ausgehend von der Vorstellung, dass eine Figur, in der *Mitte des Drehbuchs*, ihren *Wunsch* aufgibt. Sie greift das dramatische Motiv des Autors (seinen *Wunsch*) auf und arbeitet sich, mit seinem Einverständnis, an ihm ab, bewegt sich auf ihre *Not* zu.

Erste Figur Die Figur, die einem Autor am nächsten, ihm verwandt ist: Er selbst, in seiner Erinnerung und Vorstellung von sich. Die *erste Figur* ist bewegungslos, ohnmächtig. Eine passive, leidende Figur also, krisenhaft.

Klimax Die *Klimax* stellt, nach der griechischen Dramenlehre, den Abschluss der dramatischen Bewegung einer Figur, zeitlich nach dem Handlungshöhepunkt, der Katastrophe, dar: Eine Figur erkennt ihre *Not*, klettert, der griechischen Bedeutung des Begriffs folgend, eine »Leiter« hoch, ist ein Stück gewachsen. Die *Klimax* ist die Antwort einer Figur auf den Stoff ihres Autors. Sie spiegelt seine *Not*: Das Glück, eine Geschichte erzählt zu haben, an ihr ein geheimnisvolles Stück gewachsen zu sein.

Autoren bestimmen den *Konflikt* ihrer Figur. Er ist das Bindeglied zwischen Vorbereitung und Beginn des Drehbuchschreibens. Ein nützliches Hilfsmittel, die Präsenz eines Konflikts zu überprüfen, ist die Benennung eines *falschen Orts*, an den eine Figur geraten ist. Er spiegelt ihren *Wunsch*, den sie im Laufe einer Geschichte aufgibt.

Konflikt

Ein präzises Mittel, die Entwicklung einer Figur im Verlauf der Drehbuchhandlung im Auge zu behalten. Ein Autor investiert, bis zur *Mitte des Drehbuchs*, in den *inneren Konflikt* seiner Figur: Er erhöht ihren Leidensdruck, setzt sie ihrem (falschen) *Wunsch* aus. Ab der *Mitte des Drehbuchs* verwandelt sie ihren *Wunsch* in ihre *Not*: Ihr *Konflikt* wird *äußerlich* sichtbar, sie lebt ihn aus, wird aktiv.

Konflikt, innerer und äußerer

Die Mitte des Drehbuchs verursacht den notwendigen Stillstand einer Figur. Sie spürt ihren falschen *Wunsch*, ahnt ihre *Not*. Figur und Autor verharren gemeinsam. Die Mitte des Drehbuchs ist das wache Krisenzentrum des Autors, spiegelt sein großes dramatisches Motiv, seinen *Wunsch*, und das, was er mit seiner Geschichte entdecken wird, seine *Not*.

Mitte des Drehbuchs

Das Zipfelchen Glück, das Autoren am Ende ihrer Geschichte, nach Abschluss ihrer ersten Drehbuchfassung, in Händen halten. Nicht die Antwort auf ihre wichtige Frage, ihren *Wunsch*, aber ein genaueres Verständnis für sie, immerhin. Mit dem Antrieb, eine neue Geschichte zu erzählen, einem neuen, kraftvollen Wunsch ausgestattet zu sein.

Not des Autors

Was eine Figur zwingend entdecken, für sich herausfinden muss. Eine Figur gibt im Rahmen einer Drehbuchhandlung ihren *Wunsch* auf, um zu ihrer *Not* zu gelangen.

Not einer Figur

Starke Ereignisse, Wendepunkte, sie markieren Aktgrenzen. Sie existieren in unterschiedlicher Gestalt, nur: Beim Drehbuch-

Plotpoints

schreiben sind sie unwichtig, mitunter gefährlich. Ein *Plotpoint* kann nicht vom Autor verordnet werden und das Drama seiner Figur ersetzen. Diese sucht sich ihre starken Ereignisse selbständig, ausgehend vom Stoff ihres Autors.

Vorgeschichte

Eine *Vorgeschichte* ist die Schnittmenge zwischen Autor und Figur, knüpft einen Teppich zwischen seiner *ersten*, krisenhaften und der *auslösenden Figur*. Die *Vorgeschichte* überwindet Distanz zu einer Figur, richtet sie an der Lebenswelt des Autors aus: Sie wird geerdet und erscheint uns, trotz ihrer Fremdheit, vertraut.

Wunsch und Not einer Figur

Wunsch und Not markieren den *Konflikt* einer Figur und sorgen für ihre Entwicklung.

Wunsch des Autors

Das dramatische Motiv, das einen Autor in seine Geschichte treibt. Eine wichtige, unbeantwortete Frage an ihn selbst und an seine Figuren.

Wunsch einer Figur

Was eine Figur, bis zur Mitte des Drehbuchs, ehrgeizig verfolgt, ihr munterer Holzpfad, auf dem sie sich bewegt.

Zweite, dritte Figur

Zweite und dritte Figuren stärken eine Figur. Sie leiten den Drehbuchautor mitunter zu seiner Geschichte, dem Drama seiner Figur. Er investiert in zweite, dritte Figuren, stattet sie mit *Attributen*, einer *Vorgeschichte* aus. Ohne starke zweite und dritte Figuren, begleitend oder konfrontativ, bleibt eine Figur blass: Sie bewegt sich nicht, hat keinen *Konflikt*, keinen Ansprechpartner für ihren *Wunsch* und ihre *Not*.

Literatur

Aristoteles: *Poetik*
Übersetzt und herausgegeben von Manfred Fuhrmann
Reclam Verlag Stuttgart, 1982

Jean-Claude Carriére: *Über das Geschichtenerzählen*
Alexander Verlag Berlin, 1999. Aus dem Französischen von
Susanne Alge, bearbeitet von Barbara Engelhardt. Original-
ausgabe. Raconter une histoire. Paris 1993

Lajos Egri: *Dramatisches Schreiben*
Deutsche Erstausgabe, aus dem Amerikanischen von Kerstin
Winter. *Autorenhaus Verlag*, 2003. Originalausgabe: The Art
of dramatic writing. New York 1946, 1960

Syd Field: *Das Handbuch zum Drehbuch – Übungen und Anleitungen
zu einem guten Drehbuch*
Verlag Zweitausendeins, 1991. Deutsch von Brigitte Kramer.
Originalausgabe: New York 1994

William Froug: *Zen and the art of screenwriting – insights and interviews*
Silman- James Press, Los Angeles, First Edition 1996

Stephen King: *Das Leben und das Schreiben*
Ullstein Verlag 2002. Originalausgabe: On Writing. New
York, 2000.

Robert McKee: *Story – Die Prinzipien des Drehbuchschreibens*
Alexander Verlag Berlin, 2. korrigierte Auflage 2001, übersetzt von Eva Brückner-Tuckwiller und Josef Zobel. Originalausgabe: Story: Style, Structure, Substance, and the
Principles of Screenwriting. New York 1997

Linda Seger: *Von der Figur zum Charakter*
Alexander Verlag Berlin, zweite Auflage 2001. Deutsch von
Christine Schreyer. Originalausgabe: Creating Unforgettable
Characters. New York 1990

Linda Seger: *Das Geheimnis guter Drehbücher*
Alexander Verlag Berlin, 1997. Deutsch von Ursula Keil und
Raimund Maessen. Originalausgabe: Making a Good Script
Great. New York 1994

Christopher Vogler: *Die Odyssee des Drehbuchschreibers*
Verlag Zweitausendeins, neue, erweiterte Ausgabe, April
2004. Deutsch von Frank Kuhnke. Orginalausgabe: The
Writer's Journey: Mythic Structure for Writers. Studio City
1998

Danke...

Den dreizehn Drehbuchautoren in diesem Buch.

Christiane Altenburg und Ingo Fliess, vom *Verlag der Autoren*. Sie haben dieses Buch begleitet, inspiriert und gestützt, von Anfang an.

Susan Schulte und Dietrich Mack, von denen ich gelernt habe. Connie Walther, der Regisseurin, für wichtige Anregungen, Katrin Hentschel für ihre aufmerksame Lektüre, Anita Herrmann-Prinz für ihre Geduld.

Prof. Dr. Peter Sloterdijk, Prof. Didi Danquart und Boris Michalski, Dipl. MK, von der Hochschule für Gestaltung, Karlsruhe, für ihr Vertrauen in meine Lehre.

Daniel Bickermann, für seinen monatelangen Einsatz bei der Übertragung der Interviewmitschnitte. Sie wurden zwischen Mai 2004 und Februar 2005 geführt.